JN124863

たったひとりの慰霊祭

公益財団法人海原会 理事長 **菅野寛也**

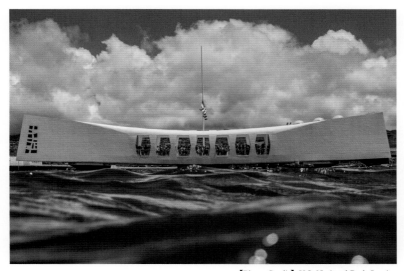

産経リーブル

1945 年 6 月 19 日から 20 日早暁の静岡空襲時、墜落した B-29 搭乗員の遺品（水筒）
The blackened canteen shows the impression of the B-29 Pilot's hand.

真珠湾攻撃に向かう零戦の発艦

ハワイ攻撃に発艦する九九式艦上爆撃機

真珠湾上空の九七式艦上攻撃機

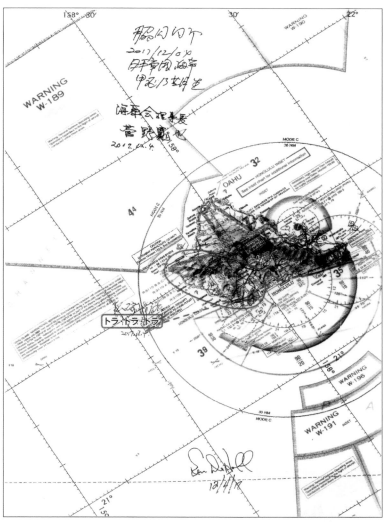

真珠湾攻撃隊隊員・松崎三男大尉のご子息・松崎洋祐氏とともに体験した真珠湾攻撃の飛行ルート（2017年12月4日）

平成8年5月27日
海軍記念日
記念艦「三笠」のスタン・
ウオークにて
（艦尾 廊下）

1992.1.1

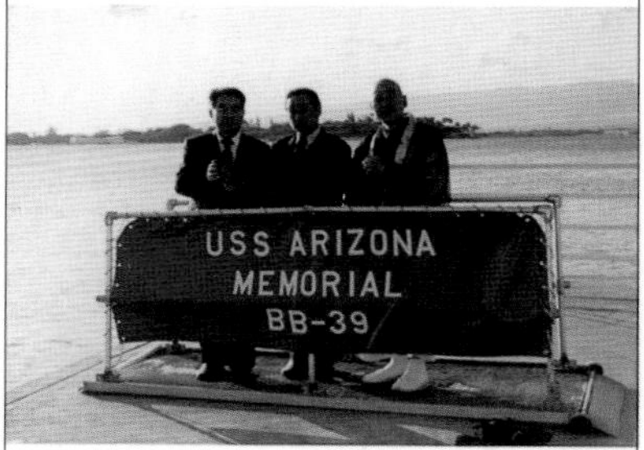
USS ARIZONA
MEMORIAL
BB-39

謹 賀 新 年

日米開戦五十周年に当り、両国犠牲者の供養を願ってパールハーバーを訪れました。静岡空襲の日米合同慰霊祭に用いるB29搭乗員遺品の水筒を持参し12月10日にアリゾナ資料館桟橋で聖水献水の儀を行いました。天台宗荒丁寛師と本願寺帆足正韻師（英東洋艦隊発見の帆足中尉の弟さん)両師にお世話になりました　菅野寛也

〒420
静岡市東草深町1番5号
零戦愛好會
会長　菅　野　寛　也
☎054-245-2528

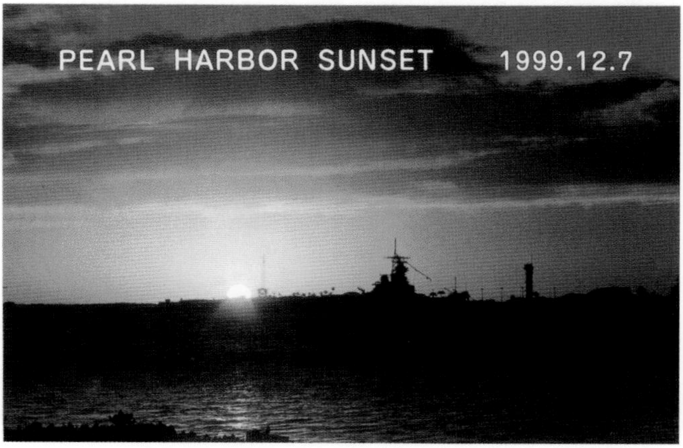
PEARL HARBOR SUNSET
1999.12.7

たったひとりの慰霊祭

菅野寛也

産経リーブル

まえがき

　本書は静岡市医師会誌「市医しずおか」に寄稿した文章をまとめたもので本来、各編夫々、独立した文である。

　その時々の感じたままに書いたので、重複した記述も多く、後に訂正した部分もあるが出来るだけ当時の「思い入れ」を伝えたいとの念は変わらない。

　私の体験は、誰にでも出来る事であったかも知れない。弾の下を潜ったり、命の遣り取りをした訳ではないのだから……。

　だが、気が付いてみたら私一人しかやらなかった体験であった。

　もちろん、多勢の方々のご協力、賛同があっての事だが、結果的には、「出来るか、出来ないか？」を考えていたら、こんな事は出来なかった。

　内容をよく読まれればお解り頂けると思うが、私は決して軍国主義者ではなく、純粋な愛国主義者である。

　願わくば、一人でも多くの人が、本書の主旨を後世に伝えて欲しい。

　戦い好まば国亡び、戦い忘れなば国危うし。

　最後に、本書を書き綴っている間に亡くなった弟（靖夫）、坂井三郎中尉、Mr. Haward M. Voss、伊藤福松さん、戦災遺族会の篠田さん、Mr. Fiske、吉田次郎さん、荒了寛さん、前田武さん等物故された方々、そして日米両国を始めとする戦争犠牲者の御霊に本書を捧げ、神仏に「世界平和」を祈願致します。

2020年1月　菅野寛也

目　次

第2章　巡礼

第3章　鎮魂

English Summary　Peace and Reconciliation

U.S.-JAPAN JOINT MEMORIAL SERVICE
日米合同慰霊祭

終章

序章

日本人が忘れてはならない言葉
（1990年8月20日　静岡保険医新聞投稿文改稿）

　1945年（昭和20年）6月19日の深夜から20日にかけての
空襲は本当に恐ろしかったが、一方、もう50年も経ってし
まったかと月日の経過の早さにも驚かされている。

　50歳以下の市民、そして、当時静岡にいなかった人達は、
幸いにしてあの恐怖の一夜の事はご存知ないのだが、日本国
中に同様な体験をされた人は数え切れないであろう。

　当時、静岡師範附属国民学校6年生であった私は、入学前、
昭和15年の静岡大火にも逃げ回ったので、「火難」は2度目
であったが、暗夜に空から「火の玉が降ってくる」恐怖はま
た一段と凄かった。

　確かこの夜は、一度空襲警報が発令されて、それが解除に
なった後の空襲であった。マリアナ基地を飛び立ったボーイ
ングB-29 の大編隊は、富士山を目指してやって来る。そし
て富士山の北側から偏西風に乗って、東京へ向かう定期便の
コースを辿っていたのである。

　従って、B-29が日本へ上陸するのは「御前崎」なので、
毎晩のように警戒警報、空襲警報が発令されていた。この夜
もラジオは、「中部軍管区情報、警戒警報発令。敵大型機の
編隊が御前崎付近を東北進中」と報じ、それから間もなく
「空襲警報、敵大型機は牧野ケ原付近を東北進中」となった。
コーン、コーンと重苦しく無気味なB-29の爆音を防空壕の
中で聞いているうちに、やがて「敵機は富士山付近を東方に

向かう」との警報で、静岡は「空襲警報解除」となり、我々はホッとしたが、今夜も東京は大変だろうなと心配していた。ここまでは何時もの経過である。

　ところが、この夜はこの後に「敵少数機が伊豆半島を西北進中」と、変な情報が報じられた。「これは怪しいぞ」と言っているうちに、いきなり飛行機の爆音が聞こえ、市の中央部にドカドカという音と火災が発生したような明るい光が見えた。空襲警報のサイレンよりも爆撃の方が早かったと思う。

　それからあちこちに火の手が上がり、辺りが「火の海」になるのは、いくらも時間がかからなかった。最初に市の中央部と周辺部に焼夷弾が投下されたらしい。我が家も翌朝持ち出す予定であった疎開の荷物を持ち出す暇もなく逃げ出した。当時、本通りにいたので安倍川の川原を目指したが、安倍川橋の袂の消防署が消防車諸共燃えているのを見て、「これはいかん」と思った。最初、川原へ逃げたが、父が「直撃弾が危ない」と静岡商業高校の横にあった太い土管に逃げた方が良いと指示した。これが正解で命拾いした訳だが、土手近くまで火の手が迫り熱くてたまらない。そのうちに鈍いドカンという音と、誰かが大きい声で「落ちるぞ」と叫んだのが聞こえ、土管を飛び出した。これは2機のB-29が空中衝突した直後の事である。

　1機は安西橋の近くに、もう1機は舟山に落ちたらしい。そのとき私が見たのは、空も（雲も）、辺りも、B-29も皆真っ赤であった。

　その時、賤機山山頂で見ていた人からお手紙を頂いたが、

1機は尾翼をもぎ取られ、燃えずに垂直に落ちたとの事である。他の1機は、ふらふらしながら、対岸へ墜落したらしいが、直接の証言は得ていない。

　この安西橋付近に落ちた機体の一部と遺体が、伊藤福松さんのお兄さんの桑畑に墜落して、これが縁で伊藤さんの供養が始まった。

　その為に、僧侶となり、さらに私財を投げ打って賤機山山頂に、静岡市民犠牲者の為の世界平和観音像と、B-29墜落搭乗員慰霊碑を建立したのである。隧道を作って頂上まで運び上げたのだが、大事業であったろう。

　B-29搭乗員の遺骨は、川原で茶毘に付され、一時共同墓地に納骨されていたが、戦後駐留軍、軍政部の係官がアルミケースに収納して、アメリカへ持ち帰った。

　恐怖の一夜が明けてB-29の墜落現場へ行ったが、憲兵が縄を張って近付けない。巨大な残骸と、米兵の大きな遺体が戦争の残酷さ

米軍CIE（民間情報教育局）よりの応答

を物語っていたが、そこで見た光景は一生忘れられない。

　思いがけず、20日の昼頃、母の実家の瀬名から迎えの伯母さん達がリヤカーを引いて来てくれたが、道すがら我々には「逢えないかもしれない」と不安を語りながら来てくれたらしい。とにかく小さい弟等を乗せてもらって、疎開の道を辿ったのだが、静岡市内はまさに地獄であった。

　安倍川の土手から見た市内は一面の焼け野原で、どす黒い平地の彼方に松坂屋と思われる黒い建物が見えるだけである。そして、まだ燃え残りの煙が残っている市内を東に向かった。

　本通りの両側の街並みも完全に焼けていたが、所々に真っ黒に焼けた遺体が転がっている。中には水槽（防火用水）に半身を浸している遺体もあった。思わず顔をそむけたくなるような、正視出来ない惨状である。

　アスファルトに遺体の油が滲み出ていたが、この油はずっ

1945年6月19日の夜、140機のB-29の空襲を受け、焼け野原と化した静岡市中心街（「静岡県の昭和史」より）

と雨の日にも水をはじき返して、その部分は濡れなかったそうである。

　毎日通学していた道だが、あっと言う間にロータリーを過ぎ、外濠まで来てしまった。日頃の目標が消失していて距離感がない。ようやく太田町の辺りから、焼け残った家屋が見られ、「ああ、家が助かった人達もいるのだ」と思った。

　この空襲で約2000名が焼死したと聞いたが、その後、色々な供養がされている。

　当時の市立静岡病院のナースが、何名か患者さんの避難誘導等で逃げ遅れ、犠牲となったそうで、戦後病院内に、ブロンズ像が建立された。

　大村政夫氏の製作になるもので、右手が天を指し、左手に平和のシンボル「鳩」を抱えている。この像は今、静岡病院入り口の正面左側、医療福祉相談室の前に安置され、鎮魂の碑となっているのだが、いわれを知っている人が少なくなっている。

　伊藤さんが、賤機山山頂に観音像を建立されたのが1970年である。その直後と思うが、静岡病院に赴任してきた私が家族と賤機山山頂へ登り、観音像とB–29搭乗員の碑を見つけ、びっくりした。

市立静岡病院のブロンズ像

　そして、伊藤さんにお会いして、碑の建立のいきさつをお聞きし、空襲当時の惨状を体験した者として大変感動した。

　零戦愛好会の会長たる私がじっとしている訳にはいかない。そこで、零戦のエース坂井三郎中尉に報告した所、搭乗員会の事務局を通じ、米第5空軍横田基地の司令部へ連絡がついた。

　早速、数名の米空軍兵が駆けつけた。その中の一人ですでに退役していたMr. Vossは、奥さんが日本人で日本語も話せる。私のBroken EnglishとMr. Vossの日本語で何とか意とする所は通じた。

　そしてその年の6月に、日本側の遺族と横田基地の司令官以下100名（2台のバスで来静）、双方で200名以上の参列者とともに日米合同慰霊祭を行い、以後毎年挙行している。

　最初は静岡市戦災遺族会の主催であったが、遺族の方が次第に高齢になり、賤機山に登るのも大変となり、さらに伊藤

伊藤さんの建立された世界平和観音像とB29墜落搭乗員の慰霊碑

福松さんも天寿を全うされてから私が主催するようになった。伊藤さんが亡くなられる前に、私の家へ桐の箱に入った黒焦げて変形した水筒を持って来られた。これがB-29搭乗員のただ一つの遺品である。墜落し、断末魔の時に握りしめたのであろう。くっきりと指の型に押し潰されている。

　今では、水筒が儀式の際の重要な「神器」となり、この中にアメリカのウイスキーであるバーボンを入れ、アメリカ側の参列者の代表がB-29搭乗員の碑に献酒しているのである。
　合同慰霊祭は、最初6月の空襲の日に行っていたが、梅雨の大雨で苦労し、数年前から気候の涼しい秋に挙行している。
　また、毎年アメリカ大使からのメッセージを頂いているが、これが縁で、航空自衛隊のブルーインパルスF-86がリタイアする際にアメリカから供与された同型F-86の1機をマンスフィールド大使が永久貸与して下さることになり、私の

Mr. Howard M. Voss によるバーボン・ウイスキー献酒

clinicの屋上に日米親善のシンボルとして安置している。

　この機は賤機山山頂に面しており、鎮座祭の時は恩師の鈴木厳夫先生（天満宮宮司）に祝詞を上げて頂き、坂井三郎中尉をはじめ谷水竹雄飛曹長等零戦搭乗員会の方々数名に参列して頂いた。

　この慰霊碑の事は、米大使館を訪れた米空軍関係の人達の知るところとなり、時々「現地に行きたい」との連絡がある。

　中でも、東京空襲で撃墜され捕虜となったMr. Halloranが訪れ、B-29の碑の前で跪（ひざま）いてお祈りした姿は感動的であっ

AMBASSADOR OF
THE UNITED STATES OF AMERICA
TOKYO

December 21, 1981

Dr. Hiroya Sugano
Director General
Zero Fighter Admirers' Club
1-5, Higashi Kusabuka-Cho
Shizuoka City
Shizuoka Prefecture, Japan

Dear Dr. Sugano:

　I am pleased to inform you that we have received approval from the Secretary of State to officially transfer one (1) F-86 Aircraft (Serial No. 62-7516) to the Zero Fighter Admirers' Club for static display. It is understood that this transfer is being made with the understanding that you will assume full responsibility for the transportation, mounting, preservation, and eventual return to the U.S. Government when it is no longer needed.

　I am sure that the display of this aircraft on the roof of your hospital will help in improving goodwill between the U.S. Government and Japan, and be a symbol of peace.

Sincerely yours,

Mike Mansfield

マンスフィールド大使よりのF-86永久貸与証書

クリニック屋上のF-86セイバー。右手にB-29搭乗員遺品の水筒を持っている

1988年の日米合同慰霊祭。発起人の一人、坂井三郎氏（右から3番目）、田宮模型社長・田宮俊作氏（右端）も参加された

た。この人は後に、坂井中尉の紹介で、彼のB-29を撃墜した陸軍二式複座戦闘機「屠龍」の樫出勇大尉と再会している。

　今年5月、大空のサムライ・坂井三郎元海軍中尉と共に、アメリカ（ロサンゼルス等）の空港を訪れ、さらに真珠湾の戦艦「アリゾナ・メモリアル[※]（Arizona Memorial）」に参詣して来たが、各地でこの合同慰霊祭の話をすると大変驚かれたり、感謝されたりで、その反響には私の方がむしろ感動した。

　「アリゾナ・メモリアル」は1941年12月8日、日本海軍の攻撃により撃沈された戦艦「Arizona」の上に建立されて居り、1177柱の遺骨がこの下に眠っている。日本人としては身の引締まる思いで参詣して来たが、パールハーバーの攻撃がなければ、静岡空襲の悲劇もなかったのだなと考えたりした。

　私はその翌日単身でMemorialを再訪して受付のofficerに静岡の慰霊祭のcopyを届け、説明したら、目を輝かせて「Thank you !!　スガーノさん!!」と言われた顔が忘れられない。

　「Remember Pearl Harbor」はアメリカ人よりも日本人が忘れてはならない言葉であり、それが世界平和への道であると信ずる。

　　【注】
　　※　正式名称は「USS Arizona Memorial」だが、以降の本書内では「USS」は省略している。

F-86鎮座祭。左から3人目が戸塚進也氏、4人目
が坂井中尉、5人目が谷水飛曹長

私のクリニックの屋上で。中央が浜松医大阿曽教授
（現志太病院院長）

Mr. Halloranと私（B-29の碑の前で）

慰霊

真珠湾攻撃50周年―たったひとりの慰霊祭―

（1992年6月記）

　「遺伝」と言えば、まず「疾患」と考えるのは、医師ばかりでなく、一般の人でも常識であるが、時に意外な事で遺伝が論じられる事もある。「記憶の遺伝」によって御先祖様の「宝」を掘り出した例もあったと、何かの本で読んだ記憶がある。

　今回の私の「行動」も、あるいは先祖代々の血筋即ち「遺伝」が影響しているかも知れない。

　1991年（平成3年）12月8日（ハワイ時間12月7日）パールハーバーの丘に立ってArizona Memorial（アリゾナ記念館）を眺望したとき、50年前の日米開戦のニュース（「帝国陸海軍は本八日未明西太平洋において、米英軍と戦闘状態に入れり」）が、一瞬思い出された。

　あの時「50年経って、まさか自分がパールハーバーを訪れる事になる」とは全然予想もしなかった事であるし、過ぎ去った年月は随分長いような、また逆にあっと言う間の時間のようにも思えた。何で自分がここに来ているのかなとも考えたりもした。やはり、これは代々軍医であった御先祖様の教示であろう。特に、日露戦争に従軍し、軍医の身でありながら、金鵄勲章を頂いた祖父が、「血糊のむすびを食べながら傷病兵の手当をした」と話してくれた事が、私の行動の原点だと信ずる。

　先日の2、3の新聞（12月9日付朝日新聞や12月21日付静

岡新聞＝下記）に報道されたのでそれらの記事を合わせると
「説明」になるのだが、逆に限られた紙面での制限も感じら
れる。

　日米開戦50周年にパールハーバーを訪れようと決心した
のは、8月 Arizona Memorial を再訪した時だった。

　前回の訪問時と異なり、常にシビアな雰囲気で我々日本人
旅行者に向かって受け付けの役人が「Grave, Grave」と大声
で叫んだ。ツアーガイドに向かって「ここは墓場なんだとい
う事を日本人に説明しなさい」と言っている。こんな事は今
までになかった事で、やはり「50周年」を意識させられる

静岡新聞（1991年12月21日）

場面であった。

　それで「このままではいかん。何とか日本人としても行動すべきだ」と考えたが、「残念ながら今日の日本の政治家は、恐らく何もしないだろう。それは、湾岸戦争の時で実証済みだし、総理が、また中曽根さんにならないかぎり不可能だな」と思った。誠に残念ながら、私の予測はドンピシャリだった。日本政府は何のアクションも見せなかった。一方、私の「何かしたい」という気持ちは抑えきれず、新旧米大使、米海軍、遂にはArizona Memorialまで慰霊参加を申し入れたが、いかんせんPearl Harbor Weekには米本土から6万人が訪れ参詣するとの事で、私の希望はimpossibleだと返事が来た。常識ならば、これで計画は中止である。しかし20年前より賤機山（通称：浅間神社、または浅間山）山頂で静岡空襲犠牲者の、日米合同慰霊祭を主催して来た私としては「これで引き下がるわけにはいかない」と考えた。

　今までの実績が私に「義務感」のような心境をもたらしたかもしれない。また、伊藤福松さん（日米慰霊碑の建立者）の意志が私を動かして下さったのかも知れない。とにかく日米両国犠牲者、特にB-29搭乗者の慰霊を、日米戦争勃発の地、ハワイのパールハーバーで行えば良い供養になるのではないかと確信するようになった。

　そして12月8日に合わせてハワイ行きを決心したが、なかなかホテルの予約が出来ない。旅行代理店も驚いていたが何とか予約出来たのは11月になってからだった。

　巷では、マスコミはこぞって「真珠湾50周年」を報じて

いる。私の「決心」を知って、こんな時にそんな所へ行くの
は危険だと真剣に中止を忠告してくれた友人もいた。しかし
私は「信念」もあったし、またアメリカに対する信頼感があ
り余計な心配はしなかった。

　それより Arizona Memorial へ公式参詣出来なければ、何
が出来るかが心配だった。

　ようやく直前になって、静岡新聞の友人が、ハワイ報知の
ポール円福社長を紹介してくれたので、とにかく現地へ行っ
て考える事にした。やむをえなければ「ホテルの一室に祭壇
をしつらえて、たった一人で慰霊祭をやる」事になるかも知
れない。それでも良いと思って出発した。

　12月6日成田発PM9：30（JAL）12月6日（ハワイ時間）
AM9：00ホノルル着と、そこまでは予定通りだったが、そ
の後が大変だった。持参したB-29搭乗員遺品の水筒は、金
属探知機に反応するので気にかかったが、事前に戸塚進也衆
院議員の手配で領事館に連絡済みで無事に通過。ホッとした
が空港からワイキキのホテルまで通常なら20分で着くはず
が、何と1時間30分かかった。日系運転手が、「今、ワイキ
キで、パレードをしているので、交通渋滞です」と、何だか
すまなそうに言っている。

　ホテルに着いたら、ちょうどワイキキ通りはパレードの最
中。部屋が39階なのでベランダから見ると「星条旗」を高
く掲げて、何組も、何組も、そして楽隊や「ユニオンジャッ
ク」も行進している。日本人にとっては、パレードというよ
り、まさに「デモンストレーション」といった感じである。

さすがに圧迫感を感じたが、すぐに「これだから何かしなければ」と思い直して、早速紹介された現地ハワイ報知社を訪れた。

渡航直前に連絡がついた前回のArizona Tourのガイドさんが駆けつけてくれたので大助かり。ハワイ報知社で「7日、8日にハワイ仏教会の慰霊祭がある」と聞いたので、まずハワイ日蓮宗別院を訪れた。

「週刊読売」にも出ていた小川如洋師が居られ、65名の日本海軍戦没者の霊簿が祀られているお寺である。小川師は「明日7日、日本の戦死者の供養をするから、その時にB-29 pilotの慰霊もご一緒にしましょう。大変良い時に、日米双方の慰霊ができますね」と、喜んで下さった。

翌7日、正に日本では12月8日朝、小川師の読経で、日米慰霊祭が始まった。B-29遺品の水筒も供えられている。そして飯田房太大尉[※1]以下65名（パイロット及び特殊潜航艇の戦死者）の名前に続いてB-29戦死者23名の名前が読み上げられ、参列者が順次焼香した。

ちょうどその頃パールハーバーの式典に参列された日本のパイロットの一人・前田武さん[※2]（当時、空母「加賀」の艦上攻撃機搭乗）が駆け付けて最後にご焼香された。

そこには、テレビ朝日とTBSが取材に来ていて、私もインタビューされ日本で放映されたので、2、3の方から「先生がテレビに出ていましたよ」と言われた。しかし残念ながらハワイ滞在中の事で、私自身は見る事が出来ず、当局にリクエストしたものの現在まだフィルムが入手出来ていない。

しかしその際、朝日新聞の記者が取材に来ていて、熱心に私の話を聞いてくれて12月9日の記事になった。その時「前田さんや、2、3人の日本のパイロットに式典直後インタビューを試みたが、アメリカ人達のサイン攻めで、殆ど取材出来なかった」と聞き、ちょっと驚いたが、反面ある意味でアメリカ気質に触れたような気もした。日米合同慰霊祭以来、それまで余り外国人に縁の無かった私も随分多くの米国人と知り合ったが、彼らの宗教心の深さや人間性等をようやく理解し、また時には感服させられる様な事があったので、前田さん達が「サイン攻め」に遭った状況もわかるような気がする。恐らく、日本の搭乗員も複雑な心境で参列された事と思うが、それに対してアメリカ側もフェアな気持ちで接した結果、サイン攻めに遭ったのではないかと思う。その時「ああ、やっぱり来て良かったな」と思った。

　自己満足だと言われるかも知れないし、またたった一人で何か出来るかと思われたが、歴史の節目の時に意義ある事が出来て良かったと今でも信じている。そして、この時からさらに歯車が廻り出した感じである。

　翌日、ハワイ全土の仏教徒の代表が、曹洞宗ハワイ別院で総会を開催するからいらっしゃいと誘って下さったので、参列した。各派の代表のスピーチは時に日本語、時に英語。御詠歌も英語。しかし般若心経は立派に日本語であった。ちなみに私は友人の僧侶（山本智英君）から贈られた般若心経のネクタイを締めて参列した。式は2部に分かれ、最初は仏教徒総会、2部が太平洋戦争50周年に当たり平和を祈願する会

であったが、締めくくりに、ハワイ選出の米国下院議員
Mink女史が英語で熱心に演説されて式が終了した。

　その直後に「日本からDr. Suganoが、B-29の遺品を持っ
て慰霊に来ている」と紹介され、ちょっと戸惑ったが度胸を
決めて「Broken Englishで失礼します」と挨拶をしめた。当
然、静岡空襲の事も話したが「2,000人の市民が亡くなった」
と話した時は、一瞬こちらがびっくりする位静かになった。
パールハーバーの戦没者と同じ位の犠牲者という事での実感
があったかも知れないし、市民の犠牲という事でショックだっ
たかも知れない。最前列でMink女史が涙をふいているの
が、ちらっと見えた。

　式後のレセプションで大歓迎され、特に天台宗の荒了寛師、
本願寺の帆足正韻師に激励され、是非Arizonaへ行こうとい
う事になった。「帆足」という名で「もしや、マレー沖海戦
の帆足（正音）中尉とのご関係は？」とお聞きしたら「私の
兄です」とのご返事。ご自身も、零戦パイロットの一員であっ
たと話された。驚いている暇もなく、翌日とにかく
Arizonaへ向かった。車中で帆足師に「50年前の新聞写真」
（英東洋艦隊とPearl Harborの戦艦群）を見せていただいた
が、12月9日（日本時間12月10日）。正に50年前に帆足少
尉（当時）がイギリスの戦艦Prince of Walesと巡洋戦艦
Repulseを発見した日である。

　さらに車中の話は続き、「本願寺の信者さんの中で空襲当
日漁に出ていた人の話で、日本の飛行機一機が近くに墜落し
て来た。日の丸を見てすぐ近づき、一人の飛行士が泳いでい

たので救助しようとしたが、日系人と判からなかったらしく、ピストルで自殺して沈んでいった。ライフ・ジャケットに『朝日[*3]』と書いてあった。戦後、『金沢の人』だと判ったので遺族を訪れお墓参りしたそうですが、残念ながらその人の名前を忘れてしまった」と聞かされ、今さらのように歴史の現実に直面したような心境になった。

　Arizona Visitor Center に着いた時には日も西に傾き、Memorial に参詣した人達も帰途につくところで人影も少なく、これなら周囲に気兼ねしないで ceremony が出来ると場所を探したが、結局 Arizona Memorial へ向かう桟橋で行う事にした。

　B–29 遺品の水筒の中には天台宗別院で荒師に祈禱して頂いた聖水が入っている。Arizona に向かって献水、献花、供養、祈禱したが、折からの夕日を背にして、Arizona Memorial がシルエットとして浮かび上がっていた。「ああ、良かった。来た甲斐があった」とホッとしたが、何だか体中の力が抜けた感じであった。急に疲れを感じ、その日はぐっすり眠れた。

　翌日は、領事館へ出来場首席領事表敬訪問。お礼に行ったのに、逆に激励していただいた。夜、天台宗荒師のお誘いで、久しぶりの和食。レストランで水炊きをご馳走になっていると、マスターが来て「あなた、新聞に出ていた人ですね。私も日本人です。ご苦労様です」と言われた。

　また、その後、ABCストアや空港で、日系人の方が「Pearl Harbor Week は早く過ぎてくれれば良いのに」「新聞やテレビ、本等で圧迫される」、「重荷を感じる日々であった」と話

してくれたが、それだからこそ、意義のある旅行であった。

　別れ際、荒師が「これは、お説教だが、もっと早く来てくれれば良かった。そういう事（合同慰霊祭）はもっと多くの人に知らせなければいけない、あなたは怠慢だよ」と言って、ニヤリと笑った。そして、「しかし、今年来てくれた事は大変意義のある事だった。これからあなたはB-29の遺族捜しを一生懸命やりなさい。そして水筒をお見せしなさい。それがLife Workだね」と付け加えられた。大変な宿題を背負った事になるが、やり甲斐のある仕事だ。そうなると、ハワイの慰霊祭がスタートとなる。

　新たな気持ちで帰国の途についた。

【注】
※1　飯田房太
　　　日本海軍　大尉・操縦　海軍兵学校62期　空母「蒼龍」零式艦上戦闘機　第3中隊第1小隊1番機（1941年12月8日当時）
　　（補足）大尉、大佐は海軍では「だいい、だいさ」と発音し、陸軍では「たいい、たいさ」と発音していた。英米でも、陸海軍で呼称は違っていた。
※2　前田武
　　　日本海軍　二等飛行兵曹（＝二飛曹）・電信　甲種飛行予科練習生（＝甲飛）3期　空母「加賀」九七式艦上攻撃機　第1中隊　第41小隊2番機（1941年12月8日当時）
※2　朝日長章
　　　日本海軍　三等飛行兵曹（＝三飛曹）・偵察　飛行予科偵察練習生41期（石川）空母「加賀」九九式艦上爆撃機　第1中隊　第24小隊3番機（1941年12月8日当時）

真珠湾、小さな慰霊祭〔II〕　　　（1992年10月記）

　50年目の、真珠湾での慰霊祭の余韻がまだ冷めやらぬ3月、ハワイでお世話になった和尚さんの一人が、突然静岡へ来られた。ハワイ日蓮宗別院の小川如洋師で、ハワイ方面日本海軍戦没者の霊簿を祀られている方である。賤機山山頂（通称、浅間山山頂）へご案内すると、日米双方の碑に参詣され、感慨無量と言って帰られた。

　さらに2か月後に、今度は天台宗の荒了寛師が来静され、又山に登られた。宗派が違うと来日される日も異なるらしいが、さすがに参詣される時は、「重み」を感じさせる方々である。共に下山されてから浅間神社へ挨拶されたが、神社でも事情を知って宮司さん達が、大変丁寧に案内、応対をして下さり、宗教人としての器量を見せて下さった。

　そして、荒師は「8月15日（ハワイ時間）に灯篭流しをするから是非いらっしゃい」とおっしゃった。「静岡空襲の犠牲者と、B-29戦死者の灯篭を流して、冥福を祈りましょう」という訳である。

　是非行きたいと思ったが、その時期は一番予約が難しいときでもある。でも、何とか行けるなら、灯篭流しはもちろんの事、今度はArizona Memorialでceremonyをしてきたいと考えた。そうなると、前回お逢いできなかったアメリカ側の人達と連絡をとらなければいけない。俄に忙しく、と言っても英文のやりとりとなると海外の事でもあるし、そんなに簡

アリゾナ館長のマギーさん。太平洋戦争開戦
50周年の参列（読売新聞1992年8月7日）

単にできる訳ではない。また、失礼があってもいけないので、英語の教師である弟の助けで、Arizona Memorial の Magee（ドナルド・マギー）館長や、真珠湾生存者協会[※1]等へのコンタクトを始めた。ホテルの手配等も済み、さらに「海軍記念日」に戦艦「三笠」でお目にかかった在日米海軍司令官Hernandez少将が、ハワイの太平洋艦隊 Commander、Mr. Mike Tanzeyに、私の推薦文を書いて下さったので、何とかなるだろうという情勢になって来た。前回とは大違いである。さらに、8月になってArizona Memorial のMagee館長が広島、長崎へ来られた、との記事が読売新聞に出ていた。

「広島に来て痛感した。憎しみで、憎しみを消す事はできない」と、大変感動的な記事である。「Arizona」の館長ならではの言葉だ、と思った。私の手紙とすれ違いになったかも知れないので、静岡放送の川西重役に頼んで、中国新聞の方にFAXで手紙のコピーを送り、趣旨を伝えていただいた。

そして、Mr. Fiske^{※2}（リチャード・アーウィン・フィスク）等真珠湾生存者協会の人々からも、一緒にceremonyをやろうとの連絡があった。

いよいよ出発の日が迫ってきたときに、戸塚議員より電話があり、「8月15日の灯篭流しに参列できそうだ」との事である。以前から慰霊祭の事で、大変お世話になっていたのでお話ししていたのだが、公務多忙でご無理であろうと思って

中日新聞（1992年8月14日）

いたので、ちょっと驚いた。

　思いがけない事であったが、国会議員の訪問となると、外務省とハワイ領事館が連絡をとり、Arizona Memorial にも公式な通知をしてくれたので、大助かり。一段と当日のスケジュールがスムーズになってきた。

　私達は一足お先に出発したが、運良く座席が左の窓側だったので、着陸時にオアフ島上空より Pearl Habor が見渡せた。50年前、日本海軍航空隊の搭乗員が見た情景がこのようであったかと思う位に、真珠湾のフォード島を囲んで綺麗に軍艦が並んでいる。あれが「戦艦横町」かと見ているうちに、海上に白い四角な建造物を認めた。あれこそ「Arizona Memorial」だと、8mm ビデオで撮影しているうちに、間もなくホノルル空港へ着陸した。

　出迎えの車の運転手が、懐かしそうに「菅野先生ですね」と声をかけてくれたので、驚いた。同じ旅行社の手配なのだから、当然と言えば当然かも知れないが、昨年も迎えに来てくれた人であった。「この前はご苦労様でしたね。先日も新聞で、先生の記事を読みましたよ。有難いことです。先生は有名人ですよ」と言われ、日系人には喜んでもらえたのかな？　とお世辞にしても嬉しかった。

　また、通訳代わりにとアメリカ留学中の次女や家族を同行したので、思いがけず「親父の立場」を立ててくれたことでもあった。

　新聞とは、出発前に、荒師が送って下さった、ハワイの East-West Journal の事である。「怨親平等」との題で、静岡

August 1, 1997　EAST-WEST JOURNAL　(22)

「怨親平等」
（おんしんびょうどう）

ことばの みなもと（290）
荒了寛

EAST-WEST JOURNAL（現地新聞）

空襲、伊藤福松氏や私の事、灯篭流しの事等を書いて下さった。大変良い記事をと感謝していた所だ。

　8月15日（終戦の日）、早朝より領事館の中津川さん（浜松市出身）が同行して下さり、10時30分にArizona Visitor Centerを訪れた。

　Magee館長や、連絡をとっていた人達とお逢いして、約20分の映画説明の後、専用のボートで、Memorialに向かう。映画は「真珠湾攻撃が如何にして行われたか」と当時の歴史的説明をするものであるが、日本人としては辛い物語である。映画が終わると、周囲のアメリカ人の視線が気になって来る。しかし、Magee館長や関係者が、丁重にエスコートして下さるので有難い。ボートには約200名くらいが乗船しているが、ほとんどアメリカ人で、少数だが我々の他に日本人もいた。

　Memorialに着いて、B-29遺品の水筒を取り出したら、Mageeさんに「バーボンが入っているか？」と聞かれた。静岡でのバーボン献酒の事を知っておられるからである。

　「Memorialでは飲酒はいけないと聞いているので、空だ」と答えたら、それではとMemorialの浄水を入れて下さった。Marble Roomの壁に1177名の戦死者の名が刻み込まれて居り、その前にMr. Fiskeが小さな花束を捧げ、私も「水筒」を供えて、戸塚議員と並んで拝礼した。傍らでMr. Fiskeが、鎮魂ラッパを吹奏された。Mr. Fiskeは空襲当時は19歳で、戦艦West Virginiaの艦橋に居たラッパ手であった、との事である。それまで事情を知らないで周囲で見ていた人達も、Fiskeさんが、涙ながらに説明を始められたら、シーンとな

ってしまった。そして今度はMemorialのデッキから、1か
所だけ艦体が見られるようになっている四角いホールの手摺
り越しに、Mageeさん、Fiskeさんと一緒に水筒の浄水の献
水を始めた。事情を知った人達から握手を求められたり、写
真を撮られたりでちょっと面喰らったが、これが良い意味で
のアメリカ人気質であろう。

　とにかく、これでB-29搭乗員の霊は、祖国へ帰れたので
はないかと信じ、肩の荷を降ろしたような気持ちであった。

　Magee館長にゆっくりお礼を述べる暇もなく、Fiskeさん

前田機の雷撃により撃沈された米戦艦ウェスト・バージニア。Navigation Bridge
（航海艦橋）の矢印の所にMr. Fiskeがいる

達に「Punch Bowl（国立太平洋記念墓地）の cemetery へ参詣したいが、一緒に行かないか」と言われた。8月15日で終戦の日だから、B-29の水筒で供養したいとの事。もちろん、異存なく参詣させて頂くことになった。

　また Magee さんに「Arizona の水」を入れて頂いて出発したが、運転手が「あそこへは駐車できません」という。

　Punch Bowl は20世紀以降の戦没者の墓地であるが、残念ながら、心ない日本人が、埋葬者の上を無神経に歩いたり、騒いだりしたので、立ち入り禁止、駐車禁止となってしまった。だが、Fiske さん達が先行して、警備員に話され、特別に許可してもらった。

　我が子を戦場で失った女神の像の下方にある慰霊碑の前に、小さな花束を捧げ、水筒の中の「Arizona の水」を献水し、Fiske さんが、鎮魂ラッパを吹奏して「小さな慰霊祭」が終わった。Fiske さんが、何とも形容し難い涙顔で握手を求めてこられ、大きな体で抱擁された。その態度に、我々もほとんど言葉が出なかった。

　これでアメリカ側との ceremony は終わった訳だが、Fiske さんが、「10月に日本の搭乗員と一緒に、土浦で慰霊祭を行う予定だ。是非またお逢いしたい」との事で、再会を約して別れた。

　一息つく暇もなく、夜は灯篭流しである。ハワイの灯篭流しは数年前より始められ、ワイキキの裏通りとも言うべきアラワイ運河で行われる。運河は川幅はゆったりしているが流れがほとんどないので、小舟に灯篭を積んでゆっくりと曳き

舟で引っ張って行く。西へ向かって、ちょうど極楽浄土へ向
けて流して行く訳である。スタート地点の岸辺に祭壇が設え
てあり、荒師を始め関係者が、威儀を正して座って居られる。
灯篭を流す前に、日系の人達や地元の人達のお祭りがあった。

　太鼓や踊り、歌等仲々賑やかであったが、中に一組、初老
の紳士達の一団があった。これが名高い第442連隊の人達で、
アメリカへの忠誠を尽くし、日系2世のためにヨーロッパ戦
線で勇敢に戦った部隊の生き残りだそうである。

　司会者は英語と日本語で、交互に説明して進行させていく。
連邦議員や、地元の政治家、総領事等がご挨拶された後、戸
塚さんも日本の議員として紹介され、荒師のご祈禱の中で
次々に祭壇へご焼香された。

　私もご焼香するように言われていたが、プログラムの順番
になっても名を呼ばれないので、これは省略されたかな？
と思っていたら、最後に司会者が静岡空襲とB-29について
説明をされた。そしてDr. Suganoと紹介され、一瞬とまど
ったが、B-29の水筒をとり出して祭壇に供え、ご焼香した。
とたんに拍手が起こり照れくさかったが、このために来たの
だから落ち着けと自分に言い聞かせた。

　ご焼香が終わり灯篭流しが始まったので、静岡市民と
B-29戦死者の書かれた灯篭を探したが人垣で近づけず、遠
くから見送った。その後に総領事公舎へ表敬訪問の予定にな
っていたので、帰り支度をしていると地元のテレビ局がイン
タビューの申し込みに来た。「領事館へ行かなければならな
いから、明日ではどうか？」と話したが、「灯篭流しをバッ

クにして今の話（静岡空襲）を聞かせてほしい」との事なので、止むを得ず領事館の方へは了解を求めて、テレビ局の人と対談することにした。

　確かに「TPO」が大事であろう。その時その場所でなければ、とても第三者には理解されないこともあるかも知れない。どんな編集をされてどんな放映をされたか、まだテープを拝見していないが、アナウンサーも何とか理解してくれたようで、意とする所を放映して下さったと思う。この一文を読まれた方もそんな所をご理解願いたい。

　ようやくインタビューが終わり、領事館へ送って頂く車中で、アナウンサーが「私の祖父が国後島の村長で、昭和20（1940）年8月18日、侵攻してきたソ連軍に連行され、以来消息不明です。北方4島の会等で調べて頂いたが、わからないのです」と言うので、「帰国したら手を尽くしてみますよ」と約束して別れた。この人にとっては、まだ終戦が訪れていなかったのである。

　帰国後、戸塚議員のご尽力で消息がわかり、早速知らせてあげたが、やはり Pearl Harbor は歴史の凝縮された所である。

　まだまだ、これからもやるべき事がありそうだ。

　この原稿を書いた後に海軍の叔父[※3]が亡くなった。中学、大学共に先輩であり特にお世話になった人だが、終戦直前に学徒出陣で人間魚雷「回天」の搭乗員となり、あと1週間戦争が続けば南太平洋で突撃すべき命令を受けていたそうである。

　終戦により幸運にも復員したが、出撃時の心境を恐る恐る

尋ねたことがある。余り多くは話してくれなかったが「このような特別攻撃をしなければならないのは戦況が不利になった証拠で、勝算ありとは思えない。だが俺達が出撃して敵に損害を与え、心胆を寒からしめる事ができれば、講和条約が少しは日本に有利になるだろうと信じていた」と朴訥に語ってくれた。叔父に今生の別れを告げるときにこの事が鮮烈に思い出されて、「このような先輩がいたのだ」ということを後世に伝えるのが、我々の義務だと思った。批判ばかりする世代に、まず歴史的事実を伝えるべく筆をとった次第である。

【注】

※1　Pearl Harbor Survivors Association

※2　真珠湾生存者協会副会長。1941年12月7日（日本時間12月8日）、日本海軍航空隊による真珠湾攻撃の際のアメリカ軍生存者で、前出の前田武機の雷撃を受けた戦艦ウェスト・バージニアの艦橋にいた。

※3　細井庸司（旧姓中川）
　　旧制静岡中学（54期）日本大学工学部（学徒出陣）海軍対潜学校（六期）終戦時は中尉

真珠湾〔Ⅲ〕平成5年8月　　　　　（1994年2月記）

　1992年10月18日、土浦の「第26回予科練戦没者慰霊祭」
（於：陸上自衛隊武器学校）にMr. Fiske ご夫妻が参加された。
海軍飛行予科練習生（予科練）出身の海原会会長の前田武[※1]さ
んは、真珠湾攻撃で戦艦 West Virginia に魚雷攻撃した九七
艦攻（九七式艦上攻撃機）の電信員であり、Mr. Fiske はそ
の攻撃された West Virginia 艦橋にいた通信兵であった。

　50年後の慰霊祭でMr. Fiske が、日米両国の鎮魂曲を吹奏
し「恩讐を超え平和を祈りましょう」と、前田会長と固い握
手をされた。参列者に深い感銘を与えた行事であった。

　真珠湾攻撃から50年、真の平和のために関係者の努力が
実りつつある事を確信した。

　そして1993年は、実に忙しい年で、私の生涯でも「人生
の凝縮」とも言うべき年であった。

　残念ながら、前年より入院加療中であった親父が、90歳
になった直後、天寿を全うしてと言うべきか力尽きて、遂に
5月17日昇天した。肉親を失った悲しさと、また一人の医師
としての先輩を失った淋しさを感じた。

　悲しんでいる暇もなく、我が家では、アメリカへ嫁ぐ次女
の出発の直前だったので、取敢えず密葬を済ませ、次女の出
国を見送ってから、本葬儀を執り行った。静岡県医師会の松
浦会長、西野先生も有り難い弔辞を手向けて下さり、人生最
大の行事の一つを済ませて、今度はネクタイの黒を白に替え

て、6月初旬アメリカへ向かった。

　次女の婚約者はWest Pointの米陸軍士官学校卒業直後の将校で、半年前から予定されていた式を延期するのも失礼で、親父も可愛がっていた孫のことだから見守ってくれることと信じて式に向かった。

　ミシガン湖の岸辺の教会で、日本と違って簡素な、そして厳粛な式であった。4年前から留学していた娘であったが、まさか、West Pointのエリートと結婚するとは思ってもいなかった。私が静岡空襲の日米合同慰霊祭を主催したり、一緒にパールハーバーへ参詣したりしたので、何か感ずる所はあったのかも知れない。ともあれ、「日米親善」を実行してくれた訳である。

　そして再び、今年の夏（8月15日）もワイキキでの灯篭流しの通知を頂き参加した。今年は、2回の家族ぐるみの外国旅行となった。

　昨年お世話になり、日本へも来られ、海原会の慰霊祭にも参列されたMr. FiskeとArizona Memorialの会員でハワイ大学教授のMr. John F. De Virgilio（ジョン・F・デヴァージリオ）が出迎えて下さり、昨年と同様Arizona MemorialとPunch Bowlへ参詣した。

　さらにMr. Fiskeは夜の灯篭流しにも参列され、B-29搭乗員遺品の水筒を祭壇に捧げて、私と一緒に焼香された。今やこの水筒は一連のceremonyに欠かせないものとなり、Fiskeさんが説明されると見知らぬアメリカ人達が、一緒に祈禱するようになった。これはもう、一種の「神器」になった感である。

　灯篭流しの直前に Mr. Fiske が Pearl Harbor 近くの Hickam 飛行場へ案内して下さった。もちろん、Mr. Fiske とご一緒だとゲートもフリーパスである。日曜日なので司令部の中には入れなかったが、建物の壁に何か沢山の穴のような傷跡が見える。中には、「丼」位の傷もある。ペンキは奇麗に塗られているのに変だなと思っていたら、Mr. Fiske が「あれが、12月7日の機銃掃射の弾痕だ」と教えてくれ、「あの大きな弾痕は、紛れもなく零戦の20mmだ」と気がついた。

　弾痕をそのまま「保存」しているのは、日本人にとって大変厳しい現実であるが、やはり「歴史の一コマ」には違いない。

　Arizona Memorial と同様、歴史の証人として後世に伝えられるべきものであるから、それによる教訓、反省を学ぶべきであろう。私が真珠湾へ慰霊に訪れる意義は、もちろんそれが問題だと考えている。

　50年前の戦争については、先に攻撃をしかけたのは日本であるが、それまでに至る経過の中で、日本ばかりでなく、米国を中心とした世界の歴史に於いて、何回か戦争を避け得るチャンスはあったと思う。また、世界の歴史の中では、日米戦争ばかりでなく、ごく些細な誤解や無理解のために悲惨な結末を招いた例は枚挙にいとまがないであろう。

　しかし、そのようなことを論ずる前に、真珠湾ではまず、哀悼の意を表すことが大事であろう。

　そんな気持ちを理解された Fiske さんが、「日本からの友達」と色々な人に紹介してくれる。「何時もハワイに来る時

はこの水筒を持って、皆に見せて欲しい」と、私の心を読んでいるごとく言われた。これは、私のライフワークだと決心した。

　帰国して、今度は静岡の日米合同慰霊祭の準備が大変であった。日本側、小山守一日本遺族会会長や、米大使館、米空軍との打ち合わせ、特に米国大使は新任のモンデール（Mondale）さんなので「今までの資料をFAXで送って欲しい」と連絡があった。弟が聖光学院の英語の教師なので、大使館との交渉も大助かりだが、昨年はヤケに台風が多くて天候も気になる。天気だけはどうしようもないが、幸いにも、10月2日の慰霊祭は雨に降られずに済んだ。思わず閉会の挨拶で、「これも神仏のお陰」と言ってしまった。

　モンデール大使からも大変丁寧なメッセージを頂いた。

　小山会長も「静岡の戦災犠牲者の遺族の悲しみも、B-29搭乗員遺族の思いと同じです」と述べられ、米軍の出席者も深くうなずいていた。

　レセプションの後、帰り際に20年来のアメリカ側のコーディネーター Mr. Voss が、「今年はすべて、順調であった」と喜んでいたが、やはり天気は気になっていたらしい。

　それから1週間後、零戦搭乗員会の吉田さん（甲飛13期）から、「Mr. De Virgilio が来日したが、静岡のスケジュールについて相談したい」と連絡があった。ハワイ訪問時にもお聞きしたが、10月17日にある海原会の慰霊祭（土浦）のゲストとして来日された訳である。19日の予定とお聞きしたが、「土浦で逢えるのだから、その時に決定しましょう」と

いうことになった。

　16日の前夜祭で久しぶりに再会。彼の予定変更のため、18日来静となった。17日の土浦の慰霊祭は雨のために、屋内での挙行となったが、彼のゲストスピーチは、さすがにハワイ大学の歴史学の教授だけあって、格調の高い挨拶であった。「国のために戦死した英霊のために、細川首相は何故、靖国を公式参詣されないのでしょうか？」とか耳の痛い話もあったが、特に「世界の戦争の歴史の中で、女性の遺族の傷は、年月が経ってもダメージが大きく残っているものです」と話された時は、遺族の方々をはじめ、皆深い感銘を受けた。最後に、「相互理解、お互いの立場を尊重する気持ちがあれば、戦争は避けられるはずです」と締めくくられた。

　直後のレセプションで、1人の女性が、わざわざ来られて、通訳して欲しいとのこと、「De Virgilio さんの話に大変感動した。私の婚約者は加賀の搭乗員（石塚二飛曹[※2]）で、12月8日の真珠湾攻撃に参加し、その後、南太平洋で戦死したが、貴方の言われた通り、心の傷の痛みは消えません。今日は良いお話を有り難うございました」と涙を流して話された。Mr. De Virgilio も大変感激して、そのパイロットの氏名をお聞きしたら、「その人は加賀の艦爆（艦上爆撃機）のパイロットですね」と直ぐに聞きかえされた。「彼は真珠湾攻撃隊の氏名を全部知っているのか？」とびっくりした。

　「静岡は翌18日に行きたい」とのことになり、これまた、大忙しとなった。　12時38分静岡着。弟と一緒にエスコートして、賤機山（浅間山）山頂の世界平和観音像、静岡市戦災

犠牲者慰霊碑と、B-29墜落搭乗員の碑へ参詣した。

　「かねてから、B-29戦没者23名の遺族を探しているのだが」と話したら、彼も努力してみると約束してくれた。「もし判明したら、是非、真の日米合同慰霊祭を行いたい」と言ったらもちろん賛成して下さり、「その時はご一緒に」と願っている。

　私の行動は、真珠湾の傷、日米双方の傷の手術はできないかも知れないが、傷に薬を塗る位の事はできるかも知れない、と思っている。

　先日の新聞に、大学同窓の大橋俊二君が裾野市長選に立候補するとの記事が出ていた。彼のポリシーがどんなものか？　昔の彼とはどんなに変わったかはわからないが、その意気や、結構!!

　小医は、病をなおし

　中医は、病人をなおし

　大医は、国をなおす　と言う

　彼は市政に、

　私は、国際親善、世界平和のために

　どちらが大物か、競争しよう。

　　※1　1978年10月、生存予科練（海軍飛行予科練習生）同窓に加え、その遺族および有志一般人が参加して、予科練出身戦没者の慰霊・顕彰と、社会への奉仕等を通じて、日本の繁栄と世界平和に貢献するべく設立された財団法人。
　　※2　石塚重男
　　　　日本海軍　二等飛行兵曹（＝二飛曹）・操縦　甲種飛行予科練習

　生（＝甲飛）3期　空母「加賀」九九式艦上爆撃機　第2中隊26
小隊2番機。

　1942年5月7日サンゴ海海戦で被弾し、米艦ネオショーに体当
り、戦死。（平成5年10月21日〈学徒出陣50周年の日〉記述）

真珠湾〔Ⅳ〕1993年12月7日　　　（1994年6月記）

　攻撃50周年の真珠湾へ参詣してから早くも2年、Mr. Fiske のご尽力で、今度は12月7日のceremonyに参列できることとなった。しかも今度は一人ではなく、海原会渉外部長の吉田次郎さんとご一緒である。前田会長のメッセージを携え、いわば特使である。

　6日午後10時30分　JAL72便にて成田発

　6日午前9時　Honolulu着

　日付変更線のおかげで、昨日の世界へ着いた訳である。

　南雲艦隊が10日かかって到達した距離を50年後のジェット機は僅か数時間を要するのみである。

　空港には領事館の岩田領事が迎えに来て下さっており、さらにMr. Fiske もみえて、旅装を解く間もなくご一緒して日本領事館へ向かった。これは「静岡空襲、B-29搭乗員の遺品の水筒」が税関のチェックに引っ掛かっては困るので、以前から戸塚前代議士が外務省を通じて領事館へ手配して下さっているお陰である。

　不精髭のまま失礼とは思ったが、「表敬訪問」を済ませた訳である。法眼健作総領事も「ご苦労」と言って下さり、今後のなお一層のご協力をお願いして領事館を辞した。

　この日は午後ずっとMr. Fiske がエスコートして下さりHickam Air. Baseの見学、夕食時にMr. De Virgilioもご一緒下さった。

　翌日（12月7日）が控えているので就寝しようとしたが、何となく興奮しているためかすんなりとは寝つけない。

　しかし、2年前（50周年）の時とは違い、ずっと落ち着いた雰囲気である。12月7日（日本時間12月8日）早朝、Mr. Fiske の車でパールハーバーへ向かう。Arizona Visitor Center の駐車場も満車で駐車スペースを探すのに一苦労。やはり12月7日だ！　館長の Mr. Magee も忙しいのでゆっくりご挨拶している暇もない。

　隣接の桟橋に最新鋭の空母 CVN-72 Abraham Lincoln が接岸している。2年前は戦艦ミズーリが来ていた。あの時は残念ながら ceremony には参列できず、たった一人で夕暮れの桟橋で慰霊祭を挙行したのを思い出したが、さすがに50周年とは全く違うと感じた。しかし何と言っても「パールハーバーだ」と気を引き締めたが、後刻「やはり古戦場」だと思った体験があった。ceremony は約1時間で Mr. Magee の挨拶、Enterprize の生存者の挨拶等があり、日本の仏教会の方の挨拶、最後に Mr. Fiske の TAPS[※1] で締めくくられた。

　式典終了後 Mr. Fiske と Arizona へ参詣するまでの時間に、Mr. Robert（Policeman）が、文字通り手作りのパールハーバーのジオラマを説明してくれた。片隅に作者のサインが記入されているが、開戦直前の模型である。建物や樹木まで正確に同一スケールの縮尺である。模型マニアは一種のビョーキで（私も同様であるが）他人から見れば考えられないことをやってのける。

　このジオラマのために何年も費やしたとのこと。恐れ入っ

たが、こんな調子で捜査されたらどんな犯人でも逮捕される
だろうと、変な所に感心した。

その時、横で黒いアゴヒゲで目付きの鋭い男がずっと我々
を見ているのに気がついた。50周年の時とは違った雰囲気
だとは感じていても、やはりここはパールハーバーである。
ちょっとこれは要注意な男だと思った。案の定しばらく経っ
てから我々の所へ近付いて来た。吉田さんに Washington
D.C. の「Korian War の碑へ行ったことがあるか?」との質

問である。私は
Washington D.C. の
Vietnam の戦士の
碑へは行ったこと
があるので勘違い
して、つい「Yes」
と言ったら「あそ
こと、ここと雰囲
気がどう違うか」
と斬り込んで来た。
「やはり来たな」
と思ったので
broken English を
逆手にとり、「真
珠湾攻撃の時は私
はまだ子供だった
からよく分からな

アリゾナ・メモリアルでの献水の儀。左より吉田次
郎さん、私、Mr. Fiske

い」と答え、「我々は慰霊祭に来たのだから」と質問を意識的にはぐらかした。そして静岡の日米慰霊祭の資料を渡し、B-29の水筒の説明をしたら、驚きをかくせず完全に黙ってしまった。私と同じ年齢だとのことだが、このような人がいるのも現実である。と言って、だから何もしないでいるのではいけないと思うし、場所をわきまえなければいけない。

　時間が来てArizonaのCenterでの映画説明の後Mr. FiskeとArizonaに向かうボートに乗船する。Mr. Fiskeがマイクを持って挨拶された。もちろん、生存者としてのスピーチである。「Dr. Sugano」「Mr. Yoshida」と我々のことも説明して下さったが、時々声をつまらせ「声涙、共に下る」の挨拶である。

　Memorialへ着いてから、戦死者の名前が刻み込まれたMarble Roomの壁へ用意された花束、「B-29の水筒」を供え、Mr. Fiskeが鎮魂のラッパを吹奏された。そして、B-29の水筒に献水の儀である。これで何回目になるかな？　と考えたがやはり緊張する瞬間である。それからが大変で、見知らぬご婦人に「Thank You」と挨拶されたり、水筒と一緒に写真を撮らせて欲しいとか、サインを望まれたりで、帰途の「ボートに乗り遅れる」と催促される始末であった。とにかく、意とする所、日米合同慰霊祭はささやかながら実現できた訳である。

　午後は、最新鋭の巨大空母Abraham Lincolnを見学することができたが、これは文章より写真等をお目にかけた方が良いと思う。そして、次にハワイ日蓮宗別院を訪れた。ここは住職の小川如洋師がハワイ方面、日本海軍戦死者の霊簿を祀

られている所であり、2年前初めて私が前田会長にお逢いした所である。また静岡空襲の日米双方の犠牲者の供養もして頂いたお寺である。ご祈禱の前にMr. Fiskeが巻紙を取り出され説明された。これは戦死された今井福満一飛曹[※2]の祖父に送られた小川正一大尉[※3]がしたためられた手紙である。すると、小川師が「私も同じものを持っていますよ」と持って来られた。全く同じコピーである。遺族からの寄贈であろうが、これを祭壇に供え祈禱して頂いた。これを書かれた小川大尉もミッドウェイで戦死されている。ご祈禱後、小川師は日本語と英語両方で説諭された。

航空母艦（CVN-72 ABRAHAM LINCOLN）

翌々日、9日朝からKaneohe基地見学、ここは、飯田房太大尉が自爆された所である。

最初、迷彩服の士官が案内して下さったが、「JAPANESE AIRCRAFT

飯田房太大尉の碑の前で。左よりMr. Fiske、私、吉田次郎さん

IMPACT SITE」と立派な碑が建てられ、飯田大尉の名前も刻み込まれている。花束まで供えられていた。 Mr. De Virgilioが「あの方角から突入して来た」と説明されたが、GordonW. Prange博士の「トラ・トラ・トラ」（原著「At Down WeSlept」）によれば、被弾して引き返して来た飯田大尉が、兵器員Sandsと撃ち合って自爆された地点らしい。さらに近くの資料館には飯田大尉の写真や、日本の小さな品々が置いてある。私はそっと零戦のタイピンをお供えして来た。

　願わくば「飯田大尉、零戦をご覧下さい」という気持ちであった。そして、この基地には海兵隊と海軍と2人の司令（将官）がおられるとのことで紹介された。立ち話ではあったが、当時の敵であった日本の戦士の碑を建てられたことに謝辞を述べると共に、「私達も日米双方の慰霊祭を行っています」と例の水筒の資料をお見せしたところ大変喜んで下さった。帰り際に先刻案内役の士官が吉田さんに、「勇敢なる飯田大尉は米軍の新兵教育に大変役に立っている。日本へ帰ったら是非Commanderに報告して欲しい」と話されていた。

　「敵ながら天晴れ」と誉め称える武士道は我々大和民族のみの独占ではなく、彼らにもいわゆる「騎士道」精神として存在することをまさに実感として体験した。午後はHickamAir Baseのhistorianを訪れた。

　攻撃当日の写真等を見せられたが、Mr. Fiskeは「陸軍の写真ばかりで海軍の写真が少ない」と言われた。半分joke、半分実感であろう。

　ここで2年後、終戦50周年のceremonyについて方法論や、

窓口等について良いアドバイスをされたが「貴方達も必ず参加して欲しい」と言われ、責任を感じざるを得ない。しかし、「望む所だ」との決意もできた。Hickam基地の建物には日本機の弾痕がそのまま残っており、攻撃のすさまじさを物語っている。Head Quarterの建物の中の写真に、2機のP40が2機の九九艦爆（九九式艦上爆撃機）を追撃している写真があった。以前に赤城の古田清人さん[※4]に見せて頂いた写真だ。すごい写真だと思ってよく見たら、左下にサインがあり、これは「絵」であった。TaylorとWelch両中尉の空戦を描いたものであった。絵なのに写真に見えてしまうのも、「古戦場」なればこそと思う。残念ながら今の日本には、このような「絵」が描ける人はいないのではないかと思った。短い時間でこれだけの体験ができたのもMr. Fiskeを始めとする関係者のお陰だが、今回のツアーはあくまでも次の目的へのステップである。

　終戦50周年に日米双方の合同のceremonyを実現させ、「昨日の敵は今日の友」となることが世界平和の一歩となることを切願して止まない。

【注】
※1　米軍のceremonyの締め括りは"TAPS"である。南北戦争時代の「消灯ラッパ」であったが、現在は「鎮魂ラッパ」として吹奏されている。多くの参列者が感動させられるが、特に真珠湾でのMr. FiskeのTAPSには情がこもっている。
※2　今井福満
　　日本海軍　二等飛行兵曹（＝二飛曹）・偵察　甲種飛行予科練習生

（＝甲飛）2期　空母「加賀」九九式艦上爆撃機　第2中隊　第24小隊　2番機（1941年12月8日当時）

※3　小川正一

日本海軍　大尉・操縦　海軍兵学校61期　空母「加賀」九九式艦上爆撃機　第2中隊　第24小隊1番機（1941年12月8日当時）

「支那事変」時、南昌飛行場へ強行着陸し、中国機を焼き打ちした勇士。

※4　古田清人

日本海軍　一等飛行兵曹（＝一飛曹）・操縦　操縦練習生32期

空母「赤城」九九式艦上爆撃機　第1中隊　第21小隊　1番機

真珠湾〔V〕
Pearl Harbor Survivors Association（真珠湾生存者協会）
（1994年10月記）

　数回に及ぶ真珠湾の慰霊祭に参詣しているうちに、いつも航空券の手配を依頼している旅行社より、「患者さんの『ツアー』の付添いを願えないか？」との話があった。透析患者が旅行の際は、「透析の予約」が必要で、幸いハワイには日系の施設があるからである。学会等のない「6月中旬の数日間なら都合つけよう」と返事しておいた所、直前になって「人数が少ないので、団体としての計画は中止しますが、少人数で個人的なツアーになります」と連絡があった。

　人数が少ないからと言ってエスコートを止めるのも悪いので同行し、透析の予定日は、Aloha Dialysis Center を訪れた。ここは、歌手の灰田勝彦さんの伯父さんが創設された病院で、一応は日本語の判るスタッフが、お世話している。院長の瀬戸博士も日系の方だが、「Dr. Seto」を、スタッフは、「ドクター・シート」と呼んでいた。やはり英語の国である。

　欧米では、ダイアライザーは再使用しているが、この点をお聞きしたら、「日本の患者は、disposable のダイアライザーを使用している」と言われ、患者さんも安心していた。しかし、ここでも医療費の問題が提起されている訳である。

　透析スケジュールの合間は患者さん達は、観光へ出掛けるので、私は貴重な時間を無駄にすまいと、跳び回ることになった。

　まず、Mr. Fiske と Arizona 参詣。Visitor's Center からのボ

ートは殆どアメリカ人で、数人の東洋系の人もいたが、日本人かどうかは判らない。いつもの事ながら、行きの船内は何となく緊張する雰囲気だが、Mr. Fiske と Memorial での慰霊、献水の儀を行うと全くムードが一変する。B-29搭乗員遺品の水筒は、まさに「神器」となった。そして、写真やサインをせがまれたり、Mr. Fiske と共に大忙しであったが、これが良い意味でのアメリカ人気質であろう。

　Mr. De Virgilio 氏も駆け付け、米海軍、太平洋軍の人達と、来年の終戦50周年の ceremony についての交渉を始めたが、さすがに軍関係者はタイトスケジュールで、Mr. Fiske、Mr. De Virgilio の意向通りには難しいようだ。先方にしてみれば、「戦勝記念の ceremony」の方が優先するのも仕方ないことであろう。しかし、50周年に、日米の「New Beginning」の ceremony を挙行したいとの意向はあるようだ。

　次に East-West Center の Dr. White を訪れた。（Geoffrey M. White, Director, Program for Cultural Studies.）

　ここは、天皇陛下も訪問された所で、ハワイ大学の隣接地と言うより、大学の構内とも言うべき所で、歴史館や、Jefferson Hall や、Kenedy Theater 等、由緒ある建物が、広大な緑の敷地に立っている。奥の方にある東洋風の建物があるので、尋ねたところ、「医学部」とのことであった。

　Dr. White が Jefferson Hall の奥の方にある平らな芝生の中に、「日米友好の碑」を建て、かつて矛を交えた日米の人達で、ceremony を挙行しようという提案があった。

　「あそこはフラットだから良いでしょう。場所を見て下さ

い」と言われ、Mr. De Virgilio 等と確認に行ったが、さすがに落ち着いた雰囲気の所であった。建物の奥の方に綺麗な芝生があり、また、建物の裏側には美しいせせらぎの流れている日本庭園があり碑を建てるに相応しい所である。

　これで今回の第二の目的も、ほぼ達成したことになる。

　帰国後に早速、海原会会長の前田氏と吉田氏に報告。準備をすすめることになった。

　Mr. Fiske も、毎週金曜日は Arizona Memorial でボランティア活動をされており、お忙しい方であるが、Pearl Harbor Survivors' Association の Vice President を務めておられる。ちょうど毎月の Survivors の例会があるので、招待された。文字通り、真珠湾攻撃当日、空襲下で反撃し、生残った人々である。

　パールハーバーの近くのクラブに、約30名の会員とご夫人等が参加された。ハワイにいる殆どの会員が毎月、参集されるとのことである。

　Mr. Fiske の敬虔なお祈りで会が始まり、やがて皆に紹介された時はさすがに緊張したが、Mr. Fiske の人柄か、和やかなムードで進行した。ただ数名の会員から、「天皇が、パールハーバーへ来られないのは大変残念。がっかりした」と言われたので、「陛下は私と同じ年だから、ご本人は参詣の意志はおありだったと思う。しかし、日本の Government は石頭だから Punch Bowl 参詣に変更されたのだと思う」と答えた。

　やはり、ここは「古戦場」なのである。

　さらにショッキングな話題は、前年12月7日に会員の1人が亡くなり、遺言通り戦友の眠るArizonaへ水葬されたそうである。身の引き締まる思いがしたが、皆から親切に食事やワインをすすめられて恐縮した。

　一応、日米合同慰霊祭の件も報告し、「これはずっと続けたいと思う」とスピーチしたら、拍手と共に「Thank You」と言われ、ホッとした。

　散会時の挨拶は、「See You Again」であるが、本当にそう願いたい。

　Mr. Fiskeからは、「これからも参加してくれ」と言われた。

　帰国前日は、海上自衛隊の元連絡官、古宇田一等海佐の紹介で在ハワイの小笠原氏にお目にかかった。ホノルルの報道官とも言うべき方で、Honolulu Production Cordination Internationalの President Producer である。

　これも不思議なもので、記念艦「三笠」でお逢いした秋山眞之先任参謀のお孫さんで、神奈川県の元県会議員、大石尚子さんを通じて、知己を得た方である。

　ちょうど、リムパックのため入港して来た自衛艦「くらま」を出迎えに行った。軍艦旗と同じデザインの自衛艦旗を靡かせながら、5000tの「くらま」の入港は、堂々としていたが、50年前を思うと感無量であった。

　帰途、小笠原氏宅で、彼の製作によるビデオを拝見した。真珠湾秘話とも言うべきドキュメントで、一つは、空襲時より、ずっと日本の搭乗員の遺骨を供養して下さった日系婦人のストーリーで、この遺骨は千鳥ヶ淵の「無名戦士の墓」に

納骨されたのだが、その時は、肉親に別れを告げるように悲しそうなお顔をされていたのが印象的であった。

2本目は今年TBS系で放映された「舞鶴の桜」の物語である。広島出身の高木藤雄さんが戦後、日系二世兵士として日本へ進駐し、家族と巡り会ったり、縁あって舞鶴に寄贈された桜が見事に開花していた話であった。驚いた事に、ビデオには映っていなかったが、小笠原さんの説明で、この方が「真珠湾攻撃50周年」の項で書いた、朝日三飛曹を救出しようとされた方だとのことである。

真相は、拳銃自殺でなく、怪我をしていた朝日三飛曹を救出しようと、ライフ・ジャケットを引き寄せたところ、救出を拒み、ジャケットを脱いで沈んで行ったとのことである。

改めて、ご冥福をお祈りする。

そのライフ・ジャケットを持ち帰った高木さんは、米軍から「朝日」の文字の意味を聞かれたが、当時は日本語が読めず、「わからない」と答えたところ、「何かかくしているのだろう」と大変厳しく尋問されたらしい。その後、二世部隊へ志願し、ヨーロッパ戦線へ従軍し、戦後日本へ進駐して前述の物語となった訳である。今回はお目にかかれなかったが、次回ホノルルを訪れる時には是非、お逢いしたい人である。

終戦50周年を翌年に控え、このような史実は、今語り継がなければ歴史の中に消え去ってしまうと思い、敢えて書かせて頂いている訳だが、最近、どうしても納得出来ない政治発言が多いので、この点についてさらに述べたい。

　細川元総理や、村山首相等の「大東亜戦争日本侵略説」である。

　社会党を始めとする、いつも「反対の為の反対」を唱えていた政党の委員長としての発言ならいざ知らず、責任政党となって一国の首相となった人の言うべき言葉ではない。大東亜戦争で戦死された英霊や、遺族の立場から見れば、身内が「侵略行為で亡くなった」とされたのではたまったものではない。生き残った戦友も耐えられない。

　もう、15年前の事であるが、零戦のエース坂井三郎中尉や、海軍航空隊、陸軍の遺族の方々等と、私が団長を仰せ付かって、ラバール・ソロモン群島へ慰霊に訪れたことがある。

　出発前は、現地の反応が些か心配であったが、行ってみるとどこへ行っても信じられない位の大歓迎を受けた。

　ジャングルの奥深くジープで入って行っても、必ず大勢の

1980年9月、ラバール飛行場にて。左より、守屋主計長、高畠通信長、坂井三郎中尉、私、一人置いて遺族の金田さん。背景の山は「花吹山」

原住民があっと言う間に集まって来て、「ニッポン、ジャパン」の大合唱であった。さらには、ナツメロや、童謡、そして軍歌まで日本語で歌ってくれる。

　我々も、ササヤカな土産を持参したが、決して争って奪い合いをすることはなかった。「何故、こんなに我々を歓迎してくれるのか？」。疑問に思って何回か質問してみたが、異口同音に、「日本の人は、征服者を追い払い、生活に必要な事を我々に教えてくれた（ラボールの桃太郎農園等の農耕を始めとして、良い意味での教育がされていたらしい）。それ以前の支配者（イギリス、フランス等）は、決してそんな事はなかった」と語ってくれた。

　そして我々は「パプア・ニューギニア」当局から、「一週間の名誉市民」の証を頂いた。

　一方、いまだに準支配者のオーストラリア人等に対しては、非常に冷淡である。そのため、我々が歓迎されている傍らで、以前の支配者達が憮然として眺めていた。

　ある晩、とうとう、その一人が我々に、「慰霊祭と言うが、お前達だけが悲しい目にあっている訳ではない」と言って酒の勢いもあってか突っかかって来て、一悶着起こしたこともあった。

　彼等にしてみれば、優越感と劣等感の間で「頭に来た」のであろう。

　かつての支配者を追い出したのは、紛れもなく「日本軍」であるからだ。

　1941年12月8日、大東亜戦争勃発当時の東南アジアは全部、

イギリス、オランダ、フランス、アメリカの領土であった。所謂、連合国の領土であり、戦った相手は連合軍なのだ。支配されていた国が、戦後、皆、独立国となったのだから、もし「日本が侵略国」と言われるのならば、それ以前の支配者、欧米諸国が侵略者でなくて何であろう?

　また、戦争の被害を受けたのは、我々日本国民も同様であり、戦後補償を求める権利があるはずだ。それを棚上げして、自国を侵略者呼ばわりするのは、まさに売国奴でありマゾヒストである。しかも、国として戦後補償は講和条約で賠償しており、今後の補償はどんな形をとっても我々の「血税」でまかなわれる訳だから我慢出来ない。

　先日の産経新聞にも私と同様な意見が述べられていたが、戦後補償は「言い出した政治家」が私財を提供して補償すべきである。

　杉山熊男先生が、海軍軍医として、落下傘部隊降下50周年に「メナド」へ行かれた時も大歓迎を受けられたとお聞きしたが、当時の隊長、堀内豊秋大佐は善政を施されたにもかかわらず、戦後、戦犯として処刑された。これは占領地を追い出された「オランダ」の報復である。

　さらに書きたい事実は、我々が訪れたボーゲンビル島の事である。

　この島は、連合艦隊司令長官、山本五十六大将が戦死された地であるが、ここに世界第3位の産出量を誇る露天掘りの銅山がある。この銅山の地主に払われる権利金が僅か1%なので、数年前に暴動が起きて、危険なので旅行者は立ち入り

禁止となっている。いまだに旧支配者の搾取は続いているのである。

この島を訪れた時、この地で亡くなった御主人の慰霊を願って同行された浜松の金田さんをエスコートして、マイカの旧陸軍病院（第76兵站病院）跡を訪ねた。

案内してくれた原住民も、川でジープが深みに嵌って、全員あわや遭難という危険な目にあいながら、とにかく懸命に案内してくれた。そして、ようやく病院跡へ辿り着き、遺族の涙にもらい泣きしながらの慰霊祭に、彼等も神妙に頭を垂れて参列してくれた。

そして、「日本人は、良い人だ」と慰めてくれた。これは、ラボール等、他の地でも全く同様であった。それだけに、元支配者達の暴利を貪る姿勢に反発したのであろう。

この帰途、さらに驚いた事がある。

「私の祖父（菅野憲寛……私が生まれた頃、静岡市の医師会長であった）が、日露戦争では大変苦労して、『沙河の会戦』では血糊のおむすびを食べながら、傷病兵の手当てをしたそうだが、あの兵站病院の軍医もさぞかし苦労されたことだろう」と話したところ、エース坂井中尉の伯父さんと、海軍第五八二航空隊の主計長、守屋清さんのお父さんが沙河で戦ったと言われ、びっくりした。

僅か、20名足らずの一行の中の「3人」も元戦友の子孫であったという事で、場所が場所だけに、歴史の重みをぐっと感じた。

私の体験だけでも（もちろん、ほんの一部だが）これだけ

マイカ陸軍病院跡での慰霊祭

1943年、ソロモン諸島ボーゲンビル島マイカにあった第17
軍麾下の陸軍病院。陸軍医学校より派遣の視察官が訪れた
時の光景。患者は戦闘帽をかぶって正座し、蚊帳はまくり上
げられている。軍医が視察官に敬礼しているのが認められる
が、こんな立派な病院で治療を受けられる者は、最大の幸
福者であった（第八艦隊通信隊先任下士、髙畠兵曹の説
明文）

の歴史を論ずることが出来るのである。

　それなのに昨今の首相（もしくは首相候補）は、戦争責任を謝罪、補償するのが政治改革であるが如く「コメント」している。これは首相の「椅子」がちらつくからに他ならない。

パプア・ニューギニアの「一週間の名誉市民証」

　もちろん、戦争が良いか、悪いかを論ずれば誰でも答えは同じ "No" であろう。

　しかし戦争を避けるためには、その背景の歴史を学び、その上で反省しなければならない。これは、一方の国のみならず、交戦国、関係国も共に反省しなければならない。

　従って、日本の首相たる者、自国の反省をする際は、キチンと正確な歴史を国民に教え、旧支配者にも反省を促す決意がなければアンフェアである。

　マレーシアのマハティール首相に「50年前の戦争の謝罪は理解出来ない」とまで言われ、現状非認識も甚だしい。『パール判事の日本無罪論』（小学館）を読むが良い。

　こんな首相がいる限り、自国の卑下ばかりしていたのでは、青少年はおろか次世代の教育が出来る訳がない。

　このような首相を持たされた国民こそ、哀れと言うべきである。

　また、前述のような歴史的主張をするためにも、まず彼我の戦争犠牲者の霊には、敬虔な弔意を表すべきである。

　不肖、私が静岡空襲の日米合同慰霊祭を主催したり、Arizona Memorial へ参詣するのは、そのためである。

　今年の慰霊祭はもちろん、来年の終戦50周年の Honolulu の ceremony は、是非実現させたい。

　我々の、ラボール方面慰霊紀行については、坂井中尉の『大空のサムライ　戦話篇』（光人社）に記載されている。

　坂井中尉が、各地の慰霊祭で深々と頭を垂れていた姿が印象的であった。

　特にポートモレスビーに向かった時は、オーエン・スタンレー山脈を眼下の雲海に望んでの飛行中に、「御念仏」を唱え合掌されていた場面が私の8ミリフィルムに映っており、改めて感服した次第である。

　また、戦時中は噴煙を上げていた活火山で、戦後は鎮静化していたラボールの花吹山が、最近再び噴火し、しばらく訪れる事が難しいのも残念である。

雲海の上に点々と見えるオーエン・スタンレー山脈（フォッカー・F-27機より撮影）

真珠湾〔Ⅵ〕
平成6年12月8日・1日5回のセレモニー

（1995年2月記）

　Dr. White が、昨年の海原会の慰霊祭に参加された後、静岡、広島と戦災の地を訪れたいとの希望で、10月17日来静された。もちろん賤機山山頂の日米空襲犠牲者の碑に参詣された。「B-29墜落塔乗員の碑」に遺品の水筒による献酒をされて、喜んで帰られた。

　そして再会を約し、昨年も12月7日の「アリゾナ参詣」となった。今回も海原会前田会長の親書を携行しての出発である。来年の終戦50周年の碑の設置場所が、二転三転して、Punch Bowl となったため、ディレクターのCastagnetti氏にお逢いすることとなった。

　12月6日、JAL74便、21時30分成田発、ハワイ時間6日9時ホノルル着。Mr. Fiske が、今回も出迎えに来て下さり、その上、翌日12月7日も、早朝6時に迎えに来て下さった。

　ホノルルのハイウェイも大変な交通ラッシュで、年々ひどくなっているようであり、時間がかかる。カーラジオが、「日本のMidget Submarine（ミゼット　サブマリン）」について報じている。空襲時の写真のコンピューター解析の結果「特殊潜航艇の魚雷が2本、米戦艦に命中した」という結果が出たらしい。驚くべきニュースだが、議論している暇もなくVisitor Center へ着いた。

　今年はMr. Fiske は7時からのMemorial のセレモニーへ参列。私はVisitor Center のモーニング・セレモニーへ参列することになった。

　早朝より小雨模様でVisitor Centerから「Arizona」を望むと、対岸に大きな虹がかかっている。ビデオ撮影をしていると、米海軍の制服のカメラマンが近付いて来て「もっと岸辺の方が、よく見える」と声をかけてくれた。「Thank you」と場所を変えて撮影していると、そのカメラマンが私を被写体にして写真撮影にかかった。そこで今度は「ネクタイを写させて欲しい」と言い出した。気がついたら、この日は我がF-86 Blue Impulseと飛行機雲のネクタイに、日米両国旗をクロスさせたタイピンをつけていたのである。

　まだ周囲に人も少なく、時間もあるようなので「B-29塔乗員遺品の水筒」をとり出し、静岡空襲のストーリーやら、日米合同慰霊祭について説明したら、メモを取り、「Thank you, sir !!」と敬礼して去って行った。

　米海軍の新聞にでも載るのかな？ と期待したが、果たしてどうか確認していない。

　モーニング・セレモニーはMagee館長以下アメリカ人が殆どを占めているが、日本の仏教会の方々も参列している。

　セレモニー開始直後、4機編隊のジェット機が飛来した。突如、その中の1機が轟音とともに急上昇して視界を去り、残った3機が、1機欠けたままの編隊で飛行を続けた。これぞ"Missing Man Formation"で、思わず「仰いだ夕焼け、南の空に、未だ還らぬ1番機」と、「同期の桜」の一節を彷彿させるような情景であった。

　厳粛な儀式の後、隣にいた日本の仏教会の人が「やはり、アメリカは神の国ですね」とポツンと呟いた。

　一方、真珠湾攻撃についての歴史的な見解も、次々と明らかにされている。

　先制攻撃という最高の戦術も、

①　日本大使館員の不手際による最後通告が、遅れたこと。

②　米国情報部は、日本大使館員よりも早く、最後通告を解読していながら、首脳部が、日本を侮り、特に真珠湾攻撃の可能性はない、との判断で、現地司令官に通告しなかったため、奇襲攻撃を受けた。

というのが真相である。それが結果的には、日本が非難されるようになったと思う。

　しかし、ここではそのような議論よりも、厳粛な儀式に参列することが大事である。

　私の心の中に、先程の仏教会の方の言葉がこの日、ずっと影響を与えたようだった。

　式後、Arizonaより帰って来られたMr. Fiskeを中心にMr. De Virgilio等とmemorialに参詣、もちろんB-29の水筒を持参してのセレモニーである。Mr. Fiskeとご一緒の参詣、ラッパ吹奏、そして献水と行事を続けると、写真、サインを望まれるのもいつもの通りであるが、これで今年も「何人かの理解者が増えたかな？」と嬉しくなる。ささやかながら日米親善を果たしていると自負している。Visitor Centerでも、Mr. Fiskeは「サイン攻め」である。これは、supervisorとして大事なボランティア活動である。傍らに私が立っていると、Mr. Fiskeの説明により、私の方にも署名を望まれる。「Dr. Sugano」と紹介されるので、その中の一人が「私もmedical

doctor」だと名乗った方がいる。この方とはこれからも文通
する機会を持ちたいと思うが、「正確な英文」を書かなけれ
ばならないと荷が重い感じがする。

　昼食もそこそこに、ハワイ日蓮宗別院を訪れた。ハワイ方
面日本海軍戦死者の霊、静岡空襲静岡市民犠牲者の霊及び
B-29墜落塔乗員のために、小川如洋師が懇ろに読経して下
さった。

　「来年の9月のセレモニーの際、日本海軍の方が300名参
列予定ですが、ここでご供養をお願い致します」と前田会長
のメッセージをお伝えした。

　これで本日3回目の儀式が行われた訳だが、Mr. Fiskeはま
だスケジュールが詰まっていると、急いで別院を出発。次な
る目的地はTripler Army Medical Hospitalである。

　この病院は、ホノルル空港よりハイウェイで「ワイキキ」
へ向かう途中の左手の小高い丘の上にあり、ピンクの綺麗な
建物であるが、訪れるのは初めてである。先程のM.D.と言
いArmy Medical Hospitalと言い、今日は軍医であった祖父
のお陰かなと思いつつ到着した。突然の来訪者である私に対
しても、さすがにDr.という事で丁寧に応対して下さり、さ
らにMr. Fiskeが話されると、「B-29塔乗員の遺品の水筒の
事は聞いている。これがその水筒ですか？」と多数のスタッ
フが集まって来た。これはもう立派なパスポートである。そ
して部外者としては最良の、最前列中央の席へ案内された。

　空襲当時、この病院は負傷者が入院したり、大変だったそ
うだが、正面の広場で夕陽を背にしてセレモニーが始まった。

　ゲストの最高齢者は93歳の第一次世界大戦従軍の勇士だそうで、ユーモアを交えながらも矍鑠（かくしゃく）とした挨拶をされた。

　整然とした慰霊祭であったが、この最中に何か私の心に問いかけてくるものがある。

　確かに、ここも古戦場である。重傷者、戦死者が収容された病院である。しかし何か、日本の慰霊祭とは違う雰囲気がある。何だろう？　もちろん、華麗という形容ではない。だがここには悲愴感のみではなく、戦死者を勇者と称え、悲しみを乗り越えようとする雰囲気がある。ゲスト・スピーチの中で、再三そのような言葉があった。そして国歌は「星条旗」である。

　日本での慰霊祭と異なるのは、結局、国民のサポートの違い、戦後の国民意識の違いであろう。日本の今日の繁栄も戦争犠牲者のお陰であると言っても過言ではないと思うのだが、「愛国心」と言うとすぐ「軍国主義」と短絡させてしまい、「権利、権益」のみを主張して「義務、責任」を蔑（ないがし）ろにするような教育が、放任されて来た「ツケ」が、今日の日本の国民性になってしまったと嘆かわしい。

　教職という立場よりも、権利、主張のみを旗頭とした「日教組」とそれに踊らされたような「PTA」の責任は重大である。

　余談になるが、平成5年（1993年）、West Point卒業のアメリカ陸軍士官と結婚した次女「紀子」が10月に男児を出産した。

　臨月にもかかわらず、折からの国際紛争で夫に出動命令が下り、一人異国で出産を迎えるようになった娘のために女房

が1か月渡米して世話をすることになった。

「日本人は、平和と空気はタダだと思っている」と何回も外国人に言われたことが実感となった訳である。

日本は平和で有り難いが、世界の中の一員として、一国だけ「良い子ブリッコ」していると見られているのも事実である。

そんな事まで考えさせられるような雰囲気の中で、Mr. Fiske の鎮魂ラッパで締めくくりとなった。

Tripler の式が終了したのが、16時40分 Arizona のサンセット・セレモニーが17時からだから、それからが大忙し。そしてちょっと遅れたが、Mr. Fiske のご祈禧はギリギリで間に合った。

ハワイの新聞で報道された「日本の特殊潜航艇の成果」の記事

　ハワイアン・サンセットを背にしたArizonaを望むセレモニーはまさに荘厳であった。さすがにモーニング・セレモニーよりも参列者は少なかったが、違った落ち着きがあった。21発の弔銃が夕暮れの真珠湾に木霊して、この日5回目のセレモニーが終了した。

　この日は、さらに、Bowfin Submarine Museumでsurvirorsのミーティングがあり、U.S. Navy Styleの夕食であった。そしてもちろん日本人は私一人であった。このmuseumには復元された日本の「回天（人間魚雷）」が展示されている。当然の成り行きと思うが、ラジオで聞いたニュースが話題となった。「（12月6日の）記事はミステリアスだ」とする意見が多かったが、私にも質問が及んだ。

　さすがに、場所が場所だけに、また専門家でもない私が見解を述べるのは如何（いかが）かとも思ったが、思い切って「日本人の立場としては、今まで成果を挙げられず戦死したと報道されて来た潜航艇の遺族や関係者にとってはグッド・ニュースである」と答えた。

　立場の違いもあるが、わかってくれたようだった。特殊潜航艇九勇士の霊も「以って、冥すべし」と思う。

　翌日からはCINCPAC（汎太平洋軍）のMr. Mike Tanseyや海上自衛隊の連絡官中島三佐、そして日本領事館の池田、須賀両領事等を表敬訪問して来たるべき日のセレモニーについてのご協力をお願いして来た。

　一人ひとりと貴重な意見を聞かせて頂いたが他にも書きたい事が沢山あるので、要約してみると

① 　現地の日系人にも、いわゆる勝ち組と負け組があり、先日の天皇陛下のご訪問の際も「アリゾナに参詣されたら対日感情が好転したであろうから、中止になったのは残念だ」と言う方々や、反面、「今の天皇に戦争責任はないのだから、行かなくて良かった」と言う説もある。それぞれ正論であろう。

② 　真珠湾攻撃についての歴史的背景、外交秘話も、次第に明らかにされて来ている。最後通告の遅れの件は、全く日本大使館員の「ミス」であるとしても、戦争を避けることが外交交渉で打開できなかったものかという点について討議してみた。

　残念ながら、私の英語で討議するには力不足であったかも知れないし、またオフィシャルな討議でもなかったが「相互理解、トップ・クラスでの十分な話し合いが行われていれば、危機は避けられたのではないか」という希望的な意見と、また一方では、「当時の日米関係ばかりでなく、ヨーロッパではヒトラーが擡頭していた時代であり、あの当時の世界情勢の中で果たして戦争が避けられたかどうか、疑問だ」と言われた方もいた。

　大変シビアな意見であったが、「攻撃を受けた側では、痛みが残っている」のが実感であろう。

　いずれにしても、「もう戦争は終わって、50年経っている。今後の友好関係を維持して、世界平和のために、努力しよ

う」という結論は同じであった。そして、そのためにもと、終戦50周年のセレモニーには賛成してくれた。

　Mr. Fiske は「日本側が多数（300人）参加の予定だ」と伝えたら、口笛を吹いて喜んでいたし、海原会の前田会長も「Mr. Fiske と肩を組んで行進したい」と期待されている。

　昭和16年12月8日（ハワイ時間12月7日）、米戦艦West Virginia を魚雷攻撃した九七艦攻の前田さんと、攻撃された艦橋に居た Mr. Fiske を中心に、「昨日の敵は、今日の友」の集いが世界平和の礎となる事を切望して止まない。

　帰国後、さらに驚かされるニュースが飛び込んで来た。

　坂井三郎中尉より、「ジャワ上空で、あえて見逃がしたダグラスDC-4の母娘が生存している事が、53年振りに判明した」との電話があった。坂井さんの著書『零戦の運命』でDC-4の記事を読んだ時、まさに日本古来の武士道に接した感動を覚えたものだった。

　坂井中尉のご了承を得て、引用させて頂く。

五十三年目の真実

　ブッシュ大統領の言葉を借りるなら、「歴史上の出来事となった」あの大戦中に体験した出来事を通じ、私には密かに熱望していることがある。一人の戦闘機乗りが、ここに初めて明かす秘話である。

　日付もはっきりと覚えている。昭和十七年（一九四二年）二月二十五日。この日新郷大尉を指揮官とする零戦一八機はジャワ島、マラン基地にある敵戦闘機を撃滅す

る目的で午前九時、ボルネオ島バリクパパン基地を出発した。

　ジャワ島を目前にしたところで、複葉双フロートの水上偵察機を発見した私は、行きがけの駄賃とばかり、これを難なく撃墜してしまった。ほとんど無抵抗に近い水上偵察機の撃墜、このことは戦争とはいいながら、あと味が悪かった。

　ところがこの日の私は、その直後にまた新しい獲物を捕らえてしまったのである、それはダグラスDC4で知られる、当時もっとも大型の四発の輸送機であった。水上機撃墜に時間を食って、味方編隊に追いつくために急いでいる時だった。誰よりも勝っていると自負していた私の敵機発見能力が、またもやこの獲物を発見してしまったのである。

　高度二〇〇〇メートルに上昇した時、右前方四〇〇〇メートルくらいの空を東方へ向かって飛ぶ黒い飛行物体、逆光線だったからそう見えた。断雲に入ったり出たり……、この辺に味方機はいないはず、全速で追ってみると間違いなく4発の大型民間機ダグラスDC4型機だった。

　数分前に無力な水上偵察機、そしてまた、今度は民間の輸送機。今日は何と奇妙な日であることか。

　私は直感した。

　「この輸送機には陥落直前のジャワからの脱出を図る要人が乗っている。こんなもの撃墜するのは手数もかからないことだが民間機だ、撃墜してはいかん。よし味方

バリクパパン基地へ誘導しよう」

　私はパイロットの顔が見えるところまで接近して、威嚇射撃を行った。

　その後、断雲を利用して全速で逃げる相手を見失って取り逃がした。

　これまで発表した私の空戦記録にはこのように記述したが、実は、事実と異なることを私は書いていた。

　その理由は、『坂井三郎空戦記録』の執筆にかかった昭和二十五年（一九五〇年）は、日本全土は戦勝連合国軍の占領下にあり、マッカーサー司令部はまだ執拗に旧日本軍の戦犯を追及していた時であったため、私は係わりになるのは敬遠したいと思った。そして、取り逃がしたその旅客機がその後どうなったか知る由もなかったので、雲中に逃がしてしまったと発表した。

　実はその旅客機、取り逃がしたのではなく、搭乗者の

ダグラスDC4型輸送機

顔が見える距離まで接近した私は、その機のパイロットに「行け！」と指示したのである。逃がしたのである。

理由はこうであった。

その機を発見！　ただちに追跡、右後方から近づいた私は、その機とぴたりと編隊を組んだ。距離は約一〇メートル、各窓をのぞくとなかは満員。なおも観察を続ける私は、右翼根から五つ目の窓ガラス越しに見たものに胸が熱くなった。

それは金髪の若い母親と思われる女性に抱かれた同じく金髪の二〜三歳の女の子の姿であった。悲しそうな顔で私のほうを向き、両手を胸の前で合わせている二人の姿、その後ろの窓にも母子らしい姿があり、多数の男性も乗っていた。

その金髪の母子を空中で見た瞬間、私の頭のなかで閃いたもの、オーバーラップしたものがある。それは青山学院中学部一年の時、英語の教師だった米人マーティン先生のご家族の姿であった。お世話になった人の姿だった。

私は操縦席の右前に出て、「行きなさい！」と右手で合図した。これが真実である。

あれから五十二年、あの金髪の女の子もすでに五十五〜五十六歳、母親もご存命なら七十五〜七十六歳、思えば、遠い昔の空中の出会いであった。

坂井中尉が、外人記者クラブで、この記事について述べられたところ、各国の記者が母国へ報道し、日ならずしてオラ

ンダに件の母娘が健在である、との知らせがあったのである。

　「日本叩き」の昨今、特に対日感情の悪いオランダでの報道に、久し振りに溜飲の下がる思いである。

　そして、坂井中尉が、ガダルカナルの空戦で、重傷を負い、奇跡的に生還されたのも、「神仏のご加護」と言えるだろう。やはり天空にて、神仏がこのジャワ上空での遭遇をご高覧されていたと考えざるを得ない。

　関係者も再会を望まれているようだが、どんな感動的場面になるか想像もつかない。

　生きていて良かった‼

　「事実は小説よりも奇なり」とはこの事で、「大空のサムライ」の面目躍如である。

【追記】

　真珠湾攻撃当時、岩佐直治大尉、佐々木直吉一曹艇と、横山正治中尉、上田定二曹艇との二隻の特殊潜航艇が真珠湾内に侵入したと記録されている。

　また、1939年10月14日、イギリスのオークニー諸島にある重要泊地「スカパ・フロー」にドイツの潜水艦U‒47（ギュンター・プリーン艦長）が侵入し、イギリス戦艦ロイヤル・オークを撃沈し、巡洋戦艦レパルスにも損害を与えた。

静岡空襲50周年—日米両国遺族の握手—

（1995年10月記）

　今年の3月、東京大空襲50周年慰霊祭に一人の元B-29の
パイロットが訪れた。アメリカ側の数少ない参列者であった
Mr. Harry Mitchelで、大使館や東京の市民団体の人達から
紹介され、「静岡の慰霊碑を訪れたい」と連絡があった。

　横浜市在住の長沢のりさんがエスコートして来て下さり、
山頂の碑へ案内した。水筒にウイスキーをいれ、Mr. Mitchel
が献酒を行い小さな儀式を行ったが、Mr. Mitchelが、「アメ
リカの遺族はこの事を知っているのか？」と問いかけて来た。
「23名の戦死者リストは第5空軍より頂いてあり、大使館等
より捜してもらっているのだが、まだ不明である」と答えた
ら、「B-29戦友会のリストを頼りに探してみる」と言われた。

　その後、時々Mr. Michelから連絡があったが、空襲後50
年も経つとアメリカの遺族も高齢となり、また、ようやく連
絡がとれても「思い出したくもない」と言われた人もいたそ
うで大変苦労されたそうだ。

　また、墜落した2機はそれぞれ所属の飛行隊が違うので、
別々の隊の遺族捜しをしなければならないのである。ようや
く、一方の隊の遺族、弟を失ったMr. Johh R Colliと、夫を
亡くしたMrs. Margarett Delagoの2人を推薦して来た。

　難しい問題もあったが、私の念願は、50周年の今年、意
義ある慰霊祭にしたいとの熱望であった。そして日本側の静
岡市戦災遺族会の会長は、ふしみやの小山会長で、母校静岡

高校の同窓会副会長でもあり、かねてより私の「日米双方の
遺族の会見を実現させたい」との意向は充分理解されている
方で、途中の経過報告も喜んで下さった。

　そうなると残る心配は、梅雨の真っ只中の6月の天気であ
る。仏教会の方々とも相談し、50周年だから思い切って「雨
天決行」とした。

　アメリカから招待する遺族の前で雨天中止、順延とは行か
ないのである。アメリカ大使館や横田基地の方々にもその旨
連絡し、当日を待ったがまさに天佑神助か、全然雨の心配の
ない天気となった。

　Mrs. Mitchel の足が心配なので、当日は早めに山登りを始
めて頂いた。雨の心配はなかったが暑さには皆閉口であり、
報道関係者は重い器材をかついで汗だくであった。日米両国
の遺族、仏教会の方々、横田基地の King 副司令以下の参列
者等で200名位になっであろうか。久しぶりに盛大な儀式が
出来たと自負している。米大使館リッター大佐がモンデール
大使のメッセージを日本語、英語両方で読み上げた。

　遺品の焼け焦げた水筒によるバーボンウィスキー献酒は、
例年は1人米側代表によって行われるのだが、今年は、遺族、
リッター大佐等結局5人のリレー式の儀式となった。

　最後に日米双方の遺族の握手である。50年の歳月が、お
互いの傷をいくらかでも癒してくれたのか、意義ある光景で
あったと信じている。

　式後、「魚磯」で和式のタタミの上でのレセプションを行
ったが、米空軍にはビールは「キリン」、そして「焼きそば」

が好評で、何時も多めに用意するのだがきれいにたいらげる。彼等の口に合っているようだ。

　Mr. Mitchelが、この席でちょっと今までの話と異なった口調で語りかけて来た。彼はただ一人、東京空襲の慰霊祭に参加したパイロットであり、これまでは、「私は義務を果たした」と繰り返し話していたのだが、先刻の双方の遺族の握手の際には、「ハートが痛んだ。慎んで犠牲者の冥福を祈る」とシンミリした口調になっていた。そしてレセプションの最後に、予定にはなかった挨拶を自ら望んで「この慰霊祭の事を一人でも多くの人に知って頂くため、1人が5人ずつの知人、友人に話をして欲しい」と話して下さった。やはり山頂での「握手」の感動が残っていたのだと思う。

　遺族の立場では、たとえ何年経っても、割り切れるものではないであろうが、双方に犠牲者が出たのも事実である。非武装都市の無差別爆撃は、スペイン内戦の際のナチス・ドイツ空軍による「ゲルニカ爆撃」が最初であり、ピカソはこれに抗議して「ゲルニカ」という大作を怒りを込めて描き上げている。

　「第二次世界大戦がなければ静岡空襲もなかった」のであるが、今後「戦争反対」「世界平和」を叫んでも、「日本の首相、国会」が戦争謝罪をするだけで、戦争がなくなる訳ではない。「大東亜戦争」の責任を謝罪するならば、日本の首相たるもの、「私達も謝罪するのだから、それ以前の世界歴史の中でアジア侵略をしたオランダ、イギリス、ロシア、スペイン、フランス、ドイツの人達も一緒に謝って、世界平和を

誓おうではないか」と何故言えないのか。それは自分達だけ
の政治的発言だからである。

　中国、フランスの核実験も、全く自国のエゴ、大国のエゴ
であり、この様な国もともに反省しなければ、世界平和は望
めるものではなく都市破壊も避けられない。特にフランスは
自国内、例えばエッフェル塔の地下で核実験を強行しようと
すれば、自国内の反対運動はもっと凄い反対となるであろう
し、ムルロア環礁実験は特に侵略国の植民地支配の実態を世
界に明らかにしたのである。

　空襲50周年の慰霊祭の輪が広がり、世界平和の一歩とな
る事を念じつつこの原稿を書き上げたら、ハワイ終戦50周
年のceremonyに参列する予定である。今度は「たったひと
りの慰霊祭」ではなく、海原会400人の人達と米国側多数の
方々とのceremonyである。

【追記】

　合同慰霊祭の新聞記事を読まれた数名の人達から、大変有
り難いお手紙を頂いた。中でも静岡市岳美の吉永さんが、
B-29の空中衝突直後の1機墜落の様子を目撃され、スケッ
チまで書いて送って下さった。ご本人の了解を得たので転載
させて頂く。

　　前略　突然のお手紙にて失礼致します。
　　　早速ですが、去る六月十七日付朝日新聞朝刊で菅野様
　　の〝敵、味方なく慰霊〟の記事を拝見し感動を覚えました。

私は昭和十二年生まれですので三歳程年下となりますが、静岡大空襲当夜の事を思い起こしてみます。私は母と五人の兄弟でその時を体験いたしました。浅間山下の井宮町の松寿院あたりも周知の如くの大混乱で周囲の家屋の火災にあぶられ焼夷弾を避けながらの必死の避難でした。一つ一つは記憶にはありませんが、無我夢中で素足になりながらなんとか浅間山の山頂によじ登る事が出来ましたが、熱風、熱気は山の中腹までに至り、その間は息苦しく感じたことを覚えています。山頂にたどりついたときスッと吹き抜ける冷たい空気に接し、命を捨った安堵感で一瞬我を忘れ、今だ燃え盛っている下界の地獄絵はまるで別世界の出来事のようでもありました。

　さて、ここより本題に入らせていただきますが、六月十七日の新聞記事にB29の墜落の様子が「炎の塊」と有りましたが、実際には少々違います。菅野様は安倍川河

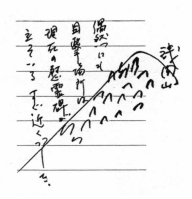

原でこの墜落機を目撃されておりますので下界の燃えさ
かる炎に照らされたB29はその様に見えたのかも知れま
せん。しかし、私が浅間山の山頂で兵隊さん達と目撃し
たのは上空の雲（もしかしたら煙）を割って突然異常な
エンジン音を耳にしたときからです。その方を見張りま
すとB29がまっ逆さまに、こちらへ背を向け落ちて行く
ところでした。ちょうど腕をのばしっ放しの水泳選手が
小きざみにクロールをしているかのような、キリモミと
言うのでしょうか、そんな形で炎の中に落ちて行くとこ
ろでした。僅か数秒の間でしたが、さえぎる物のない空
中の白い巨体を私ははっきりと観察する事が出来ました。
そのB29は驚いた事に水平尾翼がありません（垂直尾翼
はあった）。そして炎も吹いていませんでした。燃えさ
かる炎の中に激突して行った訳ですが、その瞬間は爆発
もみとめられませんでした。ちょうど卵をたたきつけた
ようなグシャッとした感じで火の粉が舞い上がっただけ
でした。

　以上が私が目撃した事実です。私は今さら50年前の
事をお伝えしてどうこう言おうとしているわけではあり
ませんが、当夜の出来事を菅野様に正確に知っていただ
き、多分空中衝突が立証出来そうな光景をお伝えしたか
っただけです。そんな気持のみで書かせていただきまし
た。他意はございません。

草々

追伸

　菅野様の心温まる御行為に感動し、また、今後ますますの御健勝と御活躍を心よりお祈り申し上げ失礼いたします。
　平成七年六月十九日

静岡市岳美10―2
吉永元次郎

菅野寛也様

　その後、吉永さんと電話で話し合ったのだが、どうやら2機のB-29が衝突したのは雲の上での事故であったらしい。また、別の場所で見ていた吉永さんの友人達で「燃えながら落ちるB-29」を見たと言っている人もいたようだし、『静岡空襲の記録』の中にも「火をはきながら墜落して行くB-29を見て、人々は万歳と歓声をあげた」と記載されている。これは吉永さんの目撃されたB-29と別の機体であったかも知れない。また、地上の炎の中では、何もかも燃えている様に見えても不思議ではない状況であった。

　合同慰霊祭も20余年の歳月が経過し、その間、伊藤福松氏を始め、当初の戦災遺族会の会長篠田忠雄さん、世話役の零戦愛好会事務局長高畠喜次さん、零戦搭乗員会吉原博二さん、親友の宝珠院住職・山本智英君等、多くの方々が昇天された。

　謹んでご冥福をお祈り致します。合掌。

　また、長年この慰霊祭に協力して下さった関係者、友人や

私の家族、そして特に2人の弟、靖夫、忠夫に深甚な謝意を表し、空襲50周年のceremonyの締め括りとしたい。
　感謝。

真珠湾〔Ⅶ〕
終戦50周年の儀式 "Pearl Harbor never again"
（1996年2月記）

　事実は小説より奇なり。

　ハワイにおける終戦50周年の「日米友好記念碑奉納式」はまさにそのドラマであった。

　「昨日の敵は今日の友」がハワイで集い、友好親善の輪を広げたのである。おこがましい言い方をさせて頂ければ、発起人の一人であり、また使い走りをした私としては、感慨無量であった。

　思い起こせば、日米開戦50周年の日、1991年12月7日に、真珠湾を訪れたのが始まりであった。「たった1人の慰霊祭」と新聞で報じられた通り単身ハワイを訪れたのだが、何が私を駆り立てたのかは未だにうまく説明がつかない。ただ、反日感情渦巻く中に飛び込む不安と、「静岡空襲の日米合同慰霊祭の心」を少しでもアメリカ人に伝えたいという気持ちだけであった。「日本人だけを、白眼視しないでくれ」と言いたい気持ちであった。日米双方の慰霊碑を建立された故伊藤福松氏の偉業を伝えなければならない、という心境であった。

　そして、飛び込んだハワイ日蓮宗別院での慰霊祭で、海原会の前田武会長にお目にかかったのも、全く偶然であった。前日12月6日、ハワイのテレビで前田会長が、「50年前と同じで、ハワイの海辺の波頭は白かった」とコメントされていたのでお顔は拝見したのだが、まさかお逢いできるとは思っていなかった。さらに驚いたのは、「アリゾナ・メモリアル

で『日本のパイロットがよく来てくれた』と大歓迎された」
と話されたことだ。

　日本の記者も、その歓迎の輪の中に入って行けず、お寺ま
で追い掛けて来た位である。それで、これでは私も行けるか
なとガイドさん（Mrs. Dees）に頼んで、パールハーバーへ
行ったが、さすがにアリゾナ・メモリアルはアメリカ人で一
杯で、割り込む訳にもいかず、翌々日、ビジターセンターの
桟橋で「たったひとりの献水式」を行った。

　その後 Mr. Fiske を紹介され、この人が Pearl Harbor
Survivor Association の Vice President で、運命の12月7日、
米戦艦ウエスト・バージニアの艦橋にいたと話された。そし
て、これが運命と言うか、歴史の中の人と言うべきか、前田
機が魚雷攻撃したのが、ウエスト・バージニアであった。

　この2人が50年目の劇的な再会をされたと聞き、驚きよ
りも、「歴史の中の大事なものを発見した」というショック
を感じた。

　Mr. Fiske は私が持参した「B-29搭乗員遺品の水筒」に驚
き、「この水筒で、アリゾナで一緒に慰霊祭をしよう」と話
され、自らエスコートしてくれた。さらに「これから、ハワ
イへ来るときは、必ずこの水筒を持参して欲しい」との注文
で、以後毎回持参している。既に10回近く訪れているが、
アリゾナばかりでなく、パンチボウル、そして8月15日ワ
イキキのアラワイ運河での灯篭流しの時も Mr. Fiske がご一
緒してくれ、日米犠牲者の冥福を祈っている。そうしたこと
を重ねているうちに、Mr. Fiske が、「終戦50周年のセレモニ

ーを是非、日本海軍のパイロットと一緒にやりたい。Mr. Maedaに話して大勢の日本海軍の人達を案内して来てくれ」と提案された。

　始めは、そんなことができるとは思ってもみなかったが、とにかく前田会長にもご相談し、海原会渉外部長の吉田次郎さんと、12月7日の式典に参列したのが1993年であった。

　アメリカ側はMr. Fiskeを始め、Mr. De Virgilio（日系二世）とDr. White等熱心な人達が参集して来た。それから色々交渉が始まったが、私も何回か走り使いをしているうちに、アメリカ側の熱意、ボルテージがどんどん上昇して来るのを感じた。さらに日系二世、三世、特に名高い442部隊の人達が加わるようになり、これはうかうかしていられないと思った。戦時中の日系人達の苦労を色々聞かされているうちに、こちらのボルテージも上昇せざるを得ない。日本側も前田会長を中心に海原会の理事会も熱心に賛同され、始めの予想をはるかに上回る400名が参加する大行事となった。見事な日本海軍の団結力である。

　初めて顔を合わせる人、しかもなかには初めての海外旅行の人達もいるのにも拘らず、とにかくハワイへ出発。9月1日、ハワイアン・リージェントホテルでの結団式を迎えた。

　前田会長の挨拶の後、レセプションとなったが、圧巻は、真珠湾攻撃とミッドウェー海戦で矛を交えた戦士達のステージでの再会場面である。もちろん前田会長とMr. Fiskeが中心である。アメリカのパイロットの1人が「私はミッドウェー海戦で日本の航空母艦を攻撃したが、その返礼に激しい対

空砲火で撃ち落とされ、冷たい海を何時間も泳がなければならなかった」とスピーチされ、この一言で雰囲気が一変し、後はまさに「今日の友」の親善会である。これが懐の大きいユーモアを大事にするアメリカ流の良さであろう。Mr. De Virgilio、Dr. White をはじめ旧知の人達も家族連れであり、私の家族とも会話が弾んだ。プレゼントの交換が始まり、Dr. White が「NOMO-CAP」（野茂キャップ）を下さった。「Dodgers」の帽子で、これも日米親善のシンボルである。

　レセプションが進み、前田会長や、日米の関係者に、今回の日米友好委員会より木製の記念の楯が贈呈されたが、そのうちに「ドクター・スガノ」と呼ばれて、慌ててステージに登った。いわば私も表彰者の一人だった訳である。

　楯はずっしりと重たかったが、良い記念となる。感激の余韻でちょっと興奮したが、翌日のタイト・スケジュールに備え、とにかく早々に部屋に戻った。

　翌日9月2日（日本時間9月3日）、我々日本人としては非常に残念な日である。50年前のこの日、東京湾の米戦艦ミズーリの艦上で「降伏文書調印式」が行われた日である。今回のツアーの行事、開催地等が、何回か打ち合わせの度に変更され、多くは「良い方」へ改善されたが、この9月2日の行事のみは残念ながら日本側にとっては「参加しにくい」方向へ変わってしまった。

　最初は、ハワイの関係者は「New Beginning」の会と名付け、日本人も多数参加して欲しいとの事であったが、米側の政治的なツキ上げがあったようで、結局は「VJ Day（対日

戦勝記念）50周年」の式典となってしまった。それまで、ハワイ総領事のご尽力で、多数の「Event Pass」を用意して頂いたのだが、「VJ Day」となっては、日本海軍のパイロットにとって、敷居が高くなってしまったのは事実だ。

　そんな訳で、私と弟、Mr. Voss夫妻の結局4人で参加することとなった。タクシーでパンチボウルの麓まで行き、途中からシャトルバスで式場まで向かった。クリントン大統領が来るので、「Event Pass」を提示し、ボディ・チェックの後、入場を許可された。

　昨夜のレセプションでお会いした友好委員会の女性が席へ案内して下さり、おまけに（日本人を探していた）NHKのスタッフに紹介された。始めは、「真珠湾攻撃に来た人ですか？」と問われたが、「今回の慰霊ツアー」や「静岡空襲」の資料等を見せたら、「是非、水筒を見せて欲しい」といわれた。それが、すぐに（日本時間9月3日、日曜日）正午のニュースで放映され、留守宅へあちこちから電話がかかって来た。さすがに天下の「NHK」である。そして意とする所は報道して下さったと感謝している。

　「VJ Day」となったのは、クリントン大統領の政治的意図があったとはいえ、その挨拶で「敵国日本」という言葉を使わなかったのは、やはり日米関係を考慮しての事か？　また歴代のアメリカ大統領、特に、ケネディ、ブッシュ氏等戦闘に参加した先輩を讃え、今日の平和は戦争犠牲者のお陰と慰霊の辞を述べた。そして、最後は「民主主義が勝利した。この平和が続くように祈る」との主旨でスピーチを終わった。

　気がつくと、パンチボウルの式場の周囲の墓地（中には、ハワイ出身、日系宇宙飛行士エリソン・オニヅカ大佐の墓もある）の一つひとつに星条旗が翻っている。国のために亡くなった人達には最高の儀礼であろう。日本だと、反対・批判の声で、このような事が行われないのは全く残念である。

　9月3日は、日本側真珠湾攻撃の生存者6名とアメリカの真珠湾生存者協会の数名の方々とご一緒に、Mr. De Virgilio

パンチボウルに翻る星条旗（クリントン大統領の車）

日系宇宙飛行士オニヅカ大佐の墓

の案内で、アリゾナ・ビジターセンターや、米海軍基地を表敬訪問、そして記念撮影。何時もながら彼のエネルギッシュな活動には恐れ入る。

　この日の夕方、メイン行事の一つである、松永平和研究所主催のガーデンパーティーが催された。これも最初は、ハワイ陸軍博物館の広場で計画されたものだが、余りにも参加者が増えたため、天江喜七郎総領事のご配慮で隣接するハレコア・ホテルの広場で行われることとなった。ここでも前田会長を始め、日米主催者の挨拶と天台宗・荒了寛師のご祈禱の後、日米両国退役軍人の感激的な再会があった。

　アメリカ側のバッド・スマイザー氏は、「子供の頃、南北戦争の激戦地ゲティスバーグで南北の代表が75周年の握手をするのを見た。今ここは第二次世界大戦の50周年を迎えた。昔敵だった相手が今は友人である。かつての敵を尊敬し好感を持つことができれば、戦争を起こそうとは考えなくなるだろう。今日は双方で『友情と平和の宣言』をなし、将来の平和を念じ、堅い握手をしたい」と語り、日本側の安倍善次氏は「戦後50年を記念して日米の退役軍人が集まり、相互理解を深めたことは素晴らしいことだ。我々は今日の会合によって双方の相違を克服し傷を癒すことができた、ということを世界に示さなければならない」と述べ、日米双方とも今回の催しは友情と和解の精神に基づくものであり、これからの平和の関係を築いていくものだということを強調した。そして前田会長と Mr. Fiske を中心に握手を交わし、続いて「友情と平和の宣言」がなされた。その蔭で活躍されたのが、

442部隊を始めとする日系人達のご協力・ご尽力であった。

　聞けば、ボランティアで、名札をつけ、通訳を申し出られたとの事である。戦時中、2つの祖国の狭間で大変苦労されたと聞いていたが、その苦労の積み重ねが、今回のレセプションを支えて下さったと思う。中には、「日独伊三国同盟のドイツ系の二世で、日本から年金を支給されていますよ」と言われた方もいた。

右の2人が前田会長とMr. Fiske

昨日の敵は今日の友

　442部隊のエピソードは沢山あるが、抑留されたハワイ日系人のために、アメリカに忠誠を尽くす証（あかし）に銃を取ってヨーロッパ戦線で奮戦し、包囲されたアメリカ軍の救出作戦で、「1人のアメリカ兵を救出するために、4人の割合（率）で日系人が戦死した激戦」もあったと聞く。

　こんなことは、現在の日本の若者達には理解されないのであろうが、これも歴史の一頁なのである。このパーティの前に、ワイキキで米軍戦勝記念のパレードがあったのだが、リージェントホテルの前の、日米友好の垂れ幕の前で、大声で喜んで、日本海軍の人達と握手していたのは、この442部隊の人達であった。それ故に今回のツアーは、日米慰霊友好の実績を挙げた訳だが、別の面から見れば、ハワイ日系のこの人達にとって、より深い意義ある行事であったと信じている。

　式典後、参列者一同、タイムカプセルに納入する「友情と平和の宣言」（日米両国語で書かれている）の巨大な羊皮紙の巻紙2巻にサインすることになったのだが、大混雑。これは一方はハワイに、もう一つは予科練縁（ゆかり）の地、現陸上自衛隊武器学校（土浦）に保管される。

　9月4日午前中、第2のハイライト。ハワイ日蓮宗別院での慰霊祭。

　ここにハワイ方面、日本海軍戦没者65柱（搭乗員55柱、特殊潜航艇9柱、艦隊上空直衛機1柱）の霊簿が納められている。

　前田会長の追悼の辞、霊位簿の奉読、そして参列者の焼香と慰霊祭が続き、小川如洋師のご説話となった。その中で、

静岡空襲のエピソード、伊藤福松氏や私の事等を話されたので、面映ゆい気もしたが、「初めて聞く話で感動した」と言われた方もおり、私としては、大変有り難い御話をされたと感謝している。

　午後は続いて、メイン行事である友好記念碑奉納式の行われるパンチボウルに向かう。ここは2日前、クリントン大統領が列席し、VJ Dayのセレモニーが行われた所である。その時と同様、一つひとつの墓に星条旗が翻っている。

　米海兵隊員の吹奏裡に、ハワイ州旗、日章旗、米国星条旗と国旗が入場し、式典が始まった。

　まず国立太平洋記念墓地の理事、ジン・カスタネッティ氏（パンチボウル・ディレクター）が、

　「本日はようこそ国立太平洋記念墓地へいらっしゃいました。この敷地は、社会の掟や禁制を破った人達に対し古代ハワイアンの間では人間の生贄を施行されていた地であります。

　今日ではこの墓地は、第二次世界大戦で戦死したアメリカ軍人13,534名の安眠の地であり、また18,093名の行方不明者達の記録が残されている所でもあり、これらの犠牲により、この聖地は本当に生贄の丘であると理解致します。一つの国が、その国のために戦死した人々をどのように尊ぶかということは、私達が人間として、国家として、どんな人間であるのかということの反映であります。

　1994年、この地に日本の天皇、皇后両陛下が、アメリカの戦死者の霊を慰めるために花輪を贈与されました。

　また1995年9月2日にはクリントン大統領が私共の国の総

司令官として、世界大戦で命を落としたアメリカ軍人の犠牲者に敬意を表し花輪の贈与がありました。

　本日の調和と和解の儀式、そして友好の記念碑奉納は次の世代が平和を導くための方向付けとなり、またアメリカ軍がその犠牲を通して心に描いた『新しい始まり（New Beginning）』の象徴となることでしょう」
と歓迎の挨拶を述べた。

　次いで、従軍牧師、ジョセフ・モーガン師のご祈禱、日米両国国歌吹奏と儀式は進み、日本側を代表して前田会長が、
　「太平洋戦争終結50周年の日を日米戦争発端の地ハワイで迎えることは、誠に感慨無量のものがあります。まして、その開戦の日に空襲部隊の一員として、パールハーバー攻撃に参加した私にとってその思いはさらに強烈であります。

　この地で、日米両国のヴェテラン（退役軍人）が握手する日を迎えることができるなどとは54年前には夢想だにしていませんでした。

　今回海原会が寄贈することになった日米ヴェテラン友好の碑を聖地パンチボウルに建設する事を許可された米国当局のご寛容とその実現に尽力された現地関係者に対し心からなる敬意と感謝を捧げます。

　私達日本人は、"Pearl Harbor never again" を合言葉として、若い世代に日米友好の必然性を訴え続けることを誓うものであります。

　両国ヴェテランの上に神のご加護がありますように」
と大変格調の高い挨拶をされた。

　前田会長に続いて、アメリカ海軍退役軍人ジェームズ・ダニエル大佐のスピーチも、熱意あふれる演説であった。

　「戦いが終わって50年の友情の舞台を共有できることを大変光栄に存じます。ここには、この戦いに命を捧げた人達も、私達と共に出席しておられます。

　戦場で大事なものは友情です。戦(いくさ)の中では友情はより強固な絆となり、時には相手を称賛することさえ学びました。たとえ、それが、困難な道程であってもです。

　生き残った軍人の戦場での体験を抜きにして平和は語れないということを子孫に伝えなければなりません。

　相互理解に必要なものは友情です。

　戦った相手の日本の退役軍人に対する尊敬・友情こそ将来の平和に必要です。

　戦わざるを得なかった人々を尊敬することや戦の諸原因を理解することが大事であります。

　全世界の退役軍人の私達こそ、相互の尊敬・友情の試金石を築き上げなければならないということを称賛しなければなりません。

　戦いで失われた命に敬意を払い、その敬意を元に新しい国際的な友情を築いていきましょう」

とスピーチされた。

　そして、献花、儀仗隊の礼砲、Mr. Fiske の TAPS と続き、日米友好記念銘板の奉納を海原会桜井副会長が奏上し、儀式を終了した（同じ銘板は、土浦の自衛隊武器学校に設置される）。

前田会長の "Pearl Harbor never again" と言われた一節がいつまでも耳に残っていたが、これが今回の主旨であろう。

‥‐—‥ ‥‥ ‥‐—‥ ‥‥ ‥‐—‥ ‥‥

（ト）（ラ）（ト）（ラ）（ト）（ラ）

「ワレ奇襲ニ成功セリ」で始まった、太平洋戦争で、「戦った者同士」は歴史の流れの中で義務を果たしたのであり、お互い、個人的戦争ではなかったのである。

だが、この教訓を、歴史を消し去ってしまうことなく、現在、そして将来のための友好、平和を築くことが大切である。

友好記念碑は、一つはパンチボウルの丘、もう一つは、土浦に安置され、日米両国の将来を見守ってくれることとなる。

9月5日は早朝から大忙し。朝5時のモーニングコールに始まり大急ぎで朝食。まるで、日本海軍の「総員起こし」の情景である。6時からバス11台を連ねてアリゾナ参詣である。これは、参詣の予約ができないので、早朝より順番待ちしなければならないからである。First Come First Service である。

アリゾナ・メモリアルの Marble Room の戦没者名碑の前で献花、Mr. Fiske の TAPS、そして B-29（搭乗員）の水筒による献水と、儀式を行ったのはいつもの通りである。最初は、前田会長。Mr. Fiske と私は、ツアー全部の人達の参詣が終わるまでメモリアルに留まる予定であったが、次々と訪れるボートの人達のために追い立てられるように、第1便のボートで帰って来た。体力的には、これが正解で、最終組まで参列していたら、午後はダウンしていたかも知れない。

それから、カネオヘ基地、飯田大尉自爆の碑へ参詣、参加

者全員が基地食堂で昼食となったが、連日の疲れと緊張で、そろそろ洋食のボリュームに圧倒され気味であった。

　さらに、ヒッカム基地等を訪問したが、残念ながら、一つひとつに時間をかけている余裕がなく、文字通り駆け足の強行軍である。私は何回も訪れているので、色々と説明したいくらいであったが、その暇もなく、折角来たのに消化不良気味だった方もいたようだ。異国の団体ツアーの限界であろう。

　夜は、ホテルのプールサイドでハワイアンサンセットを見ながら、お別れパーティー、今回の世話役の１人、De Virgilio氏が、感極まって泣き出すシーンもあったが、６月に静岡空襲の米国遺族を招待し、合同慰霊祭を催した私には、彼の心情が充分過ぎる程理解できた。

　これだけ忙しいツアーなので、残念ながら、家族サービスしている時間がなかったが、特に残念だったのは、あのお別れパーティーの日が、三女・寛子の誕生日だったことだ。帰国したのが９月７日で、寛子のバースディが９月６日（ハワイでは５日）あのパーティーの時にバースディを祝ってやれ

家内・雍子と三女・寛子とともに

ば良かったと悔やんでいる。

　しかし、あの羊皮紙をタイムカプセルから取り出すとき（50年後）、今回のツアー参加者の中で、年齢的に一番生存している可能性のあるのは寛子である。太平洋戦争が終わったとき、私は12歳。それから50年、今回のツアーで、寛子が12歳。今回のツアーの意義を、どこまで理解してくれたかはわからないが、少なくとも、我が家ではこの友好親善の歴史が残ることになる。

　この平和が持続することを祈って、終戦50周年のツアーの記録としたい。

　最後に、今回のツアードクターとしての感想を述べたい。

　さすがに帝国海軍の「5分前の精神」が生きている人達だけあって、起床・集合・出発等に1人の遅刻者もなく、見事であった。

　強行軍のため、高血圧や不整脈が発現し、炎天下の式場への出席を「諦めて頂いた」方々や、外傷等でハワイの日系のDr.へ受診を勧めた方が数名あったが、キッチリと忠告を守って下さったので、結果的には皆様無事に帰国となった。

　そして、帰途のJAL機内で、ツアー同伴の婦人が、めまいで倒れ、後頭部打撲による脳震とうとなったとき、救急処置のため、席替えにすぐ応じて下さった方や、さらに機内に乗り合わせ、ずっと付き添い処置をして下さった看護婦さん（取手の斉藤さん）に感謝を申し上げる。一時血圧も測定できないくらいのショックであったが、機内のドクター用救急ボックスの中に点滴セットがあり、持続点滴により、成田着

後は、何とか車椅子で降ろすことができた。飛行機の中で、血圧も測定不能なショックの患者さんに接するのはもちろん初めての経験でありヒヤリとしたが、この時の「援軍」はまさに「百万の味方」の感があった。

　こんなことも、良き思い出となるかも知れない。

Mr. Voss が3月に永眠された。

　日米合同慰霊祭の発起人の一人で、大変残念である。謹んでご冥福を祈ります。

日蓮宗小川如洋師

私、天台宗荒了寛師と寛子

朝日新聞（2006年7月31日）

第2章

巡礼

真珠湾より広島へ―Mr. Fiskeの涙―

（1998年2月記）

　月日の経つのは早いもので、ハワイで開催された終戦50周年の日米合同慰霊祭に参加してから2年が過ぎた。そして、関係者の努力で、その返礼（答礼）として昨年（1997年）は、アメリカ側が日本へ来て慰霊祭を行う事となった。

　Mr. Fiske を始めとする米海軍の人達や世話役の Mr. De Virgilio、さらに442連隊で有名な日系二世の人達、そして家族ら50名の来日となった。

　ハワイや全米各地より来日する10月18日、成田へ出迎えに行った。海原会の数名の方々が待機していたが、当日の土浦での前夜祭に参加のためバスは先発、後発の二輌が用意されていた。

　Mr. Fiske等ハワイからの先行組は、無事到着し、土浦へ向かったが、後発組の出迎えは、私一人の大役となってしま

った。「殿」は一番「若」の軍医長（私）の役目と自認して
いたのだが、これが予想通り（？）になるとは思わなかった。
後発組は到着時刻が遅れるやら、1組は予定と違って第1ター
ミナルへ到着するやらで、てんやわんやの末、とにかく
20分近く遅れて成田へ向かった。

　1時間ばかり走った頃、まさかと思っていた事というか、
予想通りというか、「腹痛を訴える人」が現われ、「Rest
Room」を探してくれ、という騒ぎになった。バスは田圃の
中の一本道を走行中で、人家も疎らである。おまけにガイド
さんも乗っていないので公共施設もわからない。ようやく民
家の「トイレ」にお世話になったが、この人は2年前にも、
胃潰瘍発現の既往歴があり、結果的には「H2ブロッカー」
が役立ったのであるが、丸2日間、休養を余儀なくされ、私
にとっても心配の種であった。当然、検査も必要と話したが、
「保険もかけていない」との事で、病院への受診を渋り、私
の投薬のみで加療していた。医療事情の異なるアメリカ人と
しては、保険の必要性を十分ご存じのはずだと思うが、こん
な時こそ保険が必要なのである。結果的には何とか元気にな
ったものの、私の方が胃が痛くなってしまった。翌日の土浦[*1]
での慰霊祭も彼はホテルで静養させた。

　そんな騒ぎを他所に、海原会主催の日米英合同慰霊祭は、
滞りなく行われた。

　海原会・前田会長の式辞の要旨は、

　「私達のような下級士官それに下士官兵は、どんな無理な
命令でも、ひたすら国のためと思って耐え忍んで任務につき

ました。

　当時の日本は、列強による世界分割の終末期に、先進諸国との抗争の場に登場し、敗戦という結末に及びました。

　戦争で斃（たお）れた多数の人々や、特攻の戦死者達は国難に殉じた尊い存在であります。

　私はミッドウェー海戦の折、アメリカの雷撃機が墜とされても墜とされてもひるむ事なく、日本の空母を攻撃して来た勇敢さに舌を巻いた想い出があります。そしてこれらの雷撃機の犠牲によって、ガラ空きになった上空から艦爆（急降下爆撃機）が爆弾を投下して来たのです。敵将ニミッツは『ラッキー』と言ったと伝え聞いていますが、その幸運は尊い犠牲によって得られたものです。

　今回の慰霊祭にはそのアメリカの陸海軍のヴェテランが多

海原会・前田会長の挨拶

数参加して下さいました。明日私どもと一緒に靖国神社に昇殿参拝もして下さいます。鬼畜米英などと悪しざまにののしったかつての敵が、日本人の中にさえ参拝しない者の多い靖国神社へ進んで詣でて下さる真情に、生存者である我々はもちろん、靖国の杜に鎮まりますご祭神も、さぞやおよろこびの事と存じます」

と、心情溢れる言葉であった。

ひき続いて甲飛会々長の大西貞明氏（甲種飛行予科練＝甲飛3期）より追悼の言葉が述べられた。

「今も太平洋の冷たい海底に眠る1万8,500名の予科練同窓の友よ、静かにお目覚め下さい。只今、兄等の想い出の地、土浦海軍航空隊に御遺族及び生存予科練習生、1,000余名が粛然として整列いたしました。

今回は米英のヴェテランパイロット45名をお迎えして特別に意義のある大会となりました。華やかに虚しく太平洋航空戦の主役を演じた予科練は、発足後、わずか15年の短期間に、1万8,500名の戦死者を出し、幻の如く現われ、幻の如く静かにその幕を閉じたのであります。しかし貴君達の国を愛した純粋な心や、あの笑顔は永遠に私達生存予科練習生の胸の中に生き続けているのであります。

亡き予科練の友よ、私達生存練習生は、決して皆様の『死の意味』を忘れず、無駄にする事はありません。

地球上の数多い国の中で、祖国日本をして世界平和に貢献し、最大の努力を払う国とする事を、決意も新たにお誓い申し上げます」

　世界戦史に類を見ない高い戦死率の予科練の会ならではの慰霊祭である。

　続いて遺族・関係者を始めとする献花が行われ、Mr. Fiske が日米両国の鎮魂ラッパを吹奏された。

　また、来賓の中でも、日系二世部隊のロバート・片山氏が2つの祖国の狭間で、体験された事等に触れ、平和の尊さを訴えられた。

　20日、靖国神社へ日米英関係者が団体で昇殿参拝した。私は寡聞にして知らないが、この様な事は恐らく最初で最後ではないかと思う。現在の日本の国民は、これをどの様に捉えるのであろうか？　何事でも批判したがる連中は、すぐに軍国主義復活と騒ぐだろうが、まさに自虐的な人種である。天皇陛下も訪米の際にアーリントン墓地に参拝されたが、「堂々と靖国神社へ公式参詣されるべきである」と信ずる。でなければ「靖国神社に祀られる」と言われて国難に殉じた人達は浮かばれない。

　国際的に問題となっているのは「合祀問題」であって、「公式参詣」は国内問題である。

　翌々日、京都での慰霊祭のため新幹線で移動したが、アメリカでは珍しい「弾丸列車（Bullet Train）」は彼等に至極、評判が良かった。さらに到着後、「時代祭り」の行列を見学したが、「鎧、兜の武者行列」を「サムライ」と言って喜んでいた。翌日の天竜寺の慰霊祭、飛雲観音への献花式は、甲飛会会長の大西さんの号令一下、整然と行われ、さすが予科練の規律の見事さを垣間見た感じだったが、米側も「若い頃

を思い出した」と感激していた。

昨今の暴走族や、無気力、無軌道な若者に一度で良いから、団体生活での規律を体験させるべきである。

土浦、靖国神社、京都と続いた日米英合同慰霊祭も、いよいよ23日、広島でクライマックスを迎えた。日米英の参加者は、長途の旅の疲れも見せず、原爆資料館を訪れた。

入館前、日本側の参加者も表情は硬かったが、いつもは陽気なアメリカ人も、神妙な態度となった。私達がArizona Memorialを訪れた時の心境と一脈通ずるものかも知れない。

中へ入ってからの反応は様々だが、誰もショックを隠し切れない。視線を合わせるのも難しい。2階へ上がって、ジオラマを見ていた時、Mr. Fiskeが近寄って来た。私の肩に手をかけて、何か話したようだったが、殆ど聞き取れないような呟きであった。そして、彼の目から大粒の涙が溢れ出て、しばらく動かなかった。

そんな所を見ていた「マスコミ」のスタッフが、「あの人にインタビューを申し込んでいるのだが、どんな人ですか？」と質問して来た。かいつまんで説明し「今、彼が泣いていたよ」と話したら、「それは、辛いインタビューになりますね。感想を述べてもらうのは難しいでしょうか？」と言い出した。「いや、そんな事はない。彼の現在の心境をリポートする事が大事なんだ。是非、お聞きしなさいよ」と話した。

資料館を出て、一同原爆慰霊碑の前に参列し、Mr. Fiskeが土浦と同様、日米両国の鎮魂ラッパを吹奏し慰霊祭を行った。

その時のインタビューは、広島テレビや中国新聞で報道さ

れたが、Mr. Fiske は「悲劇を目の当たりにして、つらくて言葉にならない。生き残り兵の私は、平和が続くように祈り、伝え続ける事が使命だ」と話し、日本側を代表して小笠邦久[*2]さん（甲種飛行予科練16期）が「真珠湾を攻撃した日本（Remember Pearl Harbor）、原爆を落したアメリカ（No More Hiroshima）というわだかまりがあったが、ラッパを聴いていて胸のつかえが消えた」と話されている。

　まさにハワイの慰霊祭での前田会長の挨拶、「Pearl Harbor never again」である。

　「Mr. Fiske の涙」は、彼の日頃の言動、人柄から予想出来た事であるが、若い日本のマスコミ人の「辛いインタビュー」という言葉が意外であった。原爆の被害国の若者のセリフに、投下国の人に対する一種の同情とも言える言葉が出て来るとは、夢想だにしなかった。もちろん、多数の犠牲者や、遺族の方々とは違った立場であり、また、時代も変わったと

原爆慰霊碑前でMr. Fiske のラッパ演奏

はいえ、やはり人間の本心は「慈悲の心」なのではないかと
思った。

　十数年前、ラボール（ボーゲンビル）方面の慰霊に訪れた
時、現住民も神妙な態度で参加して「日本人は良い人だ」と
語ってくれた事を思い出したりしたが、不肖、静岡の日米合
同慰霊祭を主催したり、真珠湾の慰霊祭に参加したりした一
連の行事が、この日の Mr. Fiske の涙で「集大成」されたの
ではないかと思えてならない。

　さらに翌日の夜の事であった。数人でのささやかなレセプ
ションに、Mr. Fiske、Mr. De Virgilio 等を招待したが、この
日の Mr. Fiske は、何かホッとしたような態度が見られた。
「50年来の宿願であった『広島』に参詣して、心の重荷がとれ
た」と言っていたが、珍しくワインやカクテルを飲み、リラ
ックスしていた。こんな事は、長い付き合いの中で初めての
事である。

　Mr. Fiske は、少しホロ酔い機嫌になった頃に、スペイン
語で話し始めた。残念ながらスペイン語はお手上げなので解
説を求めたところ、「女性に愛を打ち明けるにはスペイン語
が一番だ。英語よりはるかにロマンチックだ」と語り、まさ
に上機嫌である。原爆資料館での彼と全く別人のようであっ
たが、長い間の「煩悩の一つ」に対処出来た安堵のせいかも
知れない。

　ハワイで、ある日系人が「アメリカ人が、皆 Fiske さんの
ような人だと、戦争は起こらなかったのではないか？」と言
っていたが、あの当時の世界情勢で、簡単には戦争回避は出

来なかったであろう。

　しかし、日清戦争後の、ロシア、フランス、ドイツによる三国干渉で遼東半島の返還をさせられた「歴史的事実」は耐え難きを耐えても、当時の日本を救う道を求めた明治の政治家、リーダーの英断であったと信ずる。それに比べて、昭和の政治家、リーダー達は「歴史的事実」から何も勉強しなかったのではないか？　現在の政治家、いや「政治屋」は票の行方ばかりを気にしていて、貴重な過去の教訓にあえて「蓋」をしてしまっている。ABCD包囲陣、あるいは「ハル・ノート」等に対し、当時の我が国の世論は激高していたが、今となっては真実を再検討すべきという意見、著作も世に出て来ているし、また、アメリカ等を中心とする欧米の日本に対する偏見、日本だけを悪者視する評価について、当事国のアメリカにおいても批判、反省の声がある。残念ながら、賛否の比率は、自国支持が圧倒的に多いのが現状であろうが、色々な意見を堂々と論じられるのが自由の国である。

　日本のリーダーも主張すべき所は、堂々と述べるべきである。

　一昨年、海原会・前田会長は、パンチボウルの慰霊祭で、「Pearl Harbor never again」と感動的な挨拶をされたが、「昭和16年12月8日」以前の歴史を正確に学び、日米両国を始めとする関係各国の反省、そして相互理解をすすめる事が大切である。

　また、宮島、厳島神社を訪れた時の事であるが、甲種飛行予科練3期、6期の教員であった立田さんご夫妻が参加され

た。立田さんの持参された軍艦旗と星条旗が良い目印となり行方不明者を出さずに済んだのだが、このアメリカ国旗を見た他のツアーの数人のアメリカ人が、帽子を左胸に当てて立ち上がったり、敬礼をする人もいた。

　思わず「Have a nice trip」と言ったところ、すかさず「You too」と返ってきた。彼等アメリカ人はもちろん、ラボール、ボーゲンビルの原住民も「自分の国の旗」に対する誇りを持っていた。自国の国旗に対する誇りを失った国の将来は想像もしたくない。

　重ねて主張するが、まず正しい歴史教育が必要である。すでに「日本海軍航空隊の語り部」を自負している私としては、あらゆる機会を捉えて語り継ぎたいと行動している。

　　【注】
　　※1　予科練の故郷。土浦には海軍航空隊があった。現在、陸上自
　　　　衛隊武器学校がある。
　　※2　家族が原爆の犠牲になっている。

零戦秘話　58年目の邂逅　　　　（1998年10月記）

　最近、やたらに時間の経つのが早く感じられるようになったが、平成10年も相変らず、次から次へと、飛行機、軍艦旗の下での行事が目白押しとなった。

　まず3月27日、護国神社の「桜の花の下で、同期の桜を歌う会」が開催された。護国神社百年祭の一環の行事であるが、予想をはるかに超える参集者に、主催者の一員として天手古舞いであった。

　そして5月、連休の後半に久し振りに訪米する事になった。行先はペンサコラ（Pensacola）。フロリダ半島の根元で、米海軍航空隊の基地、所謂トレーニングセンターで、日本の予科練（飛行予科練習生）が教育された土浦に相当する所である。

　ここで毎年、航空隊関係の研究、反省会等が行われているのだが、今年はミッドウェー（Midway）海戦の2回目のシンポジウムが開催され、日本側生存搭乗員にも出席依頼があり、海原会の前田武会長と名古屋の丸山泰輔（甲種飛行予科練3期）さんがノミネートされた。丸山さんは、米空母ヨークタウン（Yorktown）を魚雷攻撃している。

　こんな機会は滅多にないので、急遽自費参加させて貰う事とした。

　ロサンゼルスで1泊し、在米甲飛会の人達や、「B-17爆撃機のUnion」のメンバーと懇談したが、私の持参した静岡空襲の慰霊祭の英訳文は、両国親善のためには大変な役目を果

たしたと信じている。特に1頁大の「遺品の水筒」の写真については、少なからずショックを与えたようだった。

　もちろん、今回はロサンゼルスが目的ではない。翌日、飛行機を乗り継いでペンサコラへ到着すると、米海軍のCommanderと、海軍及び海兵隊の少尉2名が出迎えてくれた。この2人は、公用車の運転及び我々のエスコートが任務だそうだ。海兵隊の少尉は日本に2年近くいたそうで、日本語が堪能なので大助かり。時には誰が教えたのか、「……で御座候」等のセリフが飛び出して来て、思わず吹き出して困った。2人共真面目で、予定の時間前にキッチリと制服で到着.

　「5分前の精神」は日本海軍だけではないらしい。宿舎は基地内のゲスト・ルームだったが、立派なホテル並みで、アメリカの基地の余裕を感じた。

　シンポジウムは、Pensacola Museumで、日本側の2名と米海軍の生存者3名の演者で行われた。

　まず日本側の丸山さんが、「3隻の日本の航空母艦が爆撃され、唯一隻残った『飛龍』から出撃し、熾烈な対空砲火のため、ヨークタウンの飛行甲板よりも低い海面すれすれで魚雷攻撃した。その直後にヨークタウンを飛び越した時、米兵の顔がはっきり見えた」と生々しい実戦談を、しっかりした口調で淡々と語り、さらに前田さんは「空母『加賀』から米軍機の攻撃を見ていたが、我が零戦に米軍雷撃機が次々に撃墜されるにも拘らず、勇敢に突っ込んで来るのには舌を巻いて驚いた。護衛戦闘機も伴わずに突進して来る勇気に敬服した」と米軍機を称え、「その後の戦闘で重傷を負い、九死に

一生を得た」と話されて、約2,000名の聴衆の絶大な拍手を
浴びた。

　その後は、想定質問等を用意されていたのだが、元来話し
好きのアメリカ人の演者が、ジョークを交えて、長々と講演
し、司会者も苦笑いするだけで、日米のシンポジウムとして
は一方的な演説会になってしまった。けれども、さすがにア
メリカのaudienceは、「味方の雷撃機が零戦にバタバタ落と
されている時に、アメリカの戦闘機は何をしていたのだ？」
とか、自国側の批判、反省を促すような質問もあり、回答者
も苦笑していた。

　ミッドウェー海戦の敗因は、全く油断大敵、驕りの結果で
ある。大要は以下の通り。

①索敵の失敗

　　「重巡洋艦『利根』の四号機の発進の遅れが米空母の発
　見を遅らせた」と従来報じられていたが、筑摩一号機某大
　尉の偵察機が予定コースで雲上飛行をしてしまい、雲下の
　敵艦隊を見逃していた事が最近判明している（この人は戦
　後、航空自衛隊の空将補になっている）。

②敵艦隊出撃に備え、いかなる場合にも、魚雷、艦船攻撃用
　爆弾を搭載した機を「半数待機」と命令されていたにも拘
　らず、「ミッドウェー再攻撃の要あり」との報告で陸用爆
　弾に換装させ、さらに「敵空母見ゆ」の続報で雷装転換等
　と混乱を招き、発艦直前の空母の一番危険な状況の時に、
　敵機の空襲を受けることになった。南雲司令部の作戦ミス

である。

③さらに、米雷撃機迎撃のために、零戦隊が低空で奮戦している間に米急降下爆撃機ドーントレス（Dauntless）に攻撃され、瞬時に、「赤城」、「加賀」、「蒼龍」の3空母が火達磨となった。機内無線が悪く、零戦と連絡がとれなかったのも一因である。

④米側は暗号を解読して、待ち伏せの状態。我が方は、それまでの勝ち戦のため、敵を悔（あなど）っていた。「大勝は大敗に通ず」と戒めた「風林火山」の戦訓が生かされていない。これらは周知の事であるが、改めて話題になっていて考えさせられた。

　そして、その晩のレセプションで、1人の士官が「神風（カミカゼ）アタックをどう思うか？」と質問してきた。「命令か？　志願か？　という事が議論されているようだが、国難に殉じた人達であり、犠牲的行為を尊敬している」と答えた。すると彼も「全く同感だ。ところで神風アタックの最初の攻撃は誰だか知っているか？」と畳み掛けてきた。「レイテの敷島隊の攻撃の前に、文字通りの体当り攻撃はすでに何回もあったはずだ」と答えたら、「君は昼間のシンポジウムに来ていただろう。ミッドウェーで米雷撃機が落とされても落とされても突撃したあの犠牲によって、ガラ空きになった上空からドーントレスが攻撃出来たんだ。だから神風攻撃はアメリカが最初だ」と言って胸を張っていた。犠牲という面から見れば一理あるが、最初から「体当たり」を命ぜられた攻撃とは絶対

に違う。ここらが国情の違いであろう。死生観の違いかも知れない。

　さらに翌日は、Top-Gun の Commander が「君の booklet を読んだ。Outstanding!!」と言って握手を求めてきた。英訳した booklet は 100 冊持参した。大変重くて困ったが、手渡しして説明した人達は、最初は驚きながらも、皆喜んでくれた。100 冊の booklet で何百人もの友人ができた、と自負している。

　2人の少尉はそれからもずっとエスコートしてくれたが、彼等は「任務ですから」と土産買いの案内までしてくれたのは有難かった。

　帰国後間もなく、米空軍横田基地より「今年の静岡空襲の慰霊祭は何日にしますか？」と問合せがあり、天候も気になるが、余り考え過ぎても仕方ないので、6月20日（空襲の翌日）とした。

　今年は始めて米軍牧師にも参加をお願いし、御祈禱して頂いた。また、静岡甲飛会の人達も参加され、慰霊碑の前に整列し、「英霊に対し、敬礼」と儀式を盛り上げてくれた。おかげで、懇親会も例年以上に楽しい雰囲気であった。私が元気な間はこの行事は止められない。

　その後も、特空会※1、医療法人桜医会等の総会に招集状が来て出席したが、その縁で今年は大変な事になった。

　話は一昨年の特空会慰霊祭に溯る。台湾から毎年出席される陳亮谷さん（戦時中は日本海軍高雄航空隊の一員）が、徐

吉譲（華江）さんという紳士を案内してきた。徐さんは台湾空軍の副司令官（少将）を務め上げた人である。靖国神社へ参詣後、懇親会で最初は「日本の空軍と戦った支那空軍のパイロット」と紹介され、特空会代表の稲田さんを始め、中攻隊（爆撃機）の搭乗員と握手していたが、私の隣席に来られた。何とかコミュニケーションをとりたいと試みたが、私は中国語は話せないので、思い切って英語で話してみた。さすがに中国空軍の副司令官だった方だけに、すらすらと英語が出て来た。そのうちに「9月13日の戦闘で負傷した」と言われた。一瞬「これは凄い人と話しているんだな」と驚いた。1940年9月13日、零戦ファンなら誰でも知っているであろう零戦隊初空戦の日である。13機の零戦が、27機の中国軍の戦闘機を撃墜し、我が方は全機帰還したと報じられている伝説の空中戦である。

　「よく助かりましたね。bail out（落下傘降下）したんですか？」と尋ねたら、「零戦に追いまくられて超低空で旋回中に、landingに近いcrushをした。負傷はしたが、命は無事だった。あの時に対戦した日本のパイロットに逢いたい」と熱っぽく話していた。

　その日の出席者の中にも海軍戦闘機隊、零戦搭乗員会の名だたる人も数名いらしたが、9月13日の空中戦に参加された方はいなかった。色々話しているうちに、誰かが、「坂井三郎さん（大空のサムライ）なら知っているかもしれない」とアドバイスしてくれた。

　徐さん達の宿舎は、甲種予科練12期の山中さんのホテルで

あり、山中さんは坂井さんの教え子なので、陳さんは「山中さんと一緒に坂井さんを訪れるつもりだ」と話していた。

　興奮さめやらぬまま帰宅し、以前購入していた『中国之翼』（台湾で出版）をとり出して見たら、徐華江さんの当時の空戦の状況が写真入りで書かれている。またまたボルテージが上がってしまった。陳さん、徐さんが坂井さんを訪れると言った事も思い出し、坂井さん宅へ電話した所、「ちょうど今、皆さん来られたよ」とドンピシャリのタイミングであった。『中国之翼』をFAXでお送りし、さらに先刻、徐さんにお聞きした空戦の状況を説明し、「対戦した搭乗員を探しておられますよ」と話したら、「それなら陸前高田の三上（一禧）さんだろう」と言われた。

　それから2か月後、零戦搭乗員会総会で、三上一禧さんにお逢い出来た。それまで何回か電話でお話ししていたが、改めて「徐さんとの話」を紹介した。話しているうちに、空戦の状況が両者よく似ているなと感じた。徐さんの乗機はソ連製のI-15復葉の戦闘機で、「私が最後に墜とされたらしい」と語っていたし、搭乗員会で三上さんは「地上で残骸となったI-15に最後の止めの機銃掃射をせずに引き上げた。武士の情けかも知れない。空戦が終り、見上げた空は真っ青だった」と述懐している。

　どうやら、最後に落とされた飛行士と、最後に撃墜した搭乗員であり、異なる時間、別の場所とはいえ、歴史的な2人に逢えたのは、私1人だけである（後に陳さんは、三上さんにもお逢いしたので、両者に別々に会見した事になる）。

　こうなったからには、この二人を是非とも、「会見」させたいと決心した。三上さんへは私から、そして徐さんには陳さんからという連絡ルートが出来上がり、さらに三上さん、徐さんは手紙、写真等で連絡していたようだが、徐さんも仲々お忙しい方で再来日の機会がない。

　私も海原会の役員として、ハワイでの慰霊祭、さらに昨年は真珠湾生存者協会の人達が来日して、土浦、靖国神社、広島等での慰霊祭のために余裕がなく、心ならずも「決心」を実行出来なかった。今年も6月来日した陳さんに「是非近いうちに、2人の対面を実現させましょう。徐さんが来日されるような時はご連絡下さい」とお願いした。私と陳さんは、言わば日本側と台湾側の仲人なのである。

　本来なら、日本側が中国（台湾）へ出向くべきであるが、8月5日、陳さんより、「徐さんが8月12、13日に（和歌山県）新宮市へ行く事になったが、あなたと三上さんに逢えないか？」と書かれた手紙が来た。驚いている暇もなく、これは私の「独断先行」でやらなければ2人の会見は実現出来ないと確信した。また、手紙のやりとりでは絶対に間に合わないので、直ちに陳さんに電話し、「徐さんの滞日予定を少し延ばして下さい。出来るなら東京へ出て下されば、三上さんも上京されると思います。また、通訳もお願い出来るのは陳さんだけだから、ご無理を申し上げますが、徐さんに同行して下さいませんか？　そして旅費、宿泊費等は後で清算させて下さい」とお願いして、徐さんにも承諾して頂いた。

　13日まで新宮市にいたのでは、移動日は14日となる。したがって会見は8月15日になる。物理的に計算してそうなったのだが、8月15日とは意義ある日になった。このプランで是非実現させようと実行にかかった。三上さんにもこの日に徐さんに対面出来そうだとお知らせしたら、驚いていたが大喜び。これで主役の都合はついたが、ホテル、会場の設営・予約が静岡からでは簡単には出来ない。

　宿泊は陳さんと相談し、最近常宿とされている山中さんのホテルとした。問題は会場である。最初は由緒正しき「水交会※2」でと思い交渉したが、その日はお盆休みで不可能で折角の計画もやり直し。

　それではと、海原会の事務所をお貸りしようかとも思ったが、結局霞ヶ関ビルの33階、東海大学校友会館「三保の間」を予約出来た。

　ホッとする暇もなく、これは本来個人的な事で済ませるものではないので、海軍関係の人達に連絡しなければならないと考えた。

　徐さんが初めて出席された「特空会」や、「零戦搭乗員会※3」には事後報告とはいえ連絡しなければならない。直前の8日に「零戦搭乗員会総会」があったので、岩下邦雄代表世話人にご報告し当日も出席して頂く事となった。特空会代表の稲田さんは、三上さんの操縦学校の恩師でもあり、事後承諾にも拘らず快諾して頂けた。

　ただ仲人の一人、坂井三郎さんは渡米中との事で、いまだに報告も出来ない。この事は陳さん、徐さんも大変残念がっ

ておられた。

　零戦搭乗員会の総会の際、珍しく2、3の記者が取材に来ていたが、その中の1社が「三上さんと徐さんの会見予告」の記事を出したので、多方面より問合せが殺到し、返答に大童であった。中でも中国、台湾のテレビ、新聞の意気込みはすさまじく、どこから聞いたのか、陳さんに直接連絡し、スケジュールをしっかり把握しているのには驚いた。

　この計画を立案した時、念のために会見前日、徐さんはもちろん、三上さんにも上京して頂き、同じホテルを手配した。だが、騒ぎが大きくなってしまい、同じホテルでは、そこが記者会見場になってしまう心配と、数社から「15日の会見以前に2人を逢わせないで下さい。会場での感動が薄れてしまう」と諄（くど）い程注文をつけられてしまった。そこで予定を変更し、三上さんは前日、私の部屋へ隔離する事とした。もちろん両者の宿泊先についてまで、問い合わせが頻繁にあったからである。

　そのうちに、台湾の某社より、「14日の徐さんの東京着の時間に出迎えに来てくれませんか？」と依頼があった。彼等は陳さん、徐さんの顔を知らないからである。別々の場所、時間で逢っているとはいえ、両者の顔を知っているのは、私と陳さんだけであるから、ここは「私が出ていかなければならない」と引き受けた。それにしても熱心な事である。現在の台湾の国際情勢、今までの歴史の流れの中で、先に日本で報道された徐さんの記事は大変な反響を呼び、本社の指令も出されているようで日本のプレスと目の色が違う。

　徐さん到着の少し前に、東京駅へ着いたが、とたんに携帯電話に「先生、到着ホームに来ています。お願いします」とまるで指名手配である。

　定刻到着、さすがに徐さんは緊張の表情を隠せないが、大変元気な様子で報道陣の質問にもテキパキ答えられた。

　陳さん、徐さんをホテルへ案内し、ヤレヤレと思ったところ、「三上さん到着のシーンを撮りたいから、もう一度東京駅へお願いします」との事で再度東京駅まで舞い戻った。三上さんは出発してから東北新幹線の中まで地元テレビに取材され続けたそうで、お疲れの様子だが悠々と下車された。それから私の部屋へご案内したのだが、数社から「今日はお2人が会見する予定はありませんか？」と再三聞かれた。宿舎を別々にしたのは大正解であった。明日はどんな出会いになるかと楽しみで、私も少なからずエキサイトしていたのか、寝つきが悪くて困った。

　会見当日、とにかく早目にと午前11時に会場の霞ケ関ビル33階、東海大学校友会館「三保」の間へ到着した。会場も既に準備されていたが、既に何社かのカメラマンが来ていたのには驚いた。

　予定通り三上さんには先に入場して席について頂き、50人近い報道陣に説明後、待機中の徐さんをご案内して三上さんに紹介した。

　とたんにカメラマンにもみくちゃにされ、2人の主人公の周りは、ギッシリと人垣が出来てしまった。カメラの砲列とはこの事だ。

　どんな場面になるか想像も出来なかったが、2人は黙って固い握手をし、直後に抱き合ってしまった。2人とも何か言っていたらしいのだが聞きとれない。後に「何と言われたか?」と質問もあったのだが、ご本人達も異口同音に「何と言ったか覚えていない」と答えている。そこで2人とも、涙ぐんでいた。

　この時の感動的場面を1人でも多くの人に見て貰いたかったのだが、これを文字に表わすのは大変難しい。ただ、「やったぜ」と叫びたくなるような気がした。

　三上さんは戦後「戦争の事を忘れたい」と家族にも戦時中の事は一切話さなかったそうだが、徐さんは終戦後も「国を守るため」に中国空軍の重鎮として活躍され、台湾空軍の副

静岡新聞（1998年8月16日）

司令官まで昇進した。

　三上さんは「今は頭が真っ白、今日から新しい人生が始まる」と述べ、徐さんは「当時は敵だったが、今は素晴らしい友人だ」と答える。三上さんは「個人的に憎しみもないのに殺し合う戦争は愚行。世界平和に向かって努力すべきだ」と語った。

　本稿の「58年目の邂逅（かいこう）」の主題に触れた訳である。

　さらに徐さんが「菅野先生には大変御世話になり有難うございます」と謝辞を述べられた時は、一瞬、身の引き締まる思いがしたが、「俺は日本一の幸せ者かも知れない」と思った。1億人以上の日本人の中で、この邂逅を実現させたのは私1人だけだからである。

　会見中、徐さんは「他日の戦闘で、日本の爆撃機を攻撃し、焔に包まれて落ちて行く機を見て、心が痛んだ」と発言している。坂井さんを始め、数多くの敵味方のパイロットから「敵機は憎くても、パイロットには敵意はなかった」との談話を聞いたが、これが搭乗員気質というものかも知れない。空戦の最中の人間性と言うか、仏心を持っていた人達であり、58年後に劇的な邂逅が出来たのも神仏のご加護であると信ずる。

　ただ残念なのは、最初に主催者として挨拶した時はちゃんと話したつもりだが、台湾側の紹介者たる陳亮谷さんの事が余り報道されなかった事だ。会見の時の通訳としてしか見られなかったようだ。

　某新聞の記事によってマスコミが殺到し、特に中国、台湾のプレスの熱意に圧倒されたので、申し出のあった一部マスコミ関係の人が手伝ってくれたのだが、最初私が描いていた運営が出来ず、また他社からも非難の声も出て来た。主催者としては、もう少しキッチリと私がやるべきであったと反省している。

　しかし、会見としては大成功であった。

　私にとって反省の残る会であったが、締め括りの挨拶で、海原会の前田会長と、真珠湾生存者協会のMr. Flskeとの邂逅を紹介し、「個人個人の親善、友好ばかりでなく、これがもっともっと大きな輪に拡がる事が世界平和へつながる道である」と、日頃の信念を述べて閉会とした。

　帰途、数名の関係者と共に、徐さんにご馳走になったが、その際、徐さんの書を頂いた。

　「感懐友情」と大変素晴らしい書体で、ちゃんと宛名に私の名前も書かれている。

徐さんの書

　零戦初空戦の敵方のパイロットの書であるから、歴史的掛軸である。これも正真正銘「私の宝物」となった。

　【注】
※1　旧日本海軍航空隊の元下士官兵（操練・偵練・予科練など）出身者で組織された団体。
※2　旧日本海軍士官を対象とした親睦・福利厚生組織「水交社」が起源。戦後は階級に関係なく参加できる任意団体「水交会」として発足した。以来、戦死者遺族、海上自衛隊関係者も含め、海洋安全保障に関する調査研究活動などを行う公益財団法人。
※3　現「零戦の会」。零戦搭乗員戦没者・物故者等に対する慰霊顕彰を通じ、後世に日本海軍戦闘機隊の歴史ならびに海軍戦闘機搭乗員の事績を伝承することで社会教育に寄与し、平和の推進を図ることを目的とする。

プライベート・ライアン（Saving Private Ryan）

　映画「プライベート・ライアン」を観た。凄まじい冒頭の30分であった。思わず首を竦めたり、目をそらしたくなるようなシークエンスであった。元来気の小さい私は、物陰にかくれてそっと覗き見しようかと思った。さすがにスピルバーグ監督である。戦場の悲惨さをこれでもかこれでもかと再現していたが、ふと「いや、実戦の方がもっともっと悲惨なのだ」と感じた。「そうだ、昭和20年6月19日の深夜、静岡は戦場だったんだ。単なる火災ではなかった」と、あの時の恐怖が蘇って来た。

　もちろんこれがプロローグであり、これからストーリーが展開して行くのだが、この後でリンカーン大統領の「南北戦争で5人の息子を失った母親に送った手紙」が引用された。題名からして、この事は予想していたのだが、この手紙のレプリカを以前ワシントンD.C.で入手していたので、帰宅後調べたら、黄ばんだ紙に、リンカーンの手書きで書かれたレターが出て来た。「どのような慰めの言葉を申し上げようとお力になれるものではありません。しかし5人のご子息が命を落としてまでも救おうとした共和国の感謝の念を知って頂ければ、いくぶんなりとも心を安んじられるのではないかと思います」という主旨である。これは戦前、戦中の日本の状況と同じだが、大統領が、一婦人に送ったレターだけに重みの違いを感ずる。これでようやく物語の本筋に入る訳である。

映画はもちろんフィクションであるが、「リンカーンの手紙」が前提にあり、第二次世界大戦の、ソロモン海の激戦で「サリヴァン5人兄弟が、一度に戦死した」ため、多数の兄弟が戦死したら、残った1人を本国へ連れ戻す法律が米議会で採

Executive Mansion
Washington, Nov 21. 1864

To Mrs Bixby, Boston, Mass,
　Dear Madam,
　　　　　　I have been shown in the files
of the War Department a statement of the Adjutant
General of Massachusetts that you are the mother of
five sons who have died gloriously on the field of battle
I feel how weak and fruitless must be any word of
mine which should attempt to beguile you from the
grief of a loss so overwhelming. But I cannot refrain
from tendering you the consolation that may be found
in the thanks of the republic they died to save I
pray that our Heavenly Father may assuage the anguish
of your bereavement, and leave you only the cherished
memory of the loved and lost, and the solemn pride
that must be yours to have laid so costly a sacrifice
upon the altar of freedom
　　　　　Yours very sincerely and respectfully,
　　　　　　　　　　A. Lincoln.

リンカーン大統領の Mrs. Bixby 宛の手紙

決されている。もちろん、兄弟を同じ部隊、同じ艦船には配属させないことも含まれている。

　日本でも、決死隊や特別攻撃隊は志願であっても、長男や一人息子は除外されていたと聞いたが、戦争末期には全員特攻となってしまった。そして、アメリカでその法案が可決された後に「1人がソロモンで、2人がヨーロッパ戦線で戦死した兄弟の生き残り救出作戦」が実行されたと聞いている。これが、ヒントとなって、この映画が製作されたそうである。

　だが、映画と分かっていても、つい引き込まれてしまう。凄絶なノルマンディー、オマハビーチの上陸作戦を生き抜いた「8人の兵隊」（隊長は大尉）に、「3人の兄が戦死した、ライアン二等兵」の救出作戦が命じられた。こんな時、日本の軍隊、あるいは当時の日本人の思想ならば、どうしただろうか？

　もちろん「命令一下」出発しなければならなかったし、またもっともっと過酷な命令もあったのだが、皆、納得していたかは大変疑問に思う。実際そんな場面があったかどうか分からないが、「一人の命を救うために、多数の戦友の命を危険にさらすのは納得出来ない」と言って1人の二等兵が大尉に反抗して帰る、と言い出すシーンがある。日本なら「敵前逃亡」で、軍法会議にかけられるケースである。恐らく銃殺であろう。

　ハワイの日系二世部隊（442連隊）は、ヨーロッパ戦線で、「1人のアメリカ兵を救出するのに、4人の日系兵が犠牲になった」と激戦を戦っている。

　昨今の日本人では到底理解できないような物語の展開にな

ったが、最近の私は一入（ひとしお）考えさせられた体験のために、この映画の中に一段と引き寄せられた。

　私の次女の夫は、ウエスト・ポイント出身の米陸軍士官であるが、長男の出産の時にキューバ危機が発生し、出撃命令を受け、3か月ばかり出征した。その時は、当然のように遺書を認（したた）めていた、と後で聞いた。

　さらに色々な事があったが、今年5月のペンサコラでの米海軍のCommanderとの会話で「ミッドウェー海戦でのアメリカ雷撃機隊はアメリカの誇りだ。彼等の犠牲によって勝ったんだ」と言った時の彼の誇らし気な顔が思い出される。ミッドウェー海戦の時のアメリカ空軍は技倆が下手で、特に戦闘機隊（グラマンF4F）の空中集合に時間がかかり海戦に間に合わず、雷撃隊をエスコートできなかったのだが、それを承知で攻撃して来たのである。勇猛果敢は、日本軍だけのものではなかった訳である。アメリカ軍だったら「特別攻撃決死隊」を命じられても、命令だけでは出撃しないだろう。しかし、どんな危険な任務でも「納得したら」やる国である。

　12月8日、市内の会合で、この映画「プライベート・ライアン」が話題となったのも偶然の一致であろうが、実は、12月8日の全国紙に、私の取材記事が載せられるはずだった。わざわざ東京から某紙の記者が「東京の市民団体からの紹介で取材させて欲しい」と来たのだが、真面目な人で熱心にメモしたり、雨にもかかわらず浅間神社山頂へ登ったり、私の提供した資料や新聞のコピーを「じっくり読んで記事にしたい」と言って帰って行った。ただ、帰り際に「12月8日の記

事にするなら、充分意とするところを書いて欲しい。中途半端だと誤解されるから……」と念を押した。これが、プレッシャーとなったのか？ 12月7日「与えられた行数ではとても書き尽くせない。またの機会に……」と連絡があった。以前から折に触れ、私は文章で自分の思想、姿勢は書いておいたが、誤解のないようにはっきり私の意見をまとめておく必要を感じた。

　戦争とは何なのか？ 特に太平洋戦争という議論になると、戦後の日本のマスコミは、こぞって「戦争罪悪論、日本侵略論、あげくは謝罪国会」となるワン・パターンである。
　先日もある民放テレビで、アジアの人達と日本の戦争責任を論じていた。韓国の女性が「当然、日本の責任」と発言する一方で、某共和国の男性が「あの戦争は日本だけが悪かったのではない。我々の国もイギリスやヨーロッパの国に占領されていた。もしあの時に日本が立ち上がらなければ、アジアの国々はずっとヨーロッパの支配下になっていた。日本が謝るのなら、欧米各国も謝罪すべきだ」とかなり興奮して、タドタドしい日本語で話していた。それに対して韓国の女性は、その問題に触れず「日本の謝罪姿勢」を追求する発言ばかりしていたが、彼女の立場から見れば対日問題しか見えないであろう。だが某共和国の人の発言はまさに「我が意を得たり」であった。
　また、先年某新聞に、日本の若者が韓国で謝罪し、その時に「あんな悪い国に生まれて恥ずかしい」と言ったところ、

「悪い国は嫌いだが、自分の生まれた国を悪く言う君のような人はもっと嫌いだ。最低だ」と言われたという記事が載っていた。

　少なくとも、中国や韓国に対する関係、歴史的認識と、他のアジア、南太平洋の国々のそれとを同一に論ずるのは大きな間違いである。アヘン戦争、日清戦争以来の中国に対する関係、あるいは日露戦争、日韓併合等は歴史を直視しなければいけないが、他のアジアの国々に対しても、これもグローバルに見直すべきである。「戦争、それは悪い事だ」「だから謝罪しなければ……」と言っていたのでは、余りにも「日本」が惨めである。そんな国ではそれこそ、自虐的、虚無的な人間しか出て来ない。歴史に「if」は禁句だが、もし、日露戦争で日本が敗れていたら、韓国は帝政ロシアの属国になっていただろうし、中国や以後のアジアの国々（もちろん日本も含めて）に大きな変化をもたらしただろう。

　しかし、何でこんな日本になってしまったのか？　主張すべきことも言えない、謝罪ばかりしていて、日本はどうなってしまうのか？

　最大の原因は教育である。私達は1945年8月15日までは「神国日本」、そして「軍国日本」としての教育であった。これについては当然、批判も反省も必要であるが、8月15日以後は極端な批判論のみで180度の方向転換がなされた。また、それが美徳とさえ評価されていた。だが、軍国主義に片寄った教育はいけないが、中道を通り越して「人民」の名において批判の先頭に立った左翼の教育が良いと主張したのも大変

な問題である。そのあおりで、本来の「日本の良き教育」までもが抹殺されてしまったのである。その結果、「日教組に非ずば教師に非ず」の風潮で、自由、権利のみを主張し、義務、責任、道徳、礼儀をないがしろにした教師達が教壇に立ったのだから、「生徒」の方はとんだ被害者である。そんな生徒達が親となり、また教師となって育って行ったのだから、全く戦前の日本と違った国が出来上がってしまった。そんな連中のお手本であった「ソ連」が崩壊したのは、全世界に彼等のやり方が間違っていたことを教えているのである。

　教育の現場で、善悪、清濁を批判するのは「よく勉強した厳正中立な」人でなければ務まらない。「反省」だけなら猿でも出来るのである。

　また、こんな事もあった。「日本の主張、日本だけが悪かったのではないと主張する人達は、それで『日本の正当論』に掏り替えている」と批判する人もいる。だが、この意見は逆に「日本人罪悪説」のみになってしまうのに気がつかない人達である。中道、中庸を通り越してしまうのである。前述の韓国の人に指摘された「自分の国を悪く言う人こそ大嫌いだ」と言われても、何の事か気がつかない位に教育されて来たのだろう。

　私は十数年前、南太平洋の島々へ慰霊に訪れたのだが、予想に反して大歓迎を受けた。原住民は日本人に対しては、侵略者ではなく「解放者」としての接し方であった。私達一行十数名は、何の政治、宗教団体等とも関係のない個人的なツアーなのに、どこへ行っても「ニッポン」「ジャパニーズ」

と言ってニコニコしながら集まって来る。悪意のある顔ではない。ジャングルの中で「日本の歌」を歌ってくれた人もいた。世界で一番対日感情の良い国々であると信ずる。それは歴史が教えているのである。

　1941年（昭和16年）12月8日当時、マレー半島はイギリス領、ジャワ、スマトラ等はオランダ領東インド諸島であったし、ビスマルク諸島（オーストラリア領でドイツの宰相の名にちなむ）、ソロモン群島（イギリス領でスペイン探検家の銘名）、ボーゲンビル島（オーストラリア領でフランスの大佐の名からとった）等、征服国によりネーミングされている。これこそ侵略の歴史を物語っている。

　その時点で、日本が戦争を仕掛けたと言うならば、世界の歴史の中でのアジアの国々に対する欧米諸国の侵略こそ非難されるべきである。一国の反省、謝罪だけでは平和は維持で

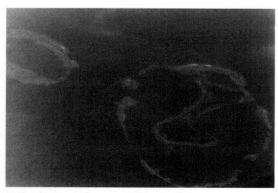

坂井三郎氏がガダルカナル進空の際、「翼下に見た」と言われた「グリーン環礁」

きない。現に「北朝鮮」は「日本にミサイルを発射出来る」と公言して脅かしているし、突然のイラク空襲で非難を浴びた米英だが、イラクは多量の破壊兵器が存在しないなら、堂々といつでも査察を受け入れるべきである。

1982年9月、ラボール海軍病院跡で

ラボール戦闘機隊の東飛行場跡付近のジャングルでの慰霊祭。軍艦旗を持っているのが坂井三郎さん。女性は陸軍の遺族、金田さん（浜松）。582航空隊の守屋主計中尉等がいる

　数年前、自衛隊の高官に聞いたのだが、所謂継戦能力「戦闘はどの位続けられるか？」との質問に、驚いたことに「自衛隊の全火器が一斉射撃したら、5分で弾火薬庫が空になる。とても侵略戦争なんか出来ませんよ。任務は専守防衛です」と笑っていた。

　また、私の友人のスナックに、日本留学中の1人の中国女性が来ているが、抗日戦争（中国の人達はこう言っている）に対する批判はあるものの、「今の日本の若い人達を見ていると、とてもこの国は戦争なんか出来ないヨ」と言っていた。平和の有り難さをつくづくと感じるが、欧米人がよく言う「日本人は平和と空気はタダだと思っている」のも事実である。

　先に述べた自衛隊の戦力は「仮想敵国が攻めて来た時に、せめて数日間防いでいれば、日米安保条約により米軍が助けに来る」という方針に従って整備されているのである。全くお寒い限りで、せめて、TMDミサイル防御機構を速やかに実施させることこそ、日本防衛の急務である。仮想敵国が一発も弾を撃たずに上陸して来ても反撃は出来ないし、日本の戦車（戦後は、無理に特車と言った時代があった）は赤信号で止まらなければならない。こんな事で戦争が出来る訳がない。

　しかし、依然として世界各地で戦争、紛争が絶えない現実であるが、日本が戦争に巻き込まれないためには何をすべきか？　まず第一に、政治、外交交渉をもっともっと積極的に行うべきである。例えば、「真珠湾攻撃」が非難されるが、「真珠湾」以前に問題があったのである。

　たくさんの資料が明らかにされて来たが、日米両国双方に

　反省が必要である。そして、国際協調には、相互理解ばかりでなく、お互いに尊敬、敬意を表すべき所は認め合うことも必要である。

　国内問題でも、どうしても言っておきたい事がある。それは「靖国神社」である。これが出て来るとすぐに軍国主義復活と反戦論者が騒ぎ出す。だが、戦時中、我々小学生（国民学校）でも「兵隊さんが戦死したら皆、靖国神社へ祀られる」と教えられて来た。もちろん軍隊では「上官ノ命令ハ朕が命令ト心得ヨ」「戦死したら靖国神社に祀られる。靖国神社で逢おう」と教育されていた。それだからこそ、生き残った戦士達が「戦友の霊よ、安らかに眠って下さい」と靖国神社に参詣する時は、本当に真摯な態度で戦友の冥福を祈っている。こんな時、いつも思うのは「何故、天皇陛下が参詣しないのか？」ということである。天皇あるいは総理大臣が靖国神社に参詣するとなると、近隣諸国、特に中国が大反対するそうである。だが、命令で戦い、命令で死んで行った兵隊は「国のため」と信じて戦い、靖国神社に祀られると信じていたのである。

　戦後の東京裁判で、A級戦犯が裁かれた。それも、裁判の内容については、戦勝国の中からも批判、反省が出ているが、とにかく、この人達も靖国神社に祀られていることが、天皇、総理の公式参詣に対する戦勝国の反対理由である。いわゆる「合祀問題」である。だったら、一応「この人達」の御霊は別の場所、例えば千鳥ケ淵の無名戦士の墓に移し、国の命令、天皇陛下の命令で戦死した人達の靖国神社となれば、そこへ

天皇、総理が公式参詣することに反対する外国の主張は、今度は「内政干渉」として撥ねつけるべきである。そうでなければ「日本のため、大東亜（アジア）のため」と信じ「天皇陛下万歳」と叫んで戦死した人達の御霊は浮かばれない。国難に殉じた人達や、祖先の霊をないがしろにする国は、やがて滅びる。そして改めて、東京裁判については、堂々と「欧米の東亜侵略百年」の歴史から論ずるべきである。それこそ、そこでBefore Pearl Harbor も論じる機会が出て来る。

　さらに、世界歴史の中で、戦後独立した国が88か国あり、その中で白人の国はたった1つイスラエルがあるだけという事実も、戦前の白人支配を物語っている。

　戦後、敗戦国日本に対し「怨みに報いるに徳を以って為せ」と全中国軍に命令し、日本分割にも反対した蔣介石総統の恩義を忘れてはいけない。

　また、日本兵のシベリア抑留等、歴史的火事場泥棒だった「スターリン」の暴挙も消し去る事はできない。

　今年の12月8日、今世紀最後の12月8日、また、真珠湾へ参詣したいと思っている。

Pearl Harbor VIII
If it had not been for the Attack on Pearl Harbor, Shizuoka-city would not have been bombed.
（2000年2月記）

　その瞬間、賤機山の山頂は静まり返り、私には時計が止まったように感じた。58年の歳月が圧縮されたような気がした。

　それは、1999年10月18日、Mr. Fiskeが大きな体を皆に支えられて、B-29搭乗員の慰霊碑の土台に登りバーボンウイスキーの献酒を始めようとした時の事である。B-29搭乗員遺品の水筒より、バーボンが注がれるのに、ちょっと間があき、そして「カタカタ」と小さな音が聞こえてから献酒が始まった。Mr. Fiskeの手が心なしか震えていて、水筒が石碑に当たっていたようだった。

　思い起こせば真珠湾攻撃50周年のセレモニーで、Mr. Fiskeと前田武海原会名誉会長が劇的な会見をした後Mr. Fiskeに「静岡空襲の慰霊祭」について話したら大変驚いて、「是非日本へ行って、静岡の慰霊碑に参詣したい」と言っていたのが、ようやく実現したのである。満を持しての、千両役者の登場であった。前日、10月17日Mr. Fiske等は土浦での海原会の慰霊祭に参列されて、その直後に、来静されたのである。

　私は残念ながら、土浦の慰霊祭当日は大学同期の友人の葬儀のため、そちらへは参詣出来なかったが、約束通り彼等は、前田さんや零戦搭乗員会岩下邦雄会長、零戦搭乗員会常任理事であり海原会渉外部長でもある吉田次郎さん等と共に、前日土浦より直行された。

　我々には登り慣れた道だが、さすがに年配のMr. Fiske等には難儀な山登りで苦労された。しかし、呼びかけた友人等ボランティアが一生懸命にエスコートしてくれた。

　儀式は友人の僧侶、長谷川伸夫君等の読経、献花、焼香に続いて献酒となったのである。献花はMr. Fiskeが日本の犠牲者の観音像に、前田さんがB-29の碑にと日米クロスして捧げられたが、この時2人の敬礼はピタリと揃っていた。

　いつもの日米合同慰霊祭は、献酒がクライマックスであったが、今回はさらにMr. FiskeのTAPSが、嚠喨（りゅうりょう）と吹奏せられたのである。パールハーバーで響いたTAPSが静岡でも聞かれ、これで真珠湾と静岡が結ばれたのである。

　それは58年前、真珠湾で戦ったMr. Fiskeと前田さん達の儀式だけでなく、太平洋戦争の日米双方の戦没、戦災犠牲者の冥福を祈るセレモニーであった。

Mr. Fiskeと前田氏の敬礼

　また、この日を一番待ち望んでいたであろう平和観音とB-29慰霊碑を建立された伊藤福松さんの御魂も、安心されたと信ずる。

　当日、参列された静岡甲飛会の方々、仏教会、ボランティアの方々も真摯に焼香され、シンプルではあったが、立派な慰霊祭となっ

た。終わって Mr. Fiske が感激して、涙ながらに参列者に謝
辞を述べ、"Friendship Forever" と結んだ。「山登りは大変だ
ったが、それだけに感激も大きかった」と Mr. Fiske の感想
である。

　下山後、今回は静岡市役所へ表敬訪問。小島市長は公務出
張のため不在であったが、米人3名に親善大使の証が送られた。
　良き記念となった事であろう。

　それから日本平へ案内したが、「清水港と富士山」の景色
を喜んでいた。やはり、「富士は日本一の山」である。清水
港の夜景を眺めながらのレセプションで、米側から「しばら
くパールハーバーへ来てくれてないから、そろそろ来てくれ
ないか？」とお誘いがあった。実は夏頃、ハワイからの情報
で、「戦死した日本のパイロットのヘルメットが返還される」
と知らされていて、「その返還式には参列したいと思ってい
たところだ」と話したところ、「是非来てくれ」という事に
なった。

　昨年は慶弔が重なり、目が回るほど忙しかったが、12月8
日が近づくにつれ、諸事何とか処理が出来、機運が盛り上が
ってきた。そして12月6日、成田発のJAL機で出発した。ホ
ノルルで先発組の吉田さん達と合流。千葉県・銚子在住のフ
リーのカメラマン堺敬生さんも同行されたが、専門家だけあ
って、大変に貴重な写真を撮影して下さった。その晩は、先
日来静された人達が歓迎してくれたが、翌日からはタイトス
ケジュールが待っていた。

　1999年12月７日（日本時間12月８日）、早朝よりDe Virgilio
氏の車でArizona visitors centerへ向かう。ハイウェイの丘
（Red hill）から見た払暁のパールハーバーはGordon W.
Prange博士の『トラ、トラ、トラ』の原著『At Dawn We
Slept』の情景であろう。

　Arizona Memorialを対岸に見るVisitor Centerのセレモニ
ー式場はまだ暗かった。段々に夜が明けてきたが、今までと
違ったものがある。１つは、フォード島へ渡る綺麗なブリッ
ジが出来ていて、橋の灯りが整然と輝いている。もう１つは、
我々日本人には、辛い事を思い出させる米戦艦ミズーリであ
る。Arizonaの左側に繋留されているが、写真で見た「戦艦
長門」を見るようで「これぞ、戦艦」という威容を示してい
るが、この艦も既に、歴史の中へ入っているのである。

　モーニング・セレモニーは、空襲が始まった時刻に合わせ
てミッシング・マン・フライトでスタートした。今年は吉田
さんが、海原会渉外部長並びに零戦搭乗員会の常任理事とし
て正式に参列され、献花等の行事に一番手で指名され、第一
級の待遇を受けていた。私のところにも３年前に来日した人
達を始め、話しかけて来る人が多く、着実にフレンドが増え
ていった。もちろん「B-29搭乗員の遺品」は大変な平和の
橋渡し役となっている。

　さらにMr. FiskeとArizona Memorialの参詣、献水等の一
連の行事。 Mr. FiskeはTAPS、そして最後に先日の慰霊祭
の説明をされ、「Dr. Suganoに感謝する」と声涙共に下る挨

拶をされたが、Mr. Fiskeの涙の量が多くなってきたような気がする。

　Mr. Fiskeはこの前後も沢山のマスコミのインタビューを受け、息つく暇もない有様だが、彼の人柄が報道陣から見れば壁を作っていないのだろう。

　これでは午後2時予定のカネオヘ基地の飯田房太中佐（戦時中は大尉で、戦死後に2階級特進）の碑に参詣するのに間に合わないのではないか？　と気をもんでいたが、ようやく出発したところ、イギリスBBCの車が追いかけて来た。「イギリス人はしつこいな！」と苦笑いしたが、飯田中佐の碑に着いたところ、すでに花輪等が飾られている。近くにいた人に聞いたところ、12時頃何人かの人が参詣していった、と言う。

　もしかしたらセレモニーは終わってしまったのかと一同落胆したが、そのうちに日系二世らしき人達が数人集まって来た。ヘルメットを所持していたツカヤマさんの親戚の方だそうで、やはり「2時の予定と聞いている」との事で一安心。後で判明したのだが、連絡の不

飯田房太大尉（1941年12月8日）

備で「真珠湾生存者協会」のアメリカ人が数名12時に訪れていたそうで、その人達も残念がっていた。やはり異国ではコミュニケーションが問題である。

　そうこうしているうちに、ようやくバスで遺族の飯田さん一行が到着したが、数十人の人が降りて来たのには驚いた。仏教、キリスト教その他色々な宗教会の方々が一緒なのである。

　私はこのセレモニーに参加しようと決心した時から、是非「中佐の碑」の前で「般若心経」を読経したいと思っていた。

　話はずっと遡るが、1978年11月に静鉄観光が企画した「ソロモン慰霊ツアー」に加わった。

　台南海軍航空隊（台南空）の坂井三郎中尉、第938航空隊、第582航空隊の方々も参加され、結団式で私が団長にまつり上げられたが、一行の中に陸軍の遺族、ボーゲンビル島でご主人が亡くなられた浜松の金田欣子さんがいた。

　悪戦苦闘の末に辿り着いたボーゲンビル島キエタの第76兵站病院の跡地で慰霊祭の時、戦時中この地にいた第582海軍航空隊（582空）の主計中尉、守屋清さんが「般若心経」を読経して下さった。感極まって泣き出した金田さんを始め参列者には日本のお経が心底より感動を与えてくれた。

　この時から外地でのセレモニーで機会があれば、私は「般若心経」を唱えたいと思っていたし、守屋さんの所属していた「582空」には、飯田中佐の部下であった角田和男中尉（終戦時）が奮戦していた航空隊なのである。これもご縁というものであろう。

　遺族の飯田喜久代さんは飯田大尉の戦死後、お母さんの願

いで飯田家へ入籍し、中佐の親御さんの世話をしながら、資料館を建ててしまったそうで「大和撫子」の鑑とも言うべき人であるが、今の若い日本女性には到底理解出来ない事であろう。

飛行帽(ヘルメット)を返還されたエルフリーダ・塚山さんは、お父さんが空襲当時カネオへ基地で働いていた。その日、お父さんが飛行帽を持ち帰り、「いつか家族に返してあげたい」と言いながら先年亡くなり、彼女はその後教会の仕事をしながら遺族探しを続け、ようやくこの日を迎えたと話して下さった。

真珠湾攻撃当日の部下であった藤田怡与蔵さん（前零戦搭乗員会会長）や、中国戦線で部下であった角田和男さんとは数年前にお逢いしたので飯田中佐のエピソードは直接お聞き

したが、2人とも「部下に尊敬された士官だった」と話されていた。ご両名の執筆された原稿より引用させて頂いて、その一端を紹介したい。

藤田少佐（攻撃当時中尉）は、

「出撃前のミーティングで飯田分隊長は『もし向こうの上空で地上銃撃をやって、燃料タンクを撃たれて帰りの燃料がな

飯田喜久代さんとエルフリーダ・塚山さん

くなったらお前達はどうする』と言われた事があった。皆で
ああでもない、こうでもないと話していると分隊長が『俺は
好目標を見つけ、それに向かって自爆する』と言った。

　今思うと、飯田大尉の『自爆』の決意はこの頃から固まっ
ており、それを実際に決行されたのである。カネオヘ基地を
銃撃し、飯田中隊長から全機集合の合図が送られてきた。集
まって編隊を組むと、中隊長と二番機厚見一飛曹の飛行機の
燃料が尾を引いていた。飯田中隊長が、手先信号で口を指示
し、『燃料がない。自爆する』と合図して来た。その直後、
飯田大尉は艦内待機の時に話していたことを実行するかのよ
うに機首を下げるとカネオヘ基地へ突っ込んで行った」
と書かれているが、これは何回お聞きしても昨日の情景を話
されるように全く同じお話であった。

　また、角田和男さんは

「12月8日、日本が遂に戦争に突入した時、一瞬、大丈夫
だろうかと感じた。何日か過ぎハワイ攻撃の戦死者が発表さ
れた。攻撃隊の戦死者の中に、カネオヘ飛行場を銃撃し、燃
料タンクに被弾、部下を母艦への帰投針路に向け、自らは引
き返して飛行場に自爆された飯田房太大尉の記事が大きく出
ているのを発見して驚いた。

　昭和17年正月に兵員の臨時移動があり、蒼龍から若い搭
乗員が転入して来たので、詳しい戦闘状況等を聞いたところ、
『直接聞いたのではないが、飯田分隊長は攻撃の前日、列機
を集めてこの戦はどのように計算してみても万に一つの勝算
もない。私は生きて祖国の滅亡を見るに忍びない。私は明日、

栄ある開戦の日に被弾したら自爆するが、皆はなるべく長く
生きて国の行方を見守ってもらいたい。と訓示をされたそう
です』との事だった。

　昭和15年、12空在隊当時の事を思い出した。零戦の活躍
により戦果を挙げていたが、飯田大尉は『奥地（重慶）攻撃
で飛行場に全弾命中などと言っているが、重慶に60kg爆弾
一発落とすには、爆弾の製造費、運搬費、飛行機の燃料、搭
乗員の給与、消耗費など諸経費を計算すると約1千円（昭和
15年当時）かかる。相手は飛行場の爆弾の穴を埋めるのに
苦力の労賃50銭で済む。実に2000対1の消耗戦なのだ。こ
んな戦争を続けていたら、日本は今に大変な事になる。早く
何とかしなければならないのだ』と話されていたことが鮮や
かに想い浮かんだ。飯田大尉こそ、私の11年半の海軍生活
の中で唯一人だけ、この人となら、いつ、どこで死んでも悔
いはない、とまで心服していた士官だったのである」
と述べている。

　このような方なのだから、何としてでも、慰霊碑の前で読
経したいとハワイを訪れたのである。

　返還の儀式は、宗教団の祈禱等で始まり、吉田次郎さんが、
零戦搭乗員会の岩下邦雄会長の祭文を日本語と、そして英語
で奏上されて、いよいよ私の番となった。宗教団の中に、真
言宗の池田さんを始めとする僧侶の方々が、先に般若心経を
唱えられた後なので、本職の方々の後ではと、ちょっと逡巡
したが、「やる気で来たのだから」と敢えて読経することに
した。さすがにご住職の方々、素人の「般若心経」に合わせ

て下さり感謝している。一生懸命唱えたのだから、と自己満足だったかも知れないが、一仕事した感じだった。

　それから休む暇もなく再びArizona Visitor Centerへ向かった。午後5時よりサンセット・セレモニーが始まるからである。　12月7日の早朝からずっと続いていた行事の最後のセレモニーである。夕焼けのArizona Memorialを見ながら、厳かなミサが始まり、刻々と夕日が水平線に近づいていく。TAPSが響き渡る頃、夕日は、Ford島、戦艦ミズーリをシルエットとして浮かび上がらせ、その前面の真珠湾の海面に光を反射させながら。

　サンセットが一番美しいのは、マニラ湾あるいはハワイと言われているが、今まさにその夕日を見ながらセレモニーが終わったのである。ArizonaもMissouriも次第に夕闇に包まれていったが、私にはそれが歴史の中へ溶け込んでいくように思えた。

　以前、ブッシュ前大統領は、真珠湾のセレモニーで、「戦争は終わった。それは歴史となった。これからは平和を維持する時代だ」と挨拶した。

　「もし真珠湾攻撃がなかったら、静岡空襲もなかった」のだが、Arizonaに来て感ずることは、当然のことながら、日本人とアメリカ人では全く違った立場である。しかし、いつも我々を冷たい眼で見ているアメリカ人の中に、着実に理解ある人々が増えてきている。我々が訪れることが実績となっている。それは時間が解決しているという事ではない。我々が行動しているからである。

　戦後の日本の歴史は、「戦争は悪い事」の一言で蓋をされているが、本当に問題なのは、「真珠湾攻撃以前」なのである。日本もアメリカも、それ以前に相手国の理解、政治的な交渉が必要だったのである。

　日本の軍部の独走ももちろん反省材料であるが、アメリカ人の中にも、しかも終戦直後のG.H.Qのスタッフの中で自国を批判して本を書いた人がいる。ヘレン・ミアーズ女史がその人で、G.H.Qの諮問機関「労働政策11人委員会」のメンバーであった。この人は1948年『Mirror for Americans : JAPAN』を著した。だが、この本はダグラス・マッカーサーに、日本語の翻訳出版を禁止された。強烈な自国批判が占領政策に支障を来すとされたのである。彼女は、「近代日本は西洋列強がつくり出した鏡であり、そこに映っているのは西洋自身の姿なのだ。　1920年代からパールハーバーに至るまでの日米関係で、アメリカが移住制限と貿易差別といった基本問題を真剣に解決しようとした形跡は全くないのだ。アメリカは日本を裁くほど公正でも潔白でもない」と主張している。さらに、「議会調査委員会の公聴会記録によれば、ルーズベルト政権は、1941年11月3日の段階で『我々が極東で日本を叩けば国民は支持してくれる』という結論に達していた。また、大統領、ハル長官等の会議で、『我々がさしたる損害を受けない範囲で彼等（日本）に第一撃を仕掛けさせる作戦』を論議している」と書かれている。

　さらに、東京裁判でのインドのパール判事の日本無罪論は有名である。

　このような歴史的背景を踏まえ、議論することも必要だが、戦跡の地、激戦地であればある程、まず慰霊が大切である。

　「Remember Pearl Harbor」はアメリカ人ばかりでなく、日本人が忘れてはいけない言葉である。そして、双方「Pearl Harbor never again」を誓わなければならない。

　ミレニアムの今年12月、海原会主催で第二次の慰霊と友好の式典がハワイで行われる。21世紀へ繋ぐ儀式としたいと願っている。

　翌日、ホノルル領事館へ表敬訪問。小川総領事は静岡出身とお聞きしていたが、お会いしてみると静岡高校の後輩で、某俳優に似た好男子である。

　話の合間に、母校の春夏甲子園での活躍が話題になり、「そのうちに甲子園で会いましょう」となってしまった。異国での同郷、同窓の人と会うとこんな会話になってしまう。

　今年の海原会のハワイ訪問計画には、「何かと、お力添えをお願いしたい」と、申し上げて領事館を辞した。

【参考文献】
　1　Gordon W. Prange『At Dawn We Slept.』(『トラ、トラ、トラ』)
　2　名越二荒之助『大東亜戦争の秘話』展転社
　3　藤田怡与蔵『「別冊歴史読本　1990年初夏号」真珠湾攻撃、還らなかった3機の友軍機』
　4　角田和男『零戦特攻』朝日ソノラマ
　5　ヘレン・ミアーズ／伊藤延司訳『アメリカの鏡：日本』メデ

　　ィアファクトリー

　6　『真珠湾攻撃隊』モデルアート、1991年10月号

【注】

※第二次攻撃隊制空隊

　飯田房太

　（P.26参照）

　藤田怡与蔵

　　日本海軍　中尉・操縦　海軍兵学校66期　空母「蒼龍」零式艦
　　上戦闘機　第3中隊　第2小隊　1番機（1941年12月8日当時）

日台親善旅行「昨日の敵は今日の友」　（2000年6月記）

　元零戦搭乗員三上一禧さんと中国空軍の徐吉讓（華江）さんが、空戦58年目の邂逅（かいこう）を果たしてから、既に2年の歳月が流れた。

　その間、徐さんを始め台湾の関係者から再三にわたり訪台のお誘いがあった。ところが、私も三上さんも身内の不幸が重なったり、台湾地震が発生したりして、延び延びになっていた。しかし、答礼として台湾を訪れなければならないと考えていた。そして今年になって、三上さんから「3月下旬に都合はどうか？」との問い合わせがあった。

　ちょうど、3月下旬に台北で「アジア、太平洋腎臓学会」が開催されるので好都合であり、何とかやりくりして3月27日、成田より出発した。

　二人の邂逅の台湾側の仲人、陳亮谷さん（旧高雄航空隊）のお手配で、まず高雄へ直行した。

　着陸直前から、三上さんがソワソワして落ち着かない。興奮を抑え切れない様子で、「久し振りに意中の人に逢うような心境だ」と話していた。徐さんも同様な心境だと見えて、税関の向こうでキョロキョロしていた。

　さすがに、2年前の時のような劇的要素はなかったが、2人の「思い」はお互いに通じた再会であった。

　早速、陳さん、徐さんのご案内で市内見物、本当に久し振りの台湾だが、道が整備されてきたのと、車が多くなったの

を感じた。

　最初に案内されたのが、蓮池潭、昔は綺麗な蓮の花がたくさん咲いたと言われる淡水湖で、シンボルともいえる慈済宮竜虎塔がある。竜の口から入り虎の口から出てくると、今までの悪い事を消してくれるという伝説があるそうで、言われた通りにしたからご利益があると信じている。

　竜頭蛇尾ではないが、建物の竜の彫り物が多いし、とにかく竜は大事にされている。

　さらに関羽を祭った啓明堂とか、高雄孔子廟とか、中国古来の伝説は台湾で生きている。街の中は漢字の看板が非常に多く、忘れかけていた字も見られる。何とか意味はわかるが、案内書と首っ引きで、漢字クイズを楽しむツアーとなった。

　高雄の港を望む萬壽山（麒麟山とも呼ばれている）に英霊を祭った忠烈祠がある。昔は日本の神社だったそうで入口の灯篭には、「昭和16年12月8日建立」と書かれていた。戦時中は、この港にも日本海軍の船が集結していたと思うと、神社の参詣も一生懸命になった。

　翌日は車で台北を目指した。

　台湾の南端から台北まで、ハイウェイとは言いながら、縦断の長旅である。

　まず立ち寄った空軍軍官学校（岡山）の校長である空軍中将任渝生さんが、徐さんの「教え子」であり、ここから各地の空軍基地での熱烈歓迎が始まったのだが、「三上さん」と「徐さん」は「昨日の敵は、今日の友、平和の使者」として

大変なもてなしを受け、我々もご相伴に預かった。ここには、台湾の国産練習機「AT-3自強号」があり、土産に頂いた模型は、私にとっては宝物である。記念品も沢山用意していったのだが、途中で足りなくなりそうで、「残り弾」の心配をしながらツアーを続けた。

　台湾海峡を左側に眺めながらさらに北上し、台南市へ入る。

　ここで立ち寄った祠に「飛虎将軍鎮安堂」とある。日本海軍の祠とお聞きしていたが、「飛虎」とはアメリカのFlying Tigerの事かと疑ったが、これは紛れもなく軍艦旗と共に祭られた「杉浦茂峰少尉」の祠である。参詣の際に頂いたパンフレットをご紹介し、故人の冥福を祈る。

　現地の墓守りの人達に感謝しつつさらに北上した。

　次の訪問地は、北回帰線標塔の近くにある嘉義の空軍基地第455聯隊であった。ここでは面白いエピソードがあって、

「AT-3自強号」の前で。左より、陳さん、筆者、徐さん、任校長、三上さん、ツアー・コンダクター加藤さん（三上さんの姪）、カメラマン神立氏

夏服と冬服の衣替えの時に、ちょっとした議論になった事があったそうである。基地が北回帰線で、南北に分かれるからだと問題になったらしいが、今では統一されているとの事である。「嘉義」の地名で、昭和の初め頃「嘉義農林」という学校が甲子園で活躍し、戦後の日本のプロ野球（職業野球と言った）でも、この学校のOB呉昌征氏等が巨人、阪神等でプレーされたのを思い出し、この学校を見たいと思ったのだが、時間がなく断念した。

　ちなみに、この基地のヘリコプター部隊が、東日本大震災の際は救援活動で大活躍したそうである。

　台北のホテルは、円山大飯店（グランドホテル）で、ここでアジア、太平洋腎臓学会が開催されている。登録料は600ドルと日本の学会よりも高額だが、なかなか盛り沢山の学会で、中国語がわからないのが残念だが、英語が公用語なので、何とか意志は通ずる。

　日本からは、日本医科歯科大の秋葉先生等が「The Great Hanshin Earthquake and chronic dialysis therapy」を発表されていたが、日本人は余り多数の参加ではないようだ。

　だが、渡された資料の中に、台湾の透析医の名簿があり、想像以上に大勢の透析医、透析施設が列記されていた。これも残念ながら時間がなく、各施設の見学が出来なかったが次回は是非見学したいと思っている。

　夜は、サテライト・シンポジウムもあったが、私は三上さん達と、「中華民国空軍総司令陳肇敏上将」主催の晩餐会に招待された。これまた大変な歓迎であったが、残念ながら、

総司令は台湾総統選後の人事異動があるらしくてお見えにならず、「政戦部主任の師國強」さんが主催された。文字通り「国防の要」の人である。本来ならば、三上さんは国賓待遇で招かれたのであるが、選挙後の影響で極力「マスコミ」も制限したとの事で、我々にとっては却ってラッキーであった。

　しかし宴席は盛大で、特に師國強さんとの乾杯のやりとりはオーバーペースで、久し振りに千鳥足で帰る羽目になった。

　そして、ツアー最終日は故宮博物院を訪れた。入口で年齢を問われ、私達は無料となったが、ちょっと得したような、淋しいような複雑な気分であった。

　徐さん、陳さんが案内して中国5000年の歴史を解説して下さったが、ここはもっとじっくり時間をかけて拝観したい所であり、これも次の機会に期待したい。

　中でも翡翠で出来た、翠玉白菜は見事な物であった。しかし、これだけの文化遺産、宝を台北まで運送したエネルギーは敬服の他ない。それも国府軍が、中共軍と戦いながら長駆大陸を転戦し、遂には敗走して最後は台湾海峡を渡り台北まで運んだのだから恐れ入る。敗戦となれば、「命からがら」逃げなければならないのに、これは凄い壮挙だ。中国5000年の文化遺産に対する思い入れがそうさせたのかも知れない。とにかく、感服の一言である。我々だったらこんな事が出来たであろうか？　大変疑問である。

　故宮博物院の帰路、ちょうど革命忠烈祠（日本なら靖国神社）では衛兵交代式の交代時間であったので、整然としたセレモニーを見学出来た。粛然とした雰囲気の中で行われる正

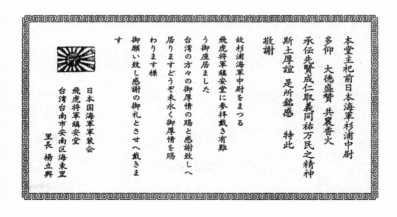

確な機械のような動きは見事であった。

　台北の街はハイウェイの整備も進んでいるが、車の数が多くなった事、特に二輪車、スクーターがものすごく多いのに驚いた。どこからか湧き出てくる感じで、その大群に目が回る有様であった。

　しかし街中に活気が溢れ、平和な独立国家として存在感を誇っている。どこへ行っても、青天白日の青が鮮やかである。

　台湾海峡を隔てて、独立あるいは中国との統一と国際問題になっているが、ここは歴とした独立国家である。

　願わくば、チェチェンのような事態にならず、この国の平和が続く事を念じる。

　また、日本の敗戦時に「怨みに報いるに、徳を以って為せ」と中国全軍に命令した蒋介石総統の言葉も忘れてはならない。

本堂主祀前日本海軍杉浦中尉

多仰　大徳盛賛　共襄香火

承伝先賢成仁取義同祐万民之精神

斯土厚誼　是所銘感　特此

敬謝

故杉浦海軍中尉をまつる

飛虎将軍鎮安堂に参拝戴き有難

う御座居ました

台湾の方々の御厚情の賜と感謝致し〜

居りますどうぞ末永く御厚情を賜

わります様

御願い致し感謝の御礼とさせ〜戴きま

す

日本国海軍軍装会
飛虎将軍鎮安堂
台湾台南市安南区海東里

里長　楊立興

GO FOR BROKE！ 二世部隊59年目の栄誉
（2000年10月記）

　今年の12月予定のハワイでの海原会慰霊祭のスケジュールも大詰めの検討に入ったところ、8月25日から27日まで日系二世部隊（442nd）のメダル授与式があるとの知らせを受けた。日本でいえば勲一等、昔なら金鵄勲章に相当する栄誉である。

　学生時代に、この二世部隊の映画『GO FOR BROKE!』を観たが、日本とアメリカの狭間での苦闘がやっと報われたのだ。今更？　との感もあるが、恐らく最初で最後のことだろう。海原会吉田次郎渉外部長と12月の打ち合わせも兼ねて参上することになった。毎回のことだが、今回も短い滞在なので、観光している暇はない。ハワイを10回も訪れて、ゴルフをやる機会がないのは私だけかも知れないと思いつつも、その通りになった。

　だが、そんなこととは比較にならない感動に浸ってきた今回のツアーであった。

　開戦後59年、ようやく日系二世の人達が表彰されたのである。やっと市民権を得た感すらある。

　3日間の行事の始まりは25日のパンチボウルでのceremonyである。

　二世部隊の世話役、Mr. Katsugo Miho（ホノルル在住の弁護士）ご夫妻に案内されて式場へ向かった。数年前、広島へ参詣されたMr. Katayamaや顔なじみの人々も晴れやかな顔

で列席しているが、今回は全くこの人達が主役なのである。

MEDAL OF HONOR SALUTE BANQUET

Fight!! Fight!! という442ndの隊歌の合唱の後、パンチボウルのMr. Castagnetteの司会で、日系の僧侶の祈禱で始まった式は、次第に荘厳な雰囲気を盛り上げ、21発のroyal saluteが響き、戦死者を含むMedalistの表彰が行われた。紹介者はそれぞれ、米軍のCommanderやAdmiral等、いわばキラ星の将官であり、Private（二等兵）の兵士であっても、それぞれその功績をたたえ、最後に、「His extraordinary heroism and devotion to duty are inkeeping with the highest traditions of military service and reflect great credit on him, his unit, and the United States Army.」と述べられている。

長いceremonyの締めくくりは、やはりTAPSとMissing

Man Flightであり、日没の夕焼けの空に「残された3機」のグラマンF-14が消えていった。

　式後、興奮さめやらぬMiho夫妻と語り合ったが、Mr. Mihoが兵役に服していた時、ご夫妻の「パパ、ママは米本土の収容所に入れられていて、軍服姿で面会に行ったが、とても悲しかった」と当時の思いを感慨深く話されていた。

　このような話は聞いてはいたが、「この日」に聞かされただけに実感が伝わってきた。

　442ndはイタリア戦線に投入され、さらにMr. Mihoの砲兵隊は、激闘の末に、ナチスのユダヤ人収容所で「ダッハウ」（第二のアウシュビッツと言われた所）を解放してしまう。米軍の歩兵部隊が占領する前に解放、占領してしまったのだが、このことは殆ど報道されていなかった。故意に隠されたようだ。

　442ndの大砲は曲射砲で、放物線を描いて弾が飛んでいくのだが、ドイツの88mm砲は直接射撃なので、「すごい激戦だった」と話していた。この88mm砲は強力で、これを装備していた八王子の高射砲連隊が、B-29を数機撃墜したため、以後、東京空襲の飛行ルートが変更されたというエピソードがある。

　ドイツ軍に包囲された米軍の救援に向かった二世部隊は、米兵1人を救出するのに4人の割合で日系兵が戦死したという多大の犠牲を払った部隊が、ようやく「陽の目」を見たのである。

　翌日のワイキキのパレードも、主役は二世部隊であり、米

軍や連合軍は引き立て役である。

　このパレードを見ていた時に、見知らぬ日本人が話しかけてきた。「今日は何のパレードですか？」との質問で、かいつまんで説明したら、「ずいぶん詳しいですね」とさらに興味を持った様子、こちらもその気になって一生懸命説明したら、段々顔つきが変わってきた。昨日からのceremonyに始まった行事で、

　「やっと日系二世の人達が、報われたのですよ」と話したら、突然、彼の両眼から涙が溢れてきた。広島から来た人だというが、涙を拭うのも忘れ、パレードを見ていた。

　二世の人達の苦労も理解されていたようだが、今この晴れ姿を見て、そして戦死した人も表彰されたと聞いて、涙が止まらないという訳である。

　私もちょっと驚いたが、昨今の日本人の中にもこのような人がいるのだと思うと、大変嬉しかった。異国の地で、思わぬ光景を見て感激したのであろうが、これこそ体験の賜物であり、日本国内では見られないことである。

　最後に、「なぜ、日本の総理大臣が靖国神社へ参詣しないのでしょうね？」と彼が言ったが、私としては、先に言われてしまったという感じと、「我が意を得たり」という感動で、ちょっと慌ててしまった。

　私はむしろ、天皇が靖国神社へ公式参詣すべきだと日頃思っているのだが、この日さらにこの思いを強くした。次のスケジュール（領事館やホノルル市庁舎訪問）が迫っていたので、彼とはそれ以上話している時間がなかったが、思わぬ感

動に浸ることができた。

　戦時中、「上官ノ命令ハ朕ガ命令ト心得ヨ」「戦死したら、皆靖国神社へ祀られる」というのは、当時小学生だった我々も教えられていたし、ましてや軍隊ではさらに厳しく叩き込まれていたのである。

　翌27日、Hawaii Convention Center の大ホールで Luncheon Party が開催された。

　パンチボウルでの ceremony をそのまま移したような式典が行われ、最後に日系三世の General、Eric K. Shinzeki（Chief of Staff, U.S.Army）が挨拶された。「私も、一人の soldier である」との speech で始まり、二世部隊 442nd を賛え、「戦争は非常に高い代償を余儀なくされる。平和のための努力、備えが大事である」と述べていた。

　帰路に就く人達は、さすがに老齢の方々ばかりであるが、何かホッとしたような、そして晴れがましい顔つきであった。

　帰路は、夏休みの終盤なので成田直行便が取れず、札幌経由のトランジットとなった。このため、思いがけずミッドウェー諸島を見ることができた。機長が旋回してくれたので、ほとんど真上から見えた。青い珊瑚礁のイースター島の滑走路が見える。隣のサンド島には水上機の基地があったそうだが、これはよく見られなかった。こんな綺麗な小さな島が太平洋戦争のターニング・ポイントとなったとは信じられない。この海域で戦死した日米両国の勇士のことを思うと胸が痛む。

　ミッドウェー海戦の敗因は、多くの戦史に書かれているように、日本海軍の「驕り症候群」であるが、ミッドウェー攻

撃隊からの「第二次攻撃の要あり」との電報で、「敵艦隊攻撃のために半数待機」と厳命されていた攻撃機の魚雷や徹甲弾を陸上攻撃用の兵装に換装させ、その最中に「敵艦隊発見」の報で、慌ててまた魚雷や徹甲弾に再換装していたので、発艦直前の「魔の5分間」に爆撃されたのである。

　敵艦隊発見の電報で航空母艦「飛龍」の山口司令官は「爆装でもかまわぬ。直ちに攻撃隊発進の要あり」との意見を具申したが、無視されてしまった。「巧緻より拙速を尊ぶ」の鉄則が守れなかったのである。

　さらに「アメリカ艦隊発見」と報じたのは、重巡洋艦「利根」の四号機で、この機の発進が故障で遅れたため後手に回ったと書かれている戦史が多いが、その前に敵艦隊の上空を飛行した偵察機があったのである。巡洋艦「筑摩」の一号機（都間信大尉機）である。

　このことは「月刊予科練」平成8年2月号、「ミッドウェー海戦座談会」の中で秦郁彦さんが述べられており、先日NHK「その時歴史が動いた」の放映の中でも、ちょっと触れていた。この2月号の中で、「筑摩一号機は雲が段々多くなったので、面倒臭いので雲の上を飛んだ。あの時雲の下を飛んでいれば、米艦隊を発見できたはずだ（第五索敵コース）。さらに、「途中でドーントレス艦爆と遭遇し、若干空中戦の真似事みたいな事をして、お互いに別れたとの証言を得た」と書かれている。

　そして「運命の5分間」、米雷撃機を我が零戦隊が低空で迎撃している間に、ガラ空きとなった上空から急降下爆撃機

ドーントレスの爆弾で、わずか20分位の間に「赤城」、「加賀」、「蒼龍」は火達磨になり、ただ1隻残った「飛龍」が奮戦し、米空母ヨークタウンを撃破したが、午後5時、集中攻撃され力尽き、パールハーバー攻撃の主力艦隊は潰滅してしまった。南雲艦隊の完敗である。

　以後4年間、日本国民はこんな事を知らされないまま、敗戦の坂道を転げ落ちていったのである。

　私の後席のご婦人が「あれがミッドウェー島ですか？」と言って、深い溜息をついていたが、この人もきっと何か感ずる所があったのだろう。

　歴史を感じたひとときであった。

Pearl Harbor IX
Peace and Friends　20世紀より21世紀へ

（2001年2月記）

　今世紀最後の12月6日、それはまさに歴史的な光景であった。真珠湾の戦艦Missouri号の後甲板で、日米ヴェテラン（退役軍人）友好平和の式典が行われたのである。

　日米両国の国歌演奏に続き、De Vingilio氏の進行で式典が始まった。Arizona記念館長Kathy Billings女史の挨拶は「今日の式典は1991年12月7日の延長線上にある」と歴史的な意義を述べ、日本側から吉野、赤松、吉田の3氏、米側からMr. Fiskeを始め各メンバーのスピーチが終わって、日米のヴェテランの握手が始まった。日本側から海原会のヴェテラン、米側も真珠湾生存者協会のメンバーが主体であったが、これだけの人達の握手の渦は壮観であった。残念ながら私個人は、この日のために長年月レールは敷いてきたが、軍籍のない身なので、いわば参加資格がない。第三者の立場なのである。しかし、何か一種の充実感「良かったな」という気持ちが湧いてきた。同行の一番の理解者、協力者であった女房も同感であったと信ずる。長い年月、慰霊祭あるいは日米の会には何をおいても駆けつける私をサポートしてくれていたから……。

　Kathy館長の「12月7日の延長線上」という言葉がことさら身に染みる。そして、走馬灯のように思い出が甦ってきた。

　この日の原点は、9年前の夏、何回目かのArizona Tourに参加した時である。この年は開戦50周年を控え、それまで

とは違い、アリゾナ・メモリアルは緊張感、我々には圧迫感ともいえる雰囲気に包まれていた。そしてツアー同行の若い女性がちょっと騒いだ時であった。Arizona Visitor Center受付の太った恰幅のよい制服の職員が大声で叫んだ。「グレーヴ、グレーヴ（ここは墓場だ）。ここはパールハーバーだ」と……。

　我々は言葉も出ず、件の女性は震え上がった。余程帰ろうかと思ったが、それも出来ず、映画説明の後、ボートで対岸のArizonaへ向かったが、うっかり立ち上がった私に「そこのジャパニーズ、坐って下さい」と女性の水兵さんに怒られる始末。とにかく日本人はマークされている。「これではいかん」と私は思った。「このまま引き下がる事は出来ない。日本人の悪評を少しでも拭い去るには、行動しなくてはいけない。俺は日本でアメリカ兵の慰霊祭までやっているんだ。この事をアメリカ人に知らせなければならない」と思った。

　静岡では、昭和20年6月のB-29空襲の際の日米双方の犠牲者（B-29、2機が空中衝突）の慰霊祭を施行している。縁があって30年前より私が主催者となっているが、この慰霊祭のクライマックスは墜落B-29搭乗員遺品の水筒による「米軍司令官のバーボンウィスキー献酒」であるので、この水筒を持って真珠湾を訪れようと決心した。

　しかし、これからが大変で、米大使館、Arizona記念館等に交渉したが、スケジュールも参加人員もいっぱいで「貴方の気持ちはわかるが、応じられない」との返事であった。さらに、同行をお願いした日米合同慰霊祭のアメリカ側の共催

者、Howard. M. Voss さんも「ドクター、とてもあなたをエスコート出来ない。今年は危険だから止めた方がよい」とまで言われた。だが、これでかえって私の気持ちは奮い立った。もしかしたら、B-29 塔乗員と日本の犠牲者の慰霊碑を建立された伊藤福松さんの御魂に後押しをされたのかも知れない。また、静岡で戦死した米兵の供養を、戦争の始まった真珠湾で行う事も意義のある事だと考えた。

　最初心配していた妻も私の決心に納得してくれ、とにかく1人でホノルルへ向かった。何も出来なければホテルの一室で祭壇を作り、水筒を祀って拝んでくるだけでもよいと思っていたが、ホノルルへ着いて、ハワイ日蓮宗別院に「ハワイ方面、日本海軍戦死者の霊簿」があるのを知り、とにかく訪れてみた。住職の小川如洋師から、12月7日に慰霊祭を行うと教えられ参列したところ、そこで前田武海原会前会長とお逢いした。これが私と海原会のご縁の始まりであった。

　翌々日、天台宗荒了寛師、本願寺帆足正韻師両師のご助力で、アリゾナ桟橋で「たった一人の慰霊祭」を行った。

　そしてさらに Mr. Fiske 等、米側の人達とも交流が始まったが、50年前に前田機が雷撃した戦艦 West Virginia に Mr. Fiske が乗艦していたと聞き本当に驚いた。また、Mr. Fiske は私の持参した B-29 の水筒にショックを受け、「これをもってアリゾナで日米の戦死者の霊を慰めよう。ハワイへ来る時は、いつもこの水筒を持参して来てくれ」と言われた。そして Mr. Fiske の鎮魂ラッパの後、Arizona 艦上より「献水の儀式」（真珠湾ではアルコールは一切、海へ流してはいけな

い）を行い、これが、ハワイにおける日米合同慰霊祭の原点となった。さらに遡れば、静岡の慰霊祭が源となっている。

　アメリカ人気質は、感情の表現がストレートなためか、Arizona Memorial の職員や参列者の変化は驚く程早く、どんどん好転していった。Mr. Fiske や historian の Mr. Martinez 等が私を紹介してくれるからである。数回、真珠湾を訪問しているうちに、Mr. Fiske や Arizona Hickam 基地の人達から「日本海軍の人達を大勢案内してきて欲しい」との打診があり、海原会の前田武会長や吉田次郎渉外部長と相談して、さらに何回もハワイを訪れ、打ち合わせをして、ようやく1995年第1回の海原会のツアーが実現されたのである。

　今回の Missouri の式場の垂れ幕に「Peace and Friendship」と書かれている。そして、日米両国の国歌の演奏で開式となったのである。

　1991年12月に「たった一人」でホノルルを訪れた時は、何もかも1人の行動で始まり、今日このような式典となるとは夢想だにしなかった。いや、とてもそんな事は考えられない雰囲気だったのである。

　そんな事を考えながら、これでようやく私の役目も済んだのか？　と肩の荷を降ろした気持ちであったが、時が経つにつれて、これで安心してはいけないと思うようになった。Kathy 館長の挨拶にもあったが「Arizona は戦争が始まった記念艦だが、この艦は戦争が終結し、ここから平和が始まった所」である。Missouri は日本人にとって辛い所だと覚悟してきたが、この一言で何かハードルを外してもらったような

Kathy館長の気遣いを感じた。

　私自身、あの式典では第三者の立場であったが、これから の平和を守るのは我々であり、この式典を後世に伝えるのも 我々の役目だと思う。あの式典には大勢の海原会の家族や遺 族も参加していた。また、多数のアメリカ人もいた。これ等 の人達が、誰彼なく平和の誓いの握手を交わしていたら、も っともっと良かったのではないか？

　海原会が団体で今回のようなツアーを行うことはもう困難 であるかも知れない。願わくば、今回の参加者一人一人が多 くの人に語り、聞かせて平和を守る語り部となる事を望む。

　奇しくも、日本文化センターでArizonaのMr. Martinezも 「一人ひとりの歴史、物語が重要なのです。それを多くの人 に語り、あるいは書き留めて後世に伝え平和を守りましょ う」と講演を締め括った。Kathyさんの主旨も同様である。

　おこがましいが、私一人が始めた慰霊祭がここまでの実績 を上げる事が出来だのだから、今回参加された二百数十人の 人達が行動されれば、もっともっと大きな成果が上がると信 ずる。それは数多い日本の「戦友会」の中で唯一つ、日米友好、 国際親善の絆をつくった今日の海原会の存在感が、さらにさ らに意義深く、大きなものになっていくと信じて止まない。

　また、日蓮宗での日米戦没者の供養、カネオヘ基地の飯田 房太中佐の石碑への参拝は例年通りだが、今回初めてマキキ の丘の日本人墓地の中にある「日本海軍戦没者の碑」に参詣 出来た。そして、ここでの慰霊祭は天台宗の荒了寛師の紹介 で、墓守りをして下さっている明治会の方がお世話して下さ

り、松浦玉英師が読経された。異国の中の日本人墓地への参詣も意義ある事であった。

　ともあれ、20世紀の歴史の重大な転機となった地での式典に参加し、この感動を次世代、次世紀に伝えなければならない。

　「世紀末」より「新世紀」に向かって決意を新たにしたツアーであった。

　米戦艦Missouri（ミズーリ）は降伏調印式場に選ばれた戦艦であるが、トルーマン大統領の出身地がミズーリ州である事と、大統領の令嬢マーガレットが本艦の命名に当たったためだと言われている。1945年4月11日、ミズーリの右舷後方より1機の零戦が体当たり。甲板に横たえられた戦死した搭乗員は、ミズーリ艦長の英断で米国国旗に包まれて水葬された。日章旗がなかったためであると説明された。

　戦勝国という事も一因であるかも知れないが、米軍の戦闘記録は、さすがに詳細に記録されている。

　航空機の撃墜記録等は、ガン・カメラで確認したりしているし、対戦した日本機の消息も、戦闘時間より逆算し、進出距離、出撃時刻等で照合している。

　残念ながら日本側の資料、戦果確認が仲々困難であるが、ミズーリ突入の日本機は、ほぼ2機までに絞られてきたとの米側の説明であった。

　防衛庁防衛研修所料室等の資料によれば、4月11日は51機の爆装零戦が出撃している。神風特別攻撃隊第3御盾252

隊（竹下博上飛曹指揮）、第3御盾601隊（平賀左門二飛曹指揮）、第201零戦隊（福地貢少尉指揮）の34機の零戦と、第5建武隊（矢口重寿中尉指揮）の16機の零戦と記録されている。

　では、このうちミズーリに突入したのは誰だったのであろうか。

　最近の「千葉日報」で、第5建武隊（鹿屋基地）石野節雄二飛曹（特乙1期）と石井兼吉二飛曹（丙飛17期）の2人のいずれかではないかと報じられている。共に出撃した指揮官矢口重寿中尉、曽我部隆二飛曹の名前も報じられている。

　戦死搭乗員のライフジャケットの名前や、あるいは認識票等があれば、さらに確認できたであろうが、ともあれMissouriのキャラハン艦長の「水葬」の命令には、心打たれるものがあり、これは神風特別攻撃隊の全戦死者に対する慰霊と受け止めたい。合掌。

　【文献】
　1. 写真集『零戦』光人社。
　2. 『カミカゼ』下巻、K.K. ベストセラーズ。
　3. 『世界の艦船』1999年10月増刊号、海人社。

真珠湾 X
神風特別攻撃隊（2002年6月記）

　"光陰矢の如し"と言うが、1991年12月に「たったひとり」で真珠湾へ慰霊に赴いてから、あっという間に10年経ってしまった。

　そして2001年12月の開戦60周年の慰霊祭には「零戦搭乗員会」の有志、家族等50名のツアーでの参加となった。

　真珠湾攻撃隊の生き残りは本当に少数の方々となり、また高齢のため断念された方もおられたので、最初の計画時よりずいぶん少数での参加となったが、さすがに「零戦搭乗員」という「ネームバリュー」には、米軍も敬意を表していた。

　零戦搭乗員ではなかったが、空母「飛龍」雷撃隊の丸山泰輔（甲種飛行予科訓練生3期）さんや、攻撃当日の艦隊防空の任に当たった原田要（空母「蒼龍」戦闘機隊操縦35期）さんは、ヒルトンホテルで開催されたPearl Harbor Symposiumに出席され、しっかりと意見を述べられ大きな拍手で聴衆に歓迎された。丸山さんは攻撃当日の印象を語り、原田さんは「戦後、平和な世界になるようにと念じ、幼児教育に取り組んでいる」と話されていた。

　ヒッカム飛行場での式典の際に、澤田裕夫さんの特別攻撃隊々員としての体験談には、米海軍のパイロットも驚いていた。澤田さんは甲種飛行予科練習生（＝甲飛）12期の出身で、戦後は航空自衛隊に入隊し空将補まで昇進された方であるが、静岡中学校60期の先輩であり、大変お世話になった。

　神風特別攻撃隊々員としての体験をあまりにも淡々と話されていたので、かえって参列したヒッカム基地の隊員は静まりかえってしまった。彼らがどこまで理解できたかはわからないが深い感動を与えたことは事実で、式典後に米パイロットの1人が「自分たちがSuicide Attackを命じられても絶対に承諾しないが、どうしてそんなことができたのか？」と問いかけてきた。

　「それが日本人の愛国心だ」と答えたら、「philosophyの違いなのかもしれないが、尊敬しなければならない」と語っていた。ペンサコラの空軍基地でも同様なことを話してくれた指揮官がいたことを思い出した。

　"Suicide Attack"を命じられても承諾はしないが、どんな危険な任務でも自分が納得したら突き進む国民性を持っているのである。

　アリゾナ記念館の献水式も例年の如く行ったが、9月11日のニューヨークテロ事件の影響で米軍の施設に入る際のチェックは厳重で、充分に面識のあるつもりであった我々でさえも例外ではなかった。女性でも小さいバッグ類までチェックされ、カメラ等は全部ケースより取り出さなければならない。辛うじてB-29搭乗員遺品の水筒は風呂敷包みでも許可となった。実績がものを言った訳である。そればかりでなく、ビリングス館長自身がエスコートしてくださって、充分時間をかけて献水式ができた。

　報道陣も立ち入り禁止の取材制限等のためボヤいていた。

　私もインタビューでコメントを述べたが、どこの局かわからず放映の確認ができなかった。あまりにも慌ただしかったのである。

　だが、10年前とは比較にならないくらいに、人々の反応は穏やかであった。

　個人的にも大変多くの友人ができたし、旧日本海軍に対しては「昨日の敵は今日の友」としての接し方になってきた。

　Arizona Memorialのキャップをかぶってワイキキ通りを歩いていたら、米海軍のキャップをかぶった数名の退役軍人がサッと敬礼をしてくれたのには驚いた。買い物をしていてもアメリカの店員が「記念館へ行ってきたのか？」と質問するので、「Yes」と答えただけで「Thank you very much」と真顔で応じるようになった。

　明らかに10年前とは違う雰囲気である。このまま友好、平和の時代になることを願ってやまない。

　しかし今回のツアーでの最大の感激は、戦艦「Missouri」再訪の時であった。今回は10名くらいの班に分かれ、それぞれガイドが付いてくれた。

　われわれの班はMasaji Hasebeさんで、大変熱心に説明してくださったが、特に後部右舷の「特攻機突入」のところでは一層熱が入った。突入時の状況は恰も目撃していたような説明であった。

　「激突した時は対空砲火で零戦はボロボロになるくらい撃

たれていて、おそらく搭乗員はすでに死亡していただろう。

衝突のショックで零戦の左翼は海に落ちたらしく、胴体と右翼が反転して『Missouri』の甲板に散らばった。幸か不幸か爆弾は海に落ちてしまったらしく、ガソリンによる火災だけで『Missouri』は沈没を逃れた。

Missouri に突入する零戦。既に左翼の先端は Missouri に衝突している

戦死した零戦搭乗員の遺体も甲板に投げ出されたが、恐るべきことに零戦の13mm機銃が『Missouri』の対空砲を突き刺していた。搭乗員の執念というべきでしょう。

Missouri 右舷の対空砲に突き刺さった零戦の13mm機銃

戦闘中のことで、機体の残骸と共に遺体もそのまま海に投じようとした乗組員

零戦搭乗員遺体の水葬

に対してキャラハン艦長は『丁寧に水葬して戦死者を弔うように』と命じたのです」

　水葬の件は前年に日系二世の方から聴いた説明と同じであったが、13mm機銃のことは改めてショックを感じた。

　また、続いての説明で「星条旗に包まれて行われたと言われてきた水葬は、最近の調査で『Missouriの乗組員が、徹夜で日本海軍の軍艦旗を縫い上げて水葬した』というのが真相らしい。水葬の写真の旗の帯状のものは、日本海軍の軍艦旗の旭光と見たほうが正しいと思います」と語ってくれた。

　私は前回よりも深い感動に包まれた。

　キャラハン艦長の行為は、静岡空襲直後の故伊藤福松さんの行為と全く同じである。

　そしておこがましいが、私が伊藤さんの意志を継いできたことの延長が、何回かのハワイでの慰霊祭、さらには日本海軍の方たちとの慰霊ツアーの橋渡しとなったのであり、これが日米友好親善、平和への一歩であると信じる。

　戦争体験者も年々高齢となり、今後団体での慰霊ツアーは困難かもしれないが、なんとか次世代に伝えたいと念じている。

　特攻機突入の現場から次のポイントに向かうときに、Hasebeさんに「大変感動したが、私も日本で日米合同慰霊祭を行っている」と話したら驚いて、「あなたがDr. Suganoですか？　あなたのことはメールで知っています。『キャラハン艦長の行為は1回だけだったが、Dr. が慰霊祭を毎年行っているということはもっと大切なことだ』と日本人として自慢しています。頑張ってください。お会いできて良かった」

と言われ、こちらの方が驚いた。持参した英文の日米合同慰霊祭の小冊子を渡したら、中の「B-29の水筒」にはさらに驚いたようだった。良い人に会えてよかったと私も思っている。特攻機の搭乗員は、NHK等の報道では神風特別攻撃隊第5建武隊の石野節雄二等飛行兵曹（＝二飛曹）あるいは石井兼吉二飛曹と推測されているが、キャラハン艦長の行為は「日本の神風特別攻撃隊」全戦死者に対する敬意と受け止めたい。

　今回のツアーでレセプションの際、アメリカの方たちから、やはりニューヨークのテロが話題となった。「真珠湾攻撃以来のショックだった」と言う人もいたが、「12月7日では日本海軍は軍事目標だけを攻撃した。しかし9月11日のテロは航空機の乗客を道連れにして民間のビルに突入した。あれはまさに狂信者の悪鬼の仕業だ。真珠湾攻撃とはまったく違う」と話したら、「それはその通りだ。我々も理解している」と同意していた。

記念艦ミズーリ後甲板のモニュメント

萬人 齊 仰爾靈山〔戦争を知らない世代へ〕

（ばんにんひとしくあおぐにれいさん）

（2005年2月記）

「一念具象」

　零戦のエース、坂井三郎中尉の書かれた色紙の中にこの字句があった。生前、坂井さんの謦咳に接しているうちに、この言葉を実感として体験する事が屢々あった。今なら「オーラ」を感じたというところである。そんな中でやはり、一念、念じていた事が実現出来た。

　それは一度は訪れてみたいと思っていた「二百三高地、水師営」への巡礼が実現したことである。

　2004年9月、三笠保存会より、日露開戦百周年の行事の一つとして「大連、旅順方面へのツアー」の御案内を頂いた。仲々一人では行き難い所だと思っていたので、正味2日の大変慌ただしい日程だがまさに念願のツアーである。参加申込みをしたら、ちょうど私で定員となった。

　9月27日、PM1:30、成田発中国南方航空のエアバスA300で出発、2時間30分で大連着、新幹線で静岡から大阪へ行く位の時間である。大連はもちろん初めてなのだが、空港からホテルへ向かう町並は想像していたより綺麗で、道路の両側に高層マンションが立ち並んでいる。以前訪れた方も、すごく整備されて来たと驚いていた。郊外へ行くと、やはり格差を感じる住宅があったが、とにかく市街地は急成長を遂げているようで、人口600万の都市建設を目指しているようだ。ヒルトン大連ホテルは数年前に建設されたらしいが、ゆった

りとした寛げるホテルであった。

　翌日28日、旅順へ向かったが、ツアーガイドは日本語の堪能な中国の賀さんで、仲々の好青年で勉強家であり、解説も随分と気を遣っていただいた。また、三笠保存会常務理事の塚原さんは太平洋戦争中大連に住んでいた方で、私と同年輩、的確な解説をして下さった。

　まず賀さんの解説で始まった。

　「日清戦争で清国が徹底的に負けて、下関条約が締結されましたが、1週間後に三国干渉で、日本は折角租借した遼東半島を返還しました。当時の清国は、賠償金の支払いに苦慮し、ロシアより多額の借金を余儀なくされたので、遼東半島をロシアに租借させてしまいました。

　それで、ロシアはようやく念願の不凍港を手に入れ、巨費を投じて、永久要塞を構築してしまいました。機密保持の為、工事をした清国の工夫を殺害してしまったという噂もありました」

　まず、大連より西に向かった道を左折して、東鶏冠山北堡塁へ向かったが、反対側の村は「元来80軒あった家が、戦

203高地から旅順港内を望む。賛は乃木希典大将筆

禍で5軒しか残らなかったので、五家村（五間房村）と言われるようになった」と説明された。

東鶏冠山堡塁

東鶏冠山要塞の内部

東鶏冠山は、日露戦争当時は禿山だったが、今は中国政府の熱心な緑化運動で樹木が生い茂り、古戦場とは見えなかったが、山頂へ辿り着いてから驚いた。

頂上を越えた所が壕になっている。しかも頂上と思ったのは厚いベトン（コンクリート）で構築された要塞であり、この内側の壕に向って銃眼が開いている。夥しい犠牲を払ってようやく頂上を越した日本兵はこの壕に落ち込み、これらの銃の眼口と、この反対側の奥の陣地からの挟み打ちの銃撃で

ほとんど全滅になった。特に夜襲では地形がわからず、突撃した兵は犠牲が増すばかりであったろう。これでは戦争と言うより殺戮である。

　塚原さんが「当時は飛行機もなく、上から見なければわからない敵陣へ突撃したのだから生きて還れる兵がほとんどいなかったそうです」と解説していたが、今更ながら悲惨さが感じられた。

　この戦闘の実戦記として、桜井忠温中尉（後の少将）の「肉弾」に、筆舌に尽くし難い記録が書かれている。

　この戦記はまさに鬼気迫る描写であり、要塞、古戦場の戦跡に立って、ぐっと身の引き締まる思いがした。そしてふと、明治天皇崩御の大喪当日に自刃した乃木希典司令官が「人間らしい人だったな」と思えた。

　改めて感慨にふける時間もなく、次の目的地「二百三高地」に向かったが、帰り際にこの堡塁の資料館のガイドの老人が「大連商業出身」だと聞き、「大正15年、私の母校静岡中学が、甲子園の野球大会の決勝戦で大連商業に勝って優勝したんだ」と話したら、ちょっと驚いたようだったが、喜んで写真帖にサインしてくれた。塚原さんも「大連商業は野球は強かったですよ」と言っていた。

　二百三高地も、今は植林によって緑の山となり、激戦地だったとは思えないが、途中の駐車場からの登山道は結構険しい。小さな「篭かき」が多勢いて客引き合戦がたけなわだったが、この聖地ではとてもそんな気になれなかった。頂上に

砲弾の型をした鎮魂碑が建っている。これは戦後、この地の砲弾の破片を集めて八幡製鉄で砲弾の型に鋳造し、この地に建立されたとの事である。

　標高203mのこの聖地は、詩人としても名高い乃木大将が「爾の霊の山」として命名された。万感の思いで命名されたであろう。

　さらにここからは旅順港が見渡せるのである。旅順要塞、二百三高地の余りにも犠牲の多い戦況にたまりかねた満州軍司令部の児玉源太郎参謀長[※2]が督戦に訪れた1904年12月5日、この高

二百三高地忠魂碑の前で慰霊

般若心経を読経

地を占領した山頂の砲兵隊の観測将校が、「そこから旅順港は見えるか」と問う所である。歩兵の突撃にくっついて有線電話を引っぱって駆け登った下級将校が「見えます。まる見えであります」と報告した時に、児玉参謀長は二百三高地の山越えに旅順港のロシア艦隊への砲撃命令を発し、二十八糎（28センチ）砲の殷々（いんいん）たる砲声がひびき始めたのである。

　私は出発前から、この地で慰霊を行いたいと思っていたが、幸い一行の中の、僧侶の高井さんが先導して下さり、二人で般若心経を読経した。

　これで、ソロモン群島、真珠湾、サイパン諸島についで古戦場での巡礼をした訳だが、やはり、旅順の戦死者の数は、百年経っても「重さ」を感じさせるものである。

　この日の第三の目的地、水師営の「会見所」は1905年1月5日、「旅順開城約なりて　敵の将軍ステッセル[※3]」が乃木大将と会見した所であり、当時この民家は日本軍の野戦病院、治療所となっていた所である。

　「庭に一本、棗（なつめ）の木」とあるのは「三代目」の木である。

　敵将ステッセル中将は、乃木司令官の二人の子息がこの方面の戦闘で戦死したと聞いて「信じられない」と驚嘆したと言う。

　1日で巡礼するのにはもったいない、もっともっと1か所ずつ時間をかけたいところである。

　翌29日は大連駅から列車で奉天（瀋陽）へ向かう。大連駅へ入るのにも金属探知機でのチェックがあり、要所要所に、

さらには列車内の職員も人民解放軍（？）の制服を着用した男女が居る。国家公務員なのか？　物品販売も制服組である。一応「軟座車（一等車）」とあるが日本の指定席である。

　車窓からは、都市部を離れると一転して見渡す限りの広野であり、住宅は昔風の写真で見る煙突のある建物で、あれが「ペチカ」のある家かな？　と思った。

　途中停車駅は少なく、「大石橋」というやはり古戦場の駅に停車した。これから先が遼陽、沙河と激戦地があるので「近くに行ったら教えて欲しい」と賀さんに尋ねたが、「ガイドのテリトリーが違うし、中国は此等の古戦場はほとんど遺跡も残していないので、よくわかりません」と言う。残念ながら地図でこの辺かな？　と想像するしかない。

水師営の会見所の前で記念撮影

　鞍山の大きな製鉄所を過ぎると、「もう遼陽が近くなりました」と賀さんが教えてくれた。平地の所々にかなり急峻な山がある。写真で見た「首山堡」はあんな地形ではないかなと思った。

　我が静岡34連隊、軍神橘周太大隊長の戦死された所もあんな山地であったと思い、冥福を祈った。私の祖父、憲寛※4（私が生まれた頃は静岡市の医師会長だった）も日露戦争に軍医として従軍し、当時は沙河の戦場に居た。これも大変な激戦地で、「昼夜を分かたず敵味方の弾丸が飛び交い、まともな食事も出来ず、夜になってようやく衛生兵が炊いてくれた飯が異様な味だった。夜が明けてから見たら炊事に使った川の水は血の池だった。負傷兵の手当をしているうちに最前線に出てしまい、ロシア軍の突撃が間近に迫り、死んだふりをして助かった」と聞かされた。この時の奮戦が認められ金鵄勲章を授与されたが、空襲で焼失してしまい、大変残念である。

　祖父も34連隊に勤務していたので、晩年3月10日（奉天陥落の陸軍記念日）には、既に退役していたにもかかわらず、連隊より当番兵が馬を曳いて迎えに来てくれて、大礼服を着た祖父が「馬に跨って兵営に向かった」のを子供心にも記憶している。

　私は小学校が静岡大学の附属小学校だったので、毎朝学校正面の向かい側の静岡34連隊の橘大隊長の銅像に向かって敬礼して登校した。また、進学した静岡中学が空襲で校舎を

焼失し、一時34連隊の兵舎を間借りし、「静岡城内高校」と
なっていた時代があった。

　そんな事を思い出したりしているうちに、奉天に着いたが、
中国は意識的にか「瀋陽」と名称を変更し、市内にも日露戦
争の遺跡は全くないらしい。

　第二次世界大戦（太平洋戦争）後の日本では、歴史の中で
「戦争」は敢えて蓋をされてしまっているので、この機会に
当時の歴史を振り返ってみなければならない。

　そして戦争を知らない世代の人に伝えたい。「四百余州を
こぞる十万余騎の敵」が押し寄せた「元寇※5」以来、日本に敵
対的な大国の支配下に朝鮮半島が入れば、日本を攻撃する格
好の基地となり、島国日本は自国の防衛が困難となる。

　明治時代に朝鮮に宗主権を持っていたのは清朝だったが、
それ以上に恐ろしいのは、不凍港を求めて東アジアに目を向
けていた「ロシア」であった。

　1884年、清は清仏戦争に敗れ、朝貢国ベトナムがフラン
スの支配下に入り、中華秩序崩壊の危機となり、有力な朝貢
国朝鮮を失うまいと日本を仮想敵国とするようになった。日
本は朝鮮の開国後、その近代化を助けたが、朝鮮が自衛力の
ある近代国家になる事は日本の安全にとって重要だった。

　1882年一部朝鮮軍人の閔妃政権に対する暴動（壬午事変）
が発生し、清は大軍を送り、これを鎮圧した。そして1884年、
朝鮮独立党（親日派）の金玉均らのクーデターが起こったが、
この時も清は軍隊を送って鎮圧し、親日派を徹底的に弾圧し

た。金玉均は上海で暗殺されてしまう（甲申事変）。そして
1894年、朝鮮南部に東学党の乱（甲午農民戦争）が起こった。
一時は漢城（後のソウル）に迫る勢いを見せたので、朝鮮は
清に鎮圧のための出兵を求めたが、日本も甲申事変後の清と
の申し合わせに従って軍隊を派遣し、日清両軍が衝突して日
清戦争が始まった。

　この戦争で日本は清に圧勝し、1895年下関条約を結び、
清は朝鮮の独立を認めると共に、遼東半島と台湾等を日本に
割譲した。

　しかし東アジアに野心を持つロシアは、ドイツ、フランス
を誘って、遼東半島を清に返還するように日本に迫った。こ
れが三国干渉である。独力で3国に対抗する力を持たない日
本はやむを得ず遼東半島を手放し、「臥薪嘗胆」国力の充実
に努めた。

　その後、列強諸国は清に群がり、それぞれの租借地を獲得
して中国進出の足がかりを築いた。

　ロシアは遼東半島、フランスは広州湾、ポルトガルはマカ
オ、イギリスは威海衛と九竜半島を租借した。

　日本では国を挙げて3国に対する怨みを抱き、小学校でも
この言葉、臥薪嘗胆を使ってロシアへの復仇を煽った。

　当時の日本政府は、単独で日本を防衛するのは困難と判断
し、大国と同盟を結ぶ以外に生き残る道はないとの議論がな
された。伊藤博文等は親露政策を、小村寿太郎、桂太郎等は親
英政策を主張し、1902年日英同盟が締結された。

　一方、ロシアでも主戦論、反戦論の論争が続いていた。皇

帝ニコライ二世や、クロパトキン陸軍大臣、ラムズドルフ外務大臣等は「朝鮮半島の利権を日本に譲歩しても、満州の地域を支配出来れば戦争を避けるべきだ。国内情勢が悪化する中での日本との戦争は、ロシア帝国に困難をもたらし、利益を得るのは米英だけだと意見は一致していたようだが、海軍担当だったアレクセイ・アレサンドラヴィッチ大公は「朝鮮半島を日本の影響圏に置く事は旅順（不凍港）の存続を脅かし、満州のロシア領と関東州の連絡が絶たれる」と反対していた。アレクセーエフ極東総督等は、自分達が持つ満州の木材伐採権を守るという個人的な問題もあった。

　そしてロシア主戦派にとって僥倖とも言うべき義和団の乱（1900年）が起こった。各国の公使館街も襲撃されたので、関係国8か国が2万人の軍隊を送って鎮圧したが、ロシア軍は満州に居座り、鴨緑江を越えて河口にある龍巌浦に兵営を建設し朝鮮に出兵した。

　日本政府は1904年1月12日ロシアに最終交渉の文書を手交し、ロシアが無視したので2月6日国交断絶し、2月8日仁川沖でロシア艦隊と戦闘状態となった。

　開戦前には、陸軍は遼陽を主戦場と考え、旅順要塞は少数の兵力で包囲孤立させるだけと計画したが、ロシアが4月末に、第二太平洋艦隊（バルチック艦隊）を編成し、7月に出発させると発表したので、5月29日に乃木希典大将を指揮官とする第三軍を新編した。旅順の太平洋艦隊とバルチック艦隊が、日本海軍の連合艦隊を挟み打ちにしようとの作戦なので、その前に旅順艦隊を撃滅させるべく旅順攻略となったの

である。

　しかし、1894年以来の工事で日本側の想像を絶する堅固な永久要塞を構築した旅順に肉弾戦を挑んで大苦戦したのである。ヨーロッパ式の要塞攻略の経験がない日本陸軍の砲弾は榴散弾が主力で、敵兵や馬は殺傷出来るが、ぶ厚いコンクリートは貫通破壊出来ず、いくら砲撃しても効果が少なく、内地から28センチの巨砲を引っ張り出してようやく攻撃体制が出来たのである。

　桜井忠温中尉の実戦記『肉弾』には悲惨を極めた情景が書かれているが、5万数千人の死傷者を出した乃木司令官に対する批判はすごかった。司馬遼太郎氏は『坂の上の雲』で乃木司令官と伊地知幸介参謀長を正面から批判しているが、これに対し最近出版された『「坂の上の雲」ではわからない旅順攻防戦』では「司馬の乃木批判は誤りだ」と書かれている。

　批判、反論は言論の自由である、と言いたいのかも知れない。

　だが、少なくとも『肉弾』を読んで、しかも彼の旅順要塞の戦跡を見た者は、司馬遼太郎氏の書に共鳴せざるを得ないであろう。

　棟田博氏は『日露戦争』（新人物往来社）の中で、旅順戦に参加した善通寺師団の大隊長、志岐守治氏（後の大将）が「余りにも戦死者が多いので、乃木司令官が自決するかも知れないとの噂に、兵隊達は『切腹でもなさるなら、どうぞ』という雰囲気であった」と口述したと書かれている。

　反面、桜井中尉は別の手記で「乃木大将が野戦病院を訪れ、傷病兵の一人一人に顔を近づけて『ご苦労、よくやってくれ

た。よくやってくれた』と振り絞るように声をかけ、副官に
持たせたバケツからとった氷のかけらを、一人一人口に入れ
てやる。私もその氷の一片を貰った一人であった。負傷兵達
は涙を流し乃木さんを仰ぎ見ながら、乃木さんのもとで死な
ん事を思わざるものはなかった」と書かれて、温情家の乃木
大将の一面を描いている。また、棟田氏は「戦後10年経っ
て桜井忠温氏は旅順要塞へ愛妻を伴って訪れ、一面に咲いて
いる野菊を指して『これは乃木苦と書くんだよ』と話された。
その夜宿舎の主人に『二百三高地の石を割ったら血が流れ出
た』という話を聞いて、終夜枕を涙で濡らした」と書かれて
いる。それほどすさまじい戦場であった。

　このような古戦場があるので、ツアーガイドを始め大連旅
順の人達の対応も良く、意義あるツアーであった。

　しかし奉天は、全く日露戦争の戦跡はなく、「故宮」や、
特急アジア号が展示されている「鉄道博物館」見学の後で案
内されたのは、抗日・反日教育の「日本の侵略の歴史、柳条
湖事件」の資料館であった。

　日露戦争後、日本は満州南部の関東州を租借し、ロシアか
ら南満州鉄道の営業権を譲り受け、昭和初期には20万人の
日本人が住んでいた。その警備に日本軍（関東軍）が駐屯し
ていたが、排日運動も激しくなり、張作霖爆殺事件や、
1931年（9月18日）奉天郊外の柳条湖の鉄道爆破（柳条湖
事件）等をきっかけに満州沿線都市を占領した。これが満州
事変の始まりである。中国側は、これは関東軍が仕組んだも
のとしているが、さらに関東軍は日本政府や軍部中央の不拡

大の方針に反し、やがて清朝最後の皇帝、溥儀を満州国皇帝として建国を宣言した（1934年）。

そして1933年、日本は国際連盟脱退。 1937年7月7日盧溝橋事件が起こり、これも双方が相手が発砲したからだと主張しているが、同年8月に上海で日本人将兵が射殺される事件が起こり支那事変、日中戦争へと突入してしまった。

中国大陸の戦争は泥沼化し、1940年、立憲民政党の斎藤隆夫代議士が帝国議会で、「この戦争の目的は何か？」と質問したが、政府は十分に答える事が出来なかった。

また、コミンテルンに利用された中国共産党と国民党とが絡み合って、より複雑な情勢になってしまった。

日本はヨーロッパでのドイツの勝利に刺激され、1940年日独伊三国同盟を締結したが、これは米英の反発を招き、ABCD包囲陣による石油禁輸等の経済封鎖が始まった。

当時の近衛首相等も和解の道を探ったのだが、外交のボタンの掛け違いが重なり、第二次世界大戦に突入してしまった。

初代国連大使の加瀬俊一氏が著書の中に、「開戦を招いた誤訳だらけの日米外交」と書かれた一文がある。

「広田弘毅外務大臣の時に、サー・フレデリック・リース＝ロスというイギリス政府の経済代表が日本にやって来た。当時中国の通貨が下落し放っておくと中国は破産してしまう。日本もイギリスも多額の借款を中国に与えているのが駄目になってしまう。それで広田外相に『日本が満州以外に軍事行動を拡張しないという態度をはっきりさせるならば、イギリスが間に入って、満州国を承認させる』と提案した。広田外

相も日英合作をすすめたかったが、軍に反英気分が漲っており、日英合作は結局出来なかった」と書かれている。

　また別の書に、ハル・ノートの「日本は支那から撤兵せよ」という文の「China」には、満州は含まれていなかったと書かれていて、それを聞いた当時の軍の高官が「それが本当なら、日米戦は避けられたのに‼」と慨嘆したと書かれている。

　不幸にして戦場となってしまった中国での反日感情も致し方ないが、日本も大変な額の賠償（ODA等）に応じているのであり、「これ以上、謝罪する必要はない」と書かれている中国人、馬立誠氏の本もある。二百三高地の古老のガイドも「日本の人達（人民）は悪くない。悪かったのは偉い人、威張っていた人達だ」と話していた。東京裁判の批判の書も多数あるがヘレン・ミアーズ女史の一文を紹介したい。

　太平洋戦争終戦直後、GHQの「労働政策委員」のメンバーであった「ヘレン・ミアーズ女史」は「アメリカは日本を裁くほど公正でも潔白でもなかった」と、彼女の著書『アメリカの鏡・日本』の中で次のように書いている。

　（抜粋）

「日本は韓国の独立という実にもっともな動機から中国そしてロシアと戦った。日本は、当時の国際慣行を律儀に守り、それにうながされて行動した。1910年日本が韓国を併合したのは新皇帝が『請願』したからだ。列強の帝国建設は、ほとんどの場合、日本の韓国併合ほど『合法的』な手続きを踏んでいなかった。

　英米二大国が1931年に満州事変に懸念を表明した時、同時に治外法権を返していたら、不平等条件を放棄し自国の艦船と軍隊を撤退させていたら、満州事変を侵略であると厳しく断じる事が出来ただろう。

　日本は合法的条約体制のもとで、民主主義諸国と分け合う『特権』に助けられて、1931年から1935年にかけ満州と中国に進出した。

　ひとたび日華事変が火を噴くと日本は東部の海岸地域を奪取し、蔣介石政権を重慶に追いやった。1940年4月、日本は汪精衛（汪兆銘）を南京に担ぎ出し同年11月汪政権を『中央政府』として承認した。

　米国政府は蔣介石に多額の借款を与えるだけでなく日本に厳しい経済制裁をちらつかせ日華事変に参画していた。

　日本が枢軸国同盟に加盟した理由は、まぎれもなくソ連の脅威だった。

　日本は日華事変を終結させ、一応の安定に復帰するために絶えず蔣介石に働きかけていたが、戦争の終結条件を決めているのが中国でなく、大国である以上、日本は行くところまで行くしかなかった。アメリカとイギリスは日本が莫大な財政的損失を出し、アジアの前で威信を失うまで戦争を続けさせる考えだった。

　1941年7月、アメリカ、イギリス、中国、オランダは協同で日本資産を凍結し、貿易関係を全面的に中断した（A、B、C、D包囲陣）。

　日本は戦うか、三国の条件を呑んで小国に身を落とすかの

決断を迫られることになった。日本の近衛内閣は総辞職し、東條英機陸軍大将が首相となり、凍結措置は戦争行為であると無造作に言い放ち、パールハーバーと、シンガポール攻撃となった。そして戦争を正当化する法的擬制な『大東亜の解放』であった。アジア、太平洋の植民地には、経済的支配からの政治的独立と自由への渇望がくすぶっていた。日本は現地住民に独立を約束し、1935年、満州での治外法権を放棄し、1940年には中国に正式に約束し、1943年には中国政府に租借地を返している。　1943年にフィリピン独立、1943年ビルマが独立した。

　ヨーロッパのアジア『領有者』達は、日本軍から逃げたのでなく現地住民の敵意から逃げたのであり、私達が『解放戦争』と呼んでいたものは、実はヨーロッパによるアジアの再征服だったのである。

　確かに西洋列強は最終的に特権的地位を放棄した。しかし彼等が放棄したのは、止むを得ず明け渡したものだけである。

　1920年代からパールハーバーに至るまでの日米関係についても、アメリカが移住制限と貿易差別といった基本問題を真剣に解決しようとした形跡はまったくない。とくに、パールハーバー前夜の重大な時機に、日米交渉で、アメリカがとった態度は、終始言い逃れと、法的擬制だった。

　強者による弱者の懲罰は、自らの支配体制を維持しようとする大国の我欲でしかない。」

　この本で、ミアーズが言おうとしていることは、「近代日本は西洋列強がつくり出した鏡であり、そこに映っているの

は欧米自身の姿なのだ。つまり近代日本の犯罪は、それを裁こうとしている連合国の犯罪である」との主旨である。1949年ダグラス・マッカーサーは「占領が終らなければ、日本人は、この本を日本語で読む事は出来ない」と翻訳を許可しなかった。

だが、もう一つ避けられない問題は「靖国神社の合祀問題」である。私はいつも「分祀論」を主張しているのだが、中国や外国に言われたからといって主張しているのではない。

小泉首相は珍しく政治改革に取り組み、その影響で医療問題も改悪されてしまったが、大局的に見れば「諸悪の根源である公共事業」の縮小や「構造改革」を進めているし、昨年までは「靖国参詣」も実行しているが、今一つ、意を決しなければいけないのは「分祀問題」である。

東京裁判がA級戦犯を断罪したが、私は、「勝者が敗者を裁く国際裁判は決して公平ではない」と信ずる。現実にインドのパール判事は「日本無罪論」を唱えていた。

国際裁判は歴史の中でもっと論ずるべきであるが、東條英機を始めとする1941年12月8日当時の日本の指導者達は、日本の国民に対し、ミスリードした事は紛れもない事実である。真珠湾攻撃当時に既にドイツはモスクワ攻略に失敗し退却を余儀なくされていたのに、日本は泥沼の戦争に突入してしまったのである。

しかし、心ならずも戦場にかり出され戦死した英霊は、靖国神社に祀られると教育され、それを信じ、また生き残りの戦友や遺族の方々は「靖国神社」に参詣しているのである。

私は総理大臣はもちろん、天皇陛下が靖国神社へ参詣すべきであると信じている。

「天皇陛下、万歳」と言って英霊は戦死したのであるから、それが当然である。

一方、戦場へ駆り出した、ミスリードした人達は、千鳥ケ淵の「無名戦士の墓」に祀るべきである。これが「分祀」である。

そして小泉総理は諸外国に明確に説明すべきである。

ドイツは、アドルフ・ヒトラーを否定したから国際社会に復帰しているのである。

この事はツアーガイドの賀さんに

「靖国」と政治　○○1

A級戦犯合祀

個性派宮司が断行

27年前、東京裁判否定狙い

毎日新聞（2005年7月12日）

も話したのだが、真面目な彼は理解してくれたようであった。その輪をもっともっと広げたいと思う。

　さらに一言、加瀬俊一氏の書に「第1回のアジア、アフリカ会議（バンドン）でスカルノを始めとする第三世界のリーダーが『日本が第二次世界大戦を戦ってくれたお蔭で、西洋の植民地支配から独立する事が出来た』と感謝された」と書かれているのを紹介して、次世代に伝えたい。

【注】

※1　日露戦争に勝利し独立を守った誇りの象徴として神奈川県横須賀に保存されている記念艦「三笠」を管理し、明治の先達の気概と献身を語り継ぐために設立された公益財団法人。

※2　陸軍大将。参謀本部次長のまま満州軍総参謀長になった。
　　児玉大将の部下に、井口省吾少将が居り、熱海市医師会長の小坂博先生の祖父で、後に静岡県出身の只一人の陸軍大将となった。

　　井口少将はドイツ留学の体験から旅順攻略作戦に関して、陸軍士官学校同期の伊地知と真っ向から衝突した。少将は旅順攻略の方法を、主攻撃は迂回による奇襲と主張して居り、正面攻撃の危険性に気づいていたからだ。

※3　「旅順開城約なりて敵の将軍ステッセル

井口省吾大将

　　　　　乃木大将と会見の　所はいずこ水師宮」佐々木信綱作

※４　陸軍軍医少佐。退役時は衛戍病院（陸軍病院）院長であった。
　　祖父の出征時に父が生れたので「この戦争は勝たなければならない」と「勝也」と命名され、私は祖父の「寛」と父の「也」を貰って、「寛也」となったので、日露戦争については、ずっと話を聞かされていた。父と私の字をとって、私の長男に「勝寛」と命名したのも我が家に歴史を伝えたいからである。

祖父・菅野憲寛

※５　「四百余州をこぞる十万余騎の敵
　　　　　国難ここにみる、弘安四年夏の頃
　　　　なんぞ恐れん　我に鎌倉男児あり
　　　　　正義武断の名　一喝して世に示す」永井建子作

【参考図書】
『坂の上の雲』司馬遼太郎、文藝春秋
『肉弾』櫻井忠温、明元社
『日露戦争』三野正洋、新人物往来社
『図説日露戦争』平塚柾緒、河出書房新社

『あの時「昭和」が変わった　一〇一歳、最後の証言』加瀬俊一、
　　光文社
『乃木希典』福田和也、文藝春秋
『日露戦争名将伝　人物で読む「激闘の軌跡」』柘植久慶、PHP文庫
『井口省吾伝』波多野勝、現代資料出版
『アメリカの鏡・日本』ヘレン・ミアーズ／伊藤延司訳、メディア
　　ファクトリー
『新しい歴史教科書　市販本』西尾幹二、扶桑社
『日露戦争が変えた世界史　「サムライ」日本の一世紀』平間洋一、
　　芙蓉書房出版
『日本はもう中国に謝罪しなくていい』馬立誠／箭子喜美江訳、文
　　藝春秋

【参考資料】
旅順ロシア陸軍の損害
　　当初兵力　４万4277名
　　健康者　１万2775名（30％）
　　（この間南山の第４師団残存兵力後退加入）
　　傷病者　１万9665名（45％）
　　陥落時総兵力　４万3231名
　　戦死者　１万791名（25％）
日本第三軍の損害
　　投入兵力（推定）10万名
　　傷病者　４万4008名（44％）
　　戦死者　１万5400名（15％）

皇国興廃在此一戦　各員一層奮励努力
日本海海戦100周年洋上追悼式　　（2005年10月記）

　私は大変幸運に恵まれた者かもしれない。今までの人生が、決して順風満帆だったという訳ではなく、むしろ我ながら激動の中に在ったものだと思うが、何故か色々な所で、歴史的な100周年の行事に参加出来ている。特に、小学校、中・高校、大学と100年行事の時に色々な役目を仰せつかっている。静岡高校に至っては100周年、さらに昨年の125周年の行事に委員の一人として参加出来た。

　そして昨年は、日露戦争開戦100周年のため、旅順、二百三高地へと巡礼する機会に恵まれ、今年は日本海海戦100周年であるが、なんと日本海対馬沖への洋上追悼式に参列させて頂いた。「天気晴朗ナレドモ、波高キ」海の古戦場である。参加申し込みしてから数か月、期待と緊張が日毎に高まって来た。少々無理かとも思ったが、何と言っても、5月27日は結婚記念日でもあるので、強引に家内を同伴した。

　まず5月27日、記念艦三笠の公園で「日本海海戦100周年記念式典」が挙行された。日露両国国歌吹奏、戦没者に対する黙禱の後、来賓の御挨拶となった。

　特に、中曽根元総理大臣と、ロシアのガルーチン公使のスピーチは見事なものであった。

　中曽根元総理は、矍鑠とは、かくあるべき方の表現かなと思わせるように、力強く次のように挨拶された。

　「日本海海戦100周年、おめでとう。5月27日は私の誕生

日でもあり、いつもこの日に皆からおめでとうと言われて来ました。その日に100周年の式典が、三笠の前で行われるのは誠に意義のある事であります。この日は、日露両国の歴史の分水嶺であります。日本は当時、挙国一致、死に物狂いでの結束が負けなかった原因であると言われております。

　ロシアは、必ずしも内政が安定しておらずレーニンが台頭

追悼式チケット（上）と参列者に配られたバッジプレート（下）

5月24日東郷元帥像の前で。三笠の前部マストの右側に「Z旗」が掲っている

会場にて祝辞を述べる記念大会名誉会長・中曽根元首相

したり、ウィッテという立派な政治家が追放されまた再任されたりするように政治が安定していませんでした。

　日本海軍は、優秀な軍艦を積極的に外国より求め、猛訓練により、『百発一中の砲より一発必中の砲』が強い事を実証し、軍艦の運動性、スピードも優れ、下瀬火薬等砲弾の威力も凄かったのです。

　ロシアは領土拡張政策が戦争の目的でしたが、日本は、皇国の危機に立たされ、必死の努力で戦った戦争でした。そして、この海戦でロシアの38隻の軍艦はほとんど撃沈され4,500名が戦死して、6,000名が捕虜となったが、日本海軍は3隻の小さなモーターボートのような水雷艇が沈没しただけでした。

　特に天佑を保持していたと言われていますが、その後、大勝利をおさめた事からやや驕慢となり、その結果、大東亜戦争まで招いてしまいました。しかし日露戦争の結果、植民地の国の青年が、有色人種でも白人に勝てるという確信を持って、その後の大きな独立運動の精神的根拠の一つになったと思います。

　私自身も、スカルノ、ネール、ナセル等のアジアの指導者に逢った時に、『日本がロシアに勝った話を聞いた時程勇気を与えられ、希望を持った時はなかった』と直接私に言って下さったものであります。

　その後、日本は大隈内閣が、1915年、対中国21ケ条の要求を突きつけたりして、ヨーロッパの帝国主義同様に植民地政策をとる国と見られるようになり、抗日の原点となりまし

た。

　もう一つは太平洋の向こうに『強い海軍が生まれた』と警戒する国、アメリカが現れ、『日本が中国に野心を持っている』と中国保全を理由に日英同盟の廃止を迫って来ました。

　日本がロシアに勝ったのは、日英同盟が大きな原因の一つであったのと、アメリカが応援してくれ、ルーズベルト大統領が講和を促進してくれて、ポーツマス会議となりました。しかし、中国問題を中心にアメリカとの対立を生じて、日英同盟を廃止され、満州国建設となり、国際連盟を脱退し孤立しました。

　そして軍も民も必ずしも喜ばなかったけれど、大東亜戦争に引き込まれてしまったのです。

　しかし、大東亜戦争、第二次世界大戦を機に、植民地が皆独立した事実は否定出来ません。

　戦後、日本はアメリカ軍の占領政策に従順に従って、萎縮した政策を続けたが、各国と国交を回復しました。しかし、連立内閣になって日本の政治は漂流したと私は思っています。

　その後冷戦が終わってから、世界はナショナリズムが猛然と沸き起こり、アメリカあるいはロシアに頼らずとも自分達で立ち上がろうという動きが世界的に勃発しました。

　日本は10年位、漂流したけれど、最近ようやく自分達の主体的な力を持って国を興し、もう一回発展させようという機運が出て来ました。憲法改正問題でも20 〜 30歳の若い人達にも支持者が増えつつありますが、むしろ60 〜 70歳代の

老人に消極的な人が多く、戦争のトラウマを持っている老人層がかなりおります。しかし、そういう老人が、日本の前途を見つめている、動き出しているという事は大きな喜びであります。

　この日本海海戦100年目にあたって、もう一度我々は日本を回復し、平和国家として世界に貢献する国に致します。我々の努力を見て下さいと、日本海海戦に努力した先輩に対して、心に誓いたいと思うのであります」（私の撮影した8mmフィルムより収録）

と述べられた。

　続いてロシア公使は

「尊敬する中曽根名誉会長、ご列席の皆様、私はガルーチン公使でございます。この式典にご招待されまして感謝申し上げます。100年前、ロシアと日本が日本海で激しい戦いをした歴史がありましたが、ただ一つ、消す事の出来ない事実はロシアと日本の5,000人の将兵が戦没した事であります。歴史からの教訓を引き出し、次世代に伝える事が大事であり、日本海の波は100年経った今も、ロシアの極東の海岸と日本の海岸に打ち寄せております。

　そして幸いにも日露両国は、日本海を対決の海でなく、友好協力と親善の海にしなければならないというただ一つの正しい選択を致しました。

　ロシアの改革は、民主主義国家となり、市場経済自由の権利の国造りの国となって参りました。日本とロシアは、同じ価値観を持つに至りました。

　今年は、色々な歴史的な記念日を迎えていて、日露修好条約から150周年の記念日もあり、日露パートナーシップを築き上げるために積極的な努力をしている所であります。

　貿易高も90億ドルと、記録的な水準に達し、政治対話が行われ、5月9日、小泉総理大臣がロシアを訪問され、プーチン大統領と会談されました。

　日露防衛交流も活発に行われ、7月にはサンクトペテルブルグに日本の海上自衛隊の練習艦隊が親善訪問される予定になっており、楽しみにしております。

　現在の難しい世界情勢の中で両国は、同じ国連の一員として国際テロに対処し、大量破壊兵器拡散防止等に力を尽くしております。日露両国は百年前に比べ、抜本的に変わって来た事と喜んでおります。

　あの戦争をふり返ってみると、人間は人間としてあり続けた事が判ると思います。

　捕虜に対して、人道的な態度、待遇が行われた事をロシア人は忘れてはおりません。

　ロシア人の墓地を整備、維持されている事に感謝を申し上げます。

　終わりに臨みまして、本日誕生日を迎えられた中曽根先生にお祝いを申し上げると共に、ご列席の皆様のご多幸、ご活躍をお祈りしてご挨拶と致します」

と流暢な日本語で、しかも原稿なしで語られた。昨今の日本人よりも立派な日本語である。外交官たる者、この位に「外国語」が話せなければ対外交渉など出来ないであろう。さす

がと言わざるを得ない。

　式典終了後、横須賀プリンスホテルでレセプションが開催されたが、600人の参加者で会場は熱気に包まれていた。

　横須賀市長が「日露戦争後、東郷司令長官が『横須賀にドックを作られた小栗上野介のお蔭で、連合艦隊の艦船の修理が出来て、日本海海戦の勝利に貢献するところ、大なるものがあった』と横須賀ドックに謝辞を述べられた。横須賀市長として大変誇りに思っております」と挨拶された。

　式典途中で、洋上追悼式の参加者は中座し横浜ベイブリッジを通り、羽田空港に直行し、福岡空港へフライトした。

　翌日5月28日午前10時博多港より、護衛艦「ひえい」に乗艦し、対馬沖を目指した。左舷に玄界島を望見したが、地震の傷跡が見てとれた。湾外に出ると日本海のうねりが見られたが、さすが5000トンの艦はほとんど動揺を感じない。

　当日の来賓の一人、国会議員の大石尚子さんは、秋山眞之先任参謀のお孫さんで、以前から「三笠」でお逢いしていたが、司馬遼太郎さんの書かれた本に「秋山提督が大変『豆好き』で、いつも煎り豆をポケットに忍ばせて食べていた」と書かれていたので、時々、浅間神社の豆撒きの『福豆』を差し上げていたのだが、今回も「ご供物として日本海に撒いて下さい」とお願いしたところ、「公害にならないかしら？」と心配されていた。しかし追悼式では、他のご供物と一緒に「ひえい」の舷側より日本海に見事に撒かれていた。

　そして海上自衛隊の儀杖隊の弔銃の号砲が響き渡った。

　海上自衛隊隊員の白服は、日本海軍の二種軍装の伝統を引

き継いだものと思うが、厳粛な雰囲気を醸し出している。

　静岡市立病院の名誉院長、長谷川豊男先生の、駆逐艦「文月」の軍医長時代のエピソードを思い出した。私が市立病院に勤務していた時に聞かせて頂いたもので、南太平洋の海戦で先頭艦「巻波」が爆撃されて軍医長が倒れ、「文月」に救援要請があった時、これが最後になるかも知れぬと「真っ白な軍服に着替え巻波に乗り移ったら、乗組員に『軍医長が神様に見えた』と言われた」との武勇伝である。

洋上追悼式の先導艦「ひえい」

　追悼式、慰霊祭では威儀を正す事が必要であると思うが、当日、1人の国会議員がワイシャツ姿で参列しており、省エネスタイルであろうが、何かそぐわない雰囲気であった。

　また、長谷川先生より、日本海海戦当時の「三笠」の安保砲術長

ひえい艦にて。後方の艦は二番艦「きりさめ」

が、晩年静岡に在住されていたとお聞きしたが、今となっては御存命のうちにお目にかかれなかったのが残念である。私の両親の仲人は、軍艦「秋津洲」艦長の森本大佐であったと聴いているが、この方は戦争中、静岡県の瀬名に住んでおられ、「艦が撃沈されても無駄に命を落とさず、救助されたら再度お国のために働けと部下に諭していた」と言われていたが、「七生報国」という事であろう。

　前日5月27日、ガルーチン・ロシア公使の「100年経った今、日露両国の海岸に押し寄せる日本海の波は、当時と変わっていない。今や、この海は平和の海である」との演説が思い出された。歴史を知らなければ、また教えられなければ、このような事はわからない‼

　だから正しい歴史を後世に伝えなければならない。

　ロシアの南進政策に元寇以来の危機感をつのらせて戦った日本であったが、1904年の二百三高地陥落後、ロシアの旅順艦隊が壊滅し、連合艦隊は鋭意、艦船の修理と鎮海湾での猛烈な射撃訓練に明け暮れた。ロシア本国から来航するバルチック艦隊との決戦に備えるためである。

　日本海軍は大口径主砲の摩耗を防ぐために、内膅砲射撃（大砲の中に、小銃を組み入れて照準する）での訓練で、特に「三笠」ではわずか1週間で1年分の弾薬を消耗し、さらに補充を求めていた。

　また、東郷平八郎司令長官は前年の黄海海戦の戦訓を生かして、苦汁をなめた当時の加藤寛治「三笠」砲術長の立案に

より「一艦砲火の指揮は、艦橋に於いて掌握し、射距離は艦橋により号令し、各砲台に於いて修正せざる事」と命令し、集中射撃に徹した。これにより命中率は格段に上昇し、ロシア側の何倍もの戦力になり、日本海海戦の勝利の一因となっている。

1905年5月27日未明、仮装巡洋艦「信濃丸」が203海域でロシアの病院船の灯火発見により敵艦隊の真っ只中に入ってしまい、必死の思いで敵艦隊発見を打電した。

この時の発信電報は、ロシアの「R」で、私達が戦時中習ったモールス信号では「－　—　－」と発信され、発見海域の「203」も打電されていた。偶然だが、旅順攻防の激戦地「二百三（203）高地」と全く同じ数字である。

信濃丸からの電信を受け、東郷司令長官は暗号交じりの電報を大本営に打電した。

「アテヨイカヌミユトノケイホウニセッシ、ノレツヲハイタダチニヨシス。コレヲワケフウメルセントス」これが有名な「敵艦隊見ユトノ警報ニ接シ、連合艦隊ハ、直チニ出動、之ヲ撃滅セントス」との電報である。

100年後の追悼式でも「靄」がかかっていたが、1905年5月27日も同様であったと思われる。さらにこの電文に、秋山先任参謀は「本日天気晴朗ナレドモ、波高シ」との一文をつけ加えている。これは当日の天気予報に中央気象台の岡田武松予報官が「波高カルベシ」と報じていたのを秋山参謀が活用されたものである。この「波高シ」が当日の日本海軍の勝利を予言されたものと評価されている。波高き日本海の戦

闘で猛訓練を積んだ日本海軍連合艦隊は日頃の鍛錬の成果を発揮したが、バルチック艦隊にとっては不慣れなうねりの中での海戦となった。

　フランス式のタンブル型と称されるロシア艦は復元力も弱く、また乾舷も低く、破損孔からの高波の浸水を防げなかった。

　第一合戦の対馬沖は、日本側ばかりでなくロシア側にもピタリと予測した士官もいた。

　午後1時50分、「三笠」は、マストに「Ｚ旗」※2を掲げ「皇国ノ興廃、此ノ一戦ニ在リ、各員一層奮励努力セヨ」と戦意を高揚させたが、これはちょうど100年前のトラファルガー海戦のネルソン提督の故事にならったものとされている。

　戦闘直前に、日本の駆逐艦隊が、バルチック艦隊の針路（北23度東）を確認のため前面を横切ったので、ロジェストヴェンスキー長官は、第一戦艦戦隊を単横陣としてこれを追い払うべく旗旒信号を掲げた（ロシアのセミョーノフ中佐の手記より）。

　スヴォロフに乗艦していたウラジーミル・セミョーノフ中佐は、この時のロシア側からの記録を次のように書いている。

　「ロジェストヴェンスキー提督は、行く手に機雷を撒きちらそうとしている日本艦隊を追い散らす作戦に出た。この場合、第一戦隊はまず、順次に右へ90度、次いで左へ90度、今度は一斉に回頭しなければならない。が、一斉回頭の指令は正しく伝わらなかった。最初の順次回頭はうまく行ったのだが、次に一斉回頭をすべき所を、戦艦アレクサンドルⅢ世が誤って順次に（つまりスヴォロフの回頭点に従って）回

「三笠」艦橋の図（東郷鉦太郎・画、三笠保存会提供）

最前列右から５人目が秋山眞之先任参謀のお孫さんの大石尚子さん

頭してしまった。すでに一斉回頭を始めていた三、四番艦の
ボロディノ、オリョールはてっきり自分たちが指令を読み違
えたものと判断してアレクサンドルに続いた。この結果、第
一戦隊は単縦陣で、第二、第三戦隊の前方、やや右側を並行
に進む形になった」

　それでロシア艦隊は、不規則な2列並行状態のまま合戦に
突入してしまった。

　東郷長官はこれを見て、「ヘンナカタチダネ」と呟いたと
いわれている。

　それまでロシア艦隊の左側を南下していた連合艦隊であっ
たが、旗艦「三笠」の艦橋で安保砲術長が「（敵との距離）
もはや8000m」と報告し「どちら側で戦をなさるのですか？」
と指示を仰いだ刹那、東郷長官の右手が大きくかざされ、左
へ振り下された。そして、伊知地艦長の「取り舵一杯」の号
令一下、大胆にも、敵艦の射程距離内での「敵前大回頭」が
始まった。^{※3}

　東郷長官の大英断と賞嘆されているが、後年日本海軍の戦
艦の砲術長だった黛治夫大佐は「敵の射撃能力や当日の天候
等を考慮した大英知であった」と評している。

　ともあれ、これにより大回頭時の被弾の危険を突破した連
合艦隊は主砲を始め右舷の砲全部が射撃可能となり、敵の先
頭艦に集中射撃が可能となったのに反し、ロシア側は前方の
艦が邪魔となり、極めて不利になった。

　まさに日本古来の村上水軍以来伝統の「丁字戦法」である。
さらに我が第二艦隊（巡洋艦隊）は、これも上村彦之丞長官

等の英断で、敵の退路を断つ如き奮戦でバルチック艦隊を撃滅した。これに加え、夜間の水雷戦隊の肉迫襲撃で戦果を拡大し、翌日包囲されたネボカトフ艦隊は降伏せざるを得なかった。

　この日本海海戦の完勝により、満州で苦戦、辛勝を続けていた日本も、米国の仲介によりポーツマス条約までこぎつけたわけである。

　その後の日本が、「ロシアに勝った」事により、世界の表舞台へ登場し、やがて第二次世界大戦に敗戦との結果になってしまった。

　5月27日の中曽根元総理の演説の主旨にもあるように、反省もすべきであるが、戦後の日本は懺悔、謝罪のみをくり返し、日本民族の本質を失っている。

　元GHQのヘレン・ミアーズ女史の著書にも述べられているように、日本は日露戦争後は「日英同盟」等、西欧諸国に学んだ対外政策をすすめて来た。

　朝鮮半島や、中国での軍閥の問題は反省すべき事情があるにせよ、太平洋戦争（大東亜戦争）で日本が戦っていたのは紛れもなく、占領軍であった。英米、フランス、オランダの列強諸国の軍隊である。

　私達が20年前、坂井三郎中尉を始めとする海軍航空隊の方々と南太平洋の慰霊に訪れた時、驚いたのは原住民の「日本（にっぽん）」「ジャパニーズ」に対する熱烈な歓迎ぶりであった。それを横目で睨んでいたオーストラリア人とおぼしき人達の反感さえ感じた。

　ラボール航空隊の活躍されたソロモン群島の島々の名前は、鉄血宰相と言われたビスマルクを始め、フランスのボーゲンビル大佐、ニューブリテン島等の西欧の征服者の縁の名前がつけられ、占領の歴史を物語っている。公用語は殆ど英語である。

　ラボールの原住民から、「日本軍は占領軍を追い払ってくれた。彼等は何も教えてくれなかったが、日本の人は色々な事を教えてくれた」と感謝されたが、農耕すらも日本軍が行ってから開拓し、未だに「モモタロー農園」があるとの事だった。

　ただ、キリスト教の教会はジャングルの中にもあり、布教活動はされていたらしいが、「山刀」とか「ラップラプ（腰巻き）」等は、地面に投げ出されて、「神様が下さったものだから、有り難く受け取りなさい」と言われ、決して手渡しはされなかったそうである。

　そしてオーストラリア人がパプア・ニューギニア原住民の「カナカ・タバコ」に麻薬を浸み込ませて、これを与え労働をさせていたそうで、戦時中、日本の搭乗員には「原住民のタバコ」については禁煙令が出されていた。

　我々が訪れた時もその名残りのように、タバコは渇望され、彼等の財産である「ヤシ」の実と「タバコ」のチェンジ・サービスを申し込まれた。

　私は中曽根さんの演説の体験をしているわけで「日本侵略戦争説」には大反対である。従って「東京裁判」には異を唱えるものであるが、「戦争をひき起こし、兵士を戦場に狩り出した人」の責任は否定出来ない。

　改めて「靖国分祀」を望む。

　7月12日より、毎日新聞に「靖国と政治」について連載された記事がある。

　その中で、「A級戦犯を合祀したのは、1978年10月18日、松平永芳宮司によって、断行された」と書かれている。「海軍士官、陸上自衛隊勤務の経歴のある松平宮司は、『東京裁判を否定しなければ……』との思いで合祀に踏み切ったようであるが、85年に中曽根首相（当時）のA級戦犯分祀の打診もはねつけ、強烈な個性ゆえに『ホメイニ』とささやかれた。さらに、ある官房長官は宮内庁長官の口から、A級戦犯合祀に対する昭和天皇の『山階ならああいうことをしなかったんではないか』との『つぶやき』を煽れ聞いたと言う。松平氏の前任である筑波藤麿宮司は、皇族の身分を離れた山階宮家の出身だった。この長官経験者は、『陛下は、やはり外交関係への影響をお考えになったんじゃないか』と語った」とも記述されている。

　靖国神社に誰を祀るかについては、戦前は最終的に天皇が裁可された。

　1945年11月、昭和天皇は太平洋戦争の戦死者を対象とする「臨時大招魂祭」のため、靖国神社に参拝された。その後GHQによる神道指令により靖国神社は宗教法人に改組され、天皇は1952年から参拝を再開した。昭和天皇により戦後の参拝は8回を数える。現在の天皇（現・明仁上皇）も皇太子時代に4回参拝されている。しかし、78年のA級戦犯合祀以後は参拝されていない。

　6月26日、分祀論者の中曽根元首相は、「首相も天皇もお参り出来るようにしてあげたい。そう考えると分祀が出来れば一番いい」と語り、自民党武部幹事長も「天皇陛下もお参り出来、外国の国家元首も献花出来る事が望ましい」と言っている。

　さらに連載では多くの問題点に触れているが、日本遺族会会長を務めた橋本元首相は、靖国神社へのA級戦犯合祀について、「会員の間に分祀すべきだという意見はないが、戦犯合祀が子供や、夫、父親の静かな眠りを妨げるという事に、気持ちのいい思いはしていない」と語っている。

　また、靖国神社に代わる追悼施設問題について「靖国神社には年間推定500万人の参拝者があります。かの米国のアーリントン国立墓地が年間400万人の参拝者があると聞いていますが、その数から考えても靖国神社が日本を代表する中心的慰霊施設と思います」との国民への定着を自負する靖国神社の見解を述べている。

　私も500万人の中の1人であるが、「戦死したら靖国神社に祀られる」と教えられ、それを信じ、戦場に送り出された人達の御霊を祀る場所は他にはない。

　分祀以外に、解決策はないと信ずる。

【注】
※1　1905年12月21日、連合艦隊解散の際、秋山眞之参謀の起案された「連合艦隊解散の訓示」の中に、中曽根元総理の挨拶に引用されたと思われる文章がある。
　　「百発百中ノ一砲能ク百発一中ノ敵砲百門ニ対抗シ得ル」
　　「神明ハ唯平素ノ鍛錬ニカメ、戦ハズシテ既ニ勝テル者ニ勝

利ノ栄冠ヲ授タルト同時ニ、一勝ニ満足シテ治平ニ安ズル者ヨ
リ直ニ之ヲ禠フ、古人曰ク勝テ兜ノ緒ヲ締メヨト」

　また、下瀬火薬（ピクリン酸含有）と、伊集院信管（着発信
管）の威力については、ロシア側のセミョーノフ中佐や、ノビ
コフ・プリボイ等の水兵の記述もあるが、日本の巡洋艦「日
進」にて観戦していたアルゼンチン海軍のガルシア大佐は、
「ロシアの艦隊が突然に燃え上がるという光景は常識から考え
ても驚くべきことであった。明らかに何の火の気もない艦から
突然炎が現れ、強い風に煽られると、炎は高い艦橋、短艇及び
甲板上の構造物を駆け巡った。さながら、艦上に油をまいて、
マッチで火をつけるような光景であった」と述べている。

　日本海軍は大きな艦砲砲身に小銃を挿入しこれで砲身を摩耗
せずに、距離測定、照準、発射の訓練がスムーズに行える「内
膅砲射撃」訓練を考案した。

　鎮海湾での訓練は猛烈を極め、「三笠」では1年分の弾薬3万
発を、一週間で使い果たしてしまった。

※2　「Z旗」は、黄、赤、黒、青で構成されている。旗旒信号、
アルファベットの最後の文字であり、元々は「タグボート」が
欲しいという意味であるが、「この戦いに敗れれば後がない」
と海戦の時も用いられるようになった。初めて用いたのは、ト
ラファルガー海戦の時のネルソン提督だったという説もあるが、
ネルソン提督は「英国は各員がその義務を果たす事を信ず」と
いう信号を伝えようとした時ジョン・バスコ参謀大尉の提言に
より、「信ず」という厄介な信号の代わりに、暗号書にある
「期待す」に変更したのが真相らしい。この故事に倣い、東郷
司令長官は海戦前の暗号書に「皇国ノ興廃此ノ一戦ニ在リ。各
員一層分励努力セヨ」という意味を込め、士気の高揚を図った。
まさに「合戦準備」である。

※3　敵艦の射程距離内でのターンは大変な危険を伴う。「三笠」
は回頭中の数分間に、実に15発の命中弾を受けている。回頭

直後、ようやく「撃ち方始め」の号令が発令された。

【参考文献】

1　『日露海戦新史』外山三郎、東京出版

2　『名将回顧 日露大戦秘史 海戦篇』朝日新聞社

3　『日本海海戦 皇国の興廃、この一戦に在り』ノエル・F・ブッシュ／川口正吉訳、サンケイ新聞社出版局

4　『日本海海戦から100年 アルゼンチン海軍観戦武官の記録』マヌエル・ドメック・ガルシア／津島勝二訳、鷹書房弓プレス

5　『ツシマ バルチック艦隊遠征』ノビコフ・プリボイ／上脇進訳、原書房

6　『壊滅!! バルチック艦隊 日本海海戦の回想』ウラジーミル・セミョーノフ／沢田博訳、恒文社

7　『東郷平八郎』東郷会

8　『坂の上の雲』司馬遼太郎、文藝春秋

9　『図説 日本海軍』太平洋戦争研究会／野村実監修、河出書房新社

10　「丸」2005年8月号、潮書房

11　「歴史街道」2005年6月号、PHP研究所

12　『日本海軍の興亡 戦いに生きた男たちのドラマ』半藤一利、PHP研究所

付記・靖国神社

　靖国とは「国を安んずる」という意味である。

　小泉首相は「国のために心ならずも戦争に赴き亡くなった人達のご冥福を祈り、不戦の誓いのために靖国神社に参拝す

る」と語っている。また2005年6月2日、衆議院予算委員会で「A級戦犯は戦争犯罪人であると認識している」と答弁している。

小泉首相の心の中では「A級戦犯分祀」されていると信ずるが、この事を中国、韓国等諸外国に明確に表明されるべきである。

私は東京裁判には異を唱えるものであるが、太平洋戦争の最大の被害者は我々日本国民である。

私もその被害者の一人として戦争責任者を靖国神社に祀る事は絶対に反対である。

戦争を引き起こした人は別に"桜の名所"千鳥ヶ淵の無名戦士の霊廟に分祀すべきである。

剣道の「二・八の剣」の教えで、相手の立場、動きに八分の注意を払い相手の心を読んで立ち合う事と諭されてきた。「外交」でも相手国の立場に耳を傾ける事も必要で、戦争責任者を靖国神社から分祀する事を考えるべきである。「A級戦犯が合祀されている靖国神社」と言って「目の敵」にされていたんでは「心ならずも、戦争に駆り出された人達の御霊」は浮かばれない。A級戦犯が分祀されれば中国、韓国を始めとする外国の靖国批判は国内干渉として、断固はねつける事が出来る。

戦場で戦った敵味方が、戦争が終われば憎しみを乗り越えて和解し、お互いに国の命令で戦って戦死した兵士の合同慰霊祭によって、国境を越えて相互理解を深める事は出来るが、これは「立場が同じ」だったからと言える。

　しかし同じ敗戦国でも、ドイツは戦争責任者であるヒトラーを明確に否定しているから国際社会でも認められているのである。それに反しA級戦犯を合祀していたのでは靖国神社そのものが国際批判の対象とされてしまうのである。

三笠甲板修理の際に許可を得て頂いた三笠甲板のチーク材に、静岡天満宮の鈴木宮司様に祈禱して頂いて「お清め」をした上に、統合司令長官の書を復元印刷した宝物。さすがに重い。同様の宝物は、東郷神社、靖国神社、記念艦「三笠」に奉納した

戦艦ミズーリに突入した神風特別攻撃隊 （2006年2月記）

　平成17年9月29日から、久しぶりに予科練「海原会」前田武名誉会長、吉田次郎理事のお伴をして、真珠湾慰霊ツアーに参加した。

　えひめ丸の鎮魂碑、日蓮宗ハワイ別院、パンチボウルのMr. Fiskeの墓参等の巡礼、日米関係者との親善等相変わらず忙しかったが、私は家内と、特に出発前から連絡しておいた戦艦ミズーリを訪れた。それはミズーリメモリアル協会の長谷部さんからの情報で、「1945年4月11日、ミズーリに突入した零戦の搭乗員が判明した」との連絡があったからである。「特別乙種飛行予科練習生（＝特乙）1期、岡山出身の石野節雄二等飛行兵曹（＝二飛曹）」との事であった。

　アリゾナの潜水艦記念館の傍らからミズーリへのシャトル・トローリーバスが出ているが、そこまで長谷部さんが出迎えに来てくれた。だがアリゾナ・メモリアルと同様、荷物・バッグ等は持参できない。剝き出しのカメラのみOKである。9.11テロの後遺症はまだ残っている。

　ミズーリは降伏調印の場となった船で、日本人にとって最初は大きな抵抗を感じたのであるが、突入した零戦搭乗員の遺体を戦闘中であったにも拘らず、キャラハン艦長の英断で「水葬」したことを知り、やはり真珠湾に行ったら慰霊に訪れるべき所だと心に定めていた。

　後甲板の第三砲塔の右舷にわずかに凹んだ突入の跡があり、

砲塔の近くに小さなスタンドが立てられ「水葬の儀式」のパネルが展示されている。私は長谷部さんやミズーリの退役将校等と共に突入の舷側で、持参したB-29搭乗員遺品の水筒の中の「聖水」で献水し、戦死者の冥福を祈った。

　そして、キャビンの一部が資料室になっていて、「石野二飛曹」の大きな写真が飾られているのを見て、身の引き締まる思いがした。『戦艦ミズーリに突入した零戦』（可知晃 著）に詳述されているが、ウイリアム・キャラハン艦長の実兄ダニエル・キャラハン少将は第三次ソロモン海戦で戦死し、その名誉を称えて命名された駆逐艦キャラハンは沖縄海戦で撃墜した「銀河」の搭乗員を救助した「シーマンシップ」を発揮しながら、「赤とんぼ特別攻撃隊」の体当たりで撃沈されている。

　戦争とは全く非情なもので、個人の感情や因縁とは無関係に冷酷な結果を齎している。

　しかも5年の歳月をかけて著書を出版された可知晃氏は、この本が世に出た2か月後に病没されている。

　大変重い歴史を背負った「ミズーリ」は太平洋戦争終結の証人として真珠湾に佇んでいる。

【注】

※1　1943年から戦局の悪化に伴い、乙種予科練志願者の中から選抜された短期養成制度出身者。石野二飛曹は弱冠20歳だった。

※2　太平洋戦争末期、零戦などの実用機の不足を補うために駆り出された九三式陸上中間練習機の別名。時速僅か200kmの羽

記念艦ミズーリの後甲板にてカー館長に水筒のレプリカ贈呈

布張りの複葉機だが、米軍のトップ・シークレットだったVT信管（近接信管）の対空砲火は機体を貫通してしまって撃墜されなかった。

【参考文献】

1　『戦艦ミズーリに突入した零戦』可知晃、光人社

2　『真相・カミカゼ特攻　必死必中の300日』原勝洋、KKベストセラーズ

3　『写真集 カミカゼ 陸・海特別攻撃隊（上・下）』カミカゼ刊行委員会、KKベストセラーズ

4　『Battleship Missouri: The Battleship Missouri Memorial in Pearl Harbor, Hawaii』Ronn Ronck、Mutual Pub Co.

「鎮魂　硫黄島　大宮島」　　　　　（2009年5月記）

国の為、重きつとめを果し得て
　　矢弾尽き果て散るぞ悲しき
　　　　　　　　　小笠原兵団長　陸軍中将　栗林忠道
「ルーズベルト」に与ふる書
　　　　　第27航空戦隊司令官　海軍少将　市丸利之助

　摺鉢山‼︎「思ったよりも小さな山だな？」。2009年（平成21年）3月18日、硫黄島の日米合同慰霊祭に参加するため、両国の遺族や関係者で満席のチャーター機、コンチネンタルミクロネシア航空のB737機が島に近づいた時の一瞬の感想である。早朝、グアム島より搭乗した一同の想いを察してか、

B737型機からの摺鉢山

チャーター機は島に近づくと軽快に周囲を一旋回し、着陸直前に機の窓より眺望した摺鉢山は、朝日に輝いて小綺麗な山に見えたのは、全く意外であった。この空域は、「零戦のエース坂井三郎中尉が15機のグラマンと死闘を演じた空だな」と瞑想にふける暇もなく着陸してしまった。

　1945年2月19日（Dデイ）、猛烈な艦砲射撃や爆撃の後に硫黄島へ上陸した米軍は、数日で占領出来るだろう、との予想に反し、頑強な日本軍の抵抗に業を煮やした。米軍上陸前に2万8000発の砲撃を加え、島の草木は殆ど焼け尽くされていたのだから、世界戦史に残る激戦になるとは予想出来なかったであろう。そんな中、戦略上の要衝である摺鉢山に猛攻撃を加えて2月23日、山頂に星条旗を立てた象徴的シーンは米軍を鼓舞したのだが、その山がこんなに小さかったのか？　と改めて驚いた。

米軍の上陸地点より摺鉢山を望む

　米軍の死傷者が日本軍のそれを上回った唯一の戦場である
が、星条旗を摺鉢山山頂に掲揚し、米本土で、英雄と称えら
れた6名のアメリカ兵のうち、3名は有名人になった事を知

慰霊碑（小泉元首相建立）の前で妻・雍子と

摺鉢山山頂の慰霊碑で。後方に鯉のぼりが翻っている

らずにその後の戦闘で硫黄島で戦死し、2名は帰還したが名声に押しつぶされて、アル中で死亡したと報道されている。

B737型機が、今は航空自衛隊の基地となっている滑走路に着陸し、格納庫前から自衛隊のマイクロバスに分乗して、まず摺鉢山山頂に向かった。

戦闘中は山頂が何メートルか吹き飛ばされた程の砲撃を受けたそうだが、今は草木も生え、日米双方の慰霊碑が建てられていて、鯉のぼりもはためいている。

日本の慰霊碑の横に、「神風特別攻撃隊・第一、第二御楯隊の慰霊碑」が立っている。

我々海原会18名はこの碑の前に整列し、私の持参した鎮魂ラッパのテープに合わせて黙禱した。日本の鎮魂ラッパに続いて、アメリカの鎮魂ラッパが流れたら、近くに居た米兵達がサッと敬礼した。

日本の遺族の一人、増田春江さんの兄、小島三良上飛曹は、1945年2月21日、第二御楯隊、第601海軍航空隊、攻撃254飛行隊天山艦攻隊の一員として、館山より出撃、八丈島で給油して、硫黄島近海の米艦隊に突入した。

特攻機は5隻の米艦に命中。航空母艦「サラトガ」は大破炎上。「ビスマーク・シー」は弾薬庫が爆発し転覆、沈没と記録されている。

ご遺族の増田さんの心中はいかがであっただろうか？　実は「般若心経」のテープも用意していったのだが、仲々主催者との連絡がうまく行かず、正午の合同慰霊祭の碑の前でceremonyを行うように依頼していたのだが、硫黄島ではこ

れ以上の事は出来なかった。

　米軍が上陸した砂浜の「トーチカ」には20ミリ機銃の残骸があり、また所々に硫黄の白煙が立ち昇っている。

　別の丘には、米軍シャーマン戦車が「擱座炎上」したまま残されている。

　地下の「インフラ」のパイプの空気抜きの筒も所々に設置されている。

　昨年、旧地下壕に迷い込んで亡くなった人があったとの事で、遺跡には立ち入り禁止となっているが、ちょっと地下へ入ると50℃位になるというから、こんな所で1か月以上戦った日本軍の苦労は筆舌に尽くし難い。

　それにも拘らず、日本軍の勇戦により、米軍は大損害を被った。栗林忠道中将の指揮の元、地下壕で徹底抗戦したからである。

　やがて、日本側の遺族である日本硫黄島協会の方々が、羽田より飛来し、南海岸地区の慰霊碑（名誉の再会碑）の前でセレモニーが挙行された。

　死傷者数が日本側より多かっただけに、米側の関係者も厳粛な態度で参列しており、さすがに重々しい慰霊祭であった。日米の代表者のスピーチは、日本側は栗林中将の孫、新藤義孝国会議員、日本硫黄島協会・遠藤清氏、そして米側はヘインズ海兵隊退役少将が只一人の戦闘体験者として、92歳の高齢にも拘わらず、矍鑠として挨拶された。期せずして「お互いに祖国のために戦死した犠牲者を悼み、平和を祈念する」という意志を述べている。我々日本側の関係者に対する

米側の態度も、今までの各地の式典よりも一段と一体感（？）とでもいうような雰囲気があった。"両国の痛み"を共有し、修復したいというような感じである。

　このような機運が世界中に広がれば、戦争なんか起こるはずはないのだが……。

　式典の最後に、海原会の吉田次郎さんと渋井さんが献花、献水をして参加された。

　公式なセレモニーが終わり、ようやく通訳のDan King君の紹介で、米海兵隊の生き残りMr. Faulknerと一緒に米軍慰霊碑の花輪に、持参したB-29遺品の水筒で"献水"を行った。感激した生存者が、私の"日米協会のバッジ"を見て褒めてくれたので「please」と提供したら、彼の海兵隊生存者の会の帽子を渡してくれた。change serviceとしては、彼の方が割に合わないのではないかと思ったが、良い記念になると思い、有難く頂いた。

　時間は遡るが、前日グアム島のアウトリガーホテルでの事である。

　米側恒例の戦史シンポジウムで、主催者が一番最初に「静岡の日米合同慰霊祭の主催者」として、私の事を一言紹介されたのには驚いたが、直後、日本側の戦闘経験者として静岡出身「特乙3期」（特別乙種予科練生）の野崎彦司二飛曹（第706海軍航空隊、攻撃704飛行隊）が講演された。

　決死的な硫黄島への空輸作戦や、爆撃に参加された体験者で、制空権を奪われた中での作戦談は大変注目された。特に、

猛烈な対空砲火の中で電探欺瞞紙を散布した等の説明に、皆熱心に聞き入っていた。

　後刻、米軍の生存者が熱心に質問していたが、それは將に「昨日の敵は今日の友」の雰囲気であった。

　そして、この日は朝から大忙し。午前3時に、グアム島のアウトリガーホテルに集合し、飛行機で厳重な「出国チェック」を受けた後、5時にチャーター機で出発し硫黄島（日本領）へ着陸した訳である。

　式典後は、また航空自衛隊の格納庫の中で、再び厳重な出国チェックでアメリカのグアム島への飛行となったのである。

　硫黄島へ直接行ければ、羽田から2時間で出国・入国手続き等せずに簡単なのに、残念ながら我が国の厚生労働省は一般の日本人の往来を認めていない。確かにまだ危険地帯であり一般人は居住していないが、慰霊に訪れたい戦友や関係者は大勢いるのである。数年前、私も遺族関係の人と一緒に訪れたいと思ったが許可されず、今回は米国の関係者と一緒に訪れる事で入島許可となったが、何とも大変疲れ切った旅行であった。政治的な配慮もあるのだろうが、慰霊団に対する

日本軍の貯水槽（グアム島）

野崎二飛曹（グアム島）

当局の再考を促したい。

　翌日は、グアム島ツアーであったが、今回は観光旅行ではない。

　グアム島は1521年にマゼランが発見し、1668年正式にスペイン領となった。1898年米西戦争の末に、スペインからアメリカへ譲渡された。

　そして1941年12月10日日本によって占領され、1944年米軍が反攻上陸し、8月11日、陸軍最高指揮官　小畑英良中将が自決するまで「大宮島」として歴史に名を止めた。

　島の北部、ジーゴ（Yigo）地区に慰霊公園があり、御堂と、平和記念塔がある。御堂には、「我無山、平和寺」と表札があり、中には仏像や遺品等がある。この中で一同焼香し、ようやく持参した般若心経のテープに合わせて、戦没戦士の冥福を祈った。

　平和記念塔は合掌した両手（5本の指を表している）が天を仰ぐ型になっている。最初の計画ではその前面に、日米両国の子供が平和を祈り、手を取り合った彫像を建てる予定であったが、米国本土の退役軍人の反対によって中止されたと記録されている。そして1944年、米軍が再上陸したアサンの地に、太平洋戦争国立歴史公園が建設されている。

　大変残念な話だが、硫黄島とは全く雰囲気の違った話である。

　それは、太平洋戦争開戦時、ここは米国領土であったのであり、日本軍占領時代に、アメリカ兵の捜索や、かくまった島民に対する迫害や占領政策により、反日感情は否定出来なかったようだ。

平和記念塔

また、我々が20年前に訪れた南太平洋のソロモン群島の原住民は、「日本は欧米の征服者から解放してくれた国だ」と語ってくれたが、全く異なった歴史である。島の名前に、西欧の征服者の名前がつけられているのだから当然である。

平和記念塔の横にはいくつかの慰霊碑が建っていたが、第521空鵬部隊の慰霊碑があり、ここでも整列して拝礼した。説明文には「双発急降下爆撃機、銀河の部隊の慰霊碑」と書かれていた。

この公園には、ブーゲンビリア等綺麗な花が咲いていたが、記念塔の右奥に悲劇の遺跡がある。最初、粗末（？）な階段を降りて行ったら「日本軍の水槽」と説明文の書かれたコンクリートの貯水槽があり、その奥に洞窟があって日本兵が潜んでいたらしいが、それより奥の崖下に「小畑英良中将自決の洞窟」があった。グアム島最後の戦跡とされ、この中で60名が最期を遂げたとされている。皆、言葉も出なかったが、関係者が訪れて捧げたのか、お花や缶ビール等も供えられていた。

この地の戦闘で日本軍の組織的戦闘は終わったが、当時まだ5000名の兵士がジャングルに立てこもっていたと記録さ

れている。既に2万名の戦死者を数えていた日本軍だが、ジャングルに潜んだ兵士も次第に米軍と民兵に掃討されてしまった。長年横井庄一さんが生き延びたのは、川の近くで平地に竪穴を掘り、その下の方に横穴式の狭い居住区を作っていたので発見を免れたらしい。「横井ケーブ」として近くの滝とセットになって見学ルートになっているようだが、我々の見学ルートとは離れていたので、そこへは行けなかった。

その夜のfarewell partyは日米関係者が入り乱れて歓談し、私達のテーブルには、「日本の横須賀や佐世保にいた」と言う牧師さんが日本語で話しかけて来たりして和やかな雰囲気の中、ゲストの歌手が日本語の歌でしめくくり、再会を約して閉会となった。

ただ勝者のみが浮かれているようなpartyではなく、通訳のDan君等を交えて、栗林中将を始め、日本軍に対する敬意を表して話しかけてくる米兵がいたので、改めて硫黄島の戦いの意義を考えさせられた。

この際、名前を挙げられた日本側の指揮官、

小笠原兵団長・栗林忠道陸軍中尉

栗林忠道陸軍中将、市丸利之助海軍少将、西竹一陸軍中佐について記しておきたい。

　1932年ロサンゼルスオリンピックの馬術障害飛越で優勝し金メダルを獲得した西竹一陸軍中尉（当時）は、男爵の称号を持ち、昭和18年陸軍中佐に昇進して、戦車第26連隊長として硫黄島に配属された。

　戦況の悪化と共に死を覚悟した西中佐は、ロサンゼルスオリンピックで使用した愛馬ウラヌスの「たてがみ」等を携えて着任したと言われている。米軍の攻撃で擱座した戦車は車体を土に埋め、砲塔だけを出して応戦していたが、3月22日、部下と共に戦死した。バロン・西に米軍が「投降」を呼びかけたという伝説もあるが、酷暑の地下壕の中でも、最後まで

硫黄島の戦車隊長、金メダリスト、バロン・西

オリンピックの表彰式で西と愛馬ウラヌス（奥）。手前は銀メダリストとなったアメリカのチェンバレン少佐

きちんと長靴上着をつけていたといわれている。

　海軍側の指揮官は第27航空戦隊司令官・市丸利之助少将で、7500名の海軍将兵が戦ったと言われている。少将は海軍飛行予科練習生（予科練）制度の発足と同時に初代部長としてその教育に当たられた方で、海原会の前田武会長も「数々の薫陶を受けた思い出多い方」であったとおっしゃっている。

　硫黄島での玉砕を前にして「ルーズベルトに與ふる書」を書き上げ、ハワイ育ちの三上弘文兵曹が英訳した。この文書は3月26日に玉砕した村上治重通信参謀の腹にまかれていたものだった。

　市丸少将の遺稿は、ルーズベルト大統領と対等の立

Price Raise Must Be Chec

ROOSEVELT WAS LECTURED IN NIP ADMIRAL'S LETTER

POLISH GENERAL DECLARES HIS

デンヴァー・ポスト（1945年7月11日）

「ルーズベルトに與ふる書」を遺した
市丸利之助海軍少将

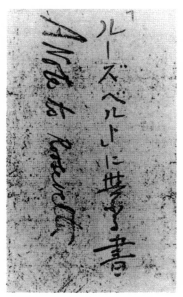

市丸利之助少将が玉砕前にしたためた「ルーズベルトに與ふる書」

場で苦言を呈し、日本の掲げた大義を堂々と主張し、欧米の
世界制覇の野望に警鐘を鳴らすものであった。この"A
Note to Roosevelt"は従軍記者によって米国に報道され、
「ルーズベルトは日本の提督によって叱られた」と見出しを
付けている新聞もある。海原会の前田武会長は1964年に渡
米され、アナポリスの米海軍兵学校の資料館で、この遺書を
拝見し感動された事を「甲飛だより」に書かれている。

　「鬼神も哭く」とは、このような戦況の中で、堂々と敵将
に「書」をしたためた市丸少将の事を表現する言葉である。

　市丸少将のご遺族は静岡県に在住していたとの説もあるの

で、我が県に縁のある方であったかも知れない。

　1944年6月8日栗林忠道中将が硫黄島に赴任した直後は、日本海軍の機動部隊が上陸しようとする米軍を攻撃してくれると思っていたのだが、その直後6月19日、マリアナ沖海戦で事実上日本海軍は壊滅してしまった。

　その後、栗林中将は水際作戦（上陸地点で攻撃し阻止する作戦）を放棄し、洞窟・坑道を掘って立て籠もり徹底抗戦する作戦を命じた。固い岩盤で、硫黄の噴き出す島での難工事であったが、栗林中将は「膽兵の戦闘心得」（「膽」は第百九師団の通称号）「敢闘の誓」等、将兵に使命感を高揚させるような文書を配布していた。

　しかし補給も援軍もなく、弾薬も食糧もなく、そして井戸を占領され水さえも飲めないような状況で、よくも40日以上も戦ったものだと、米軍からも畏敬の言葉で賞嘆された栗林兵団も、最後は「矢弾尽き果て」玉砕した。

　このような指揮官に率いられた将兵は、上陸軍を充分引きつけてから猛反撃を加えた。その活躍ぶりは、近くの日本軍部隊からも観察されており、兵団司令部に詳しく報告された。奮戦して斃れても、栗林中将より「感状」が授与され、「上聞に達する」将兵が多数いて、2階級特進されている。

　このような頑強な日本軍の抵抗にも拘らず、数に勝る米軍はちょっと刻みで前進した。しかし、米従軍記者の報道で、余りの米軍の損害の多さに米国世論は沸騰し、「司令官を更

迭せよ」という論調の報道もあったといわれている。戦時中の日本では考えられないような報道機関への対応がされていた訳だが、さすがに「ナパーム弾の投下」は報道を禁止されていた。

　そして、さらに感じた事がある。

　米軍との連絡、インタビューに応じていた海原会の吉田さんが「広島の原爆投下」について質問されていた時の事であった。「原爆投下により、日本がソ連に占領されるのを阻止できたのではないか？」とインタビュアーが問いかけて来たのだ。アメリカの正当性の主張である。当然、吉田さんは反論し、さらに「ドイツに原爆投下の予定は初めからなかったのではないか？　日本だけがターゲットだったのではないか？」と切りかえしていた。私達には質問される時間もなかったので、反論する機会もなかったが、私はこのような議論をする前に、まず「広島の原爆資料館」を訪れてから論ずべきであると言いたい。

　昨年、原爆の製造に携わっていた米科学者が広島原爆資料館を訪れた事がテレビで放映されたが、残念ながら製造関係者として遺憾の意も表現せず、被爆者に突っ込まれると、「Remember Pearl Harbor」と言う言葉がある、と反論していた。

　「人類に対して、二度と核兵器は使用されない事を望む」という言葉だけが被爆者と一致していたのが、ただ一つの救いであった。

　私は、彼の深層心理に、一人間として「遺憾の意」を持っ

て欲しいと思った。

　Pearl Harbor Survivors の Mr. Fiske が原爆資料館で、私の肩に手を置いて、数分間、涙を流して動かなかった事実を知らせなければならない。

　そして、一人でも多くのアメリカ人、特に軍関係者の人々に「静岡から始まった日米合同慰霊祭の私の信念、行為」を知らしめるべく頑張らなければならないと痛感した。

　時あたかも、北朝鮮がミサイルを発射した。人工衛星発射に失敗し太平洋に落下したのだが、オバマ大統領は国連決議違反だと強く批判し、日本の主張を支持して、国連の議長声明の発表となった。オバマ大統領は、核軍縮、核廃絶を究極のテーマとされている。

　私達も困難ではあるが、一生懸命、世界平和の実現に一歩一歩進んで行かなければならない。

追悼のことば（慰霊祭での挨拶）
フレッド・ヘインズ米軍海兵隊（退役）少将　第5海兵師団

硫黄島第64回 "栄誉の再会"
2009年3月18日

　著名な日本人生存者代表団の皆様に対してご挨拶申し上げます。

　64年前この島に上陸した我々は、今日長年にわたった変化に畏敬を持って立っています。1945年2月19日のこの島は、航空艦砲射撃が全ての木々を吹き払って黒と灰色のみでした。
　日が経ち、戦いが進むと黒い砂地の両側は負傷者と死者の地で真っ赤に染まりました。

　当時の2つ、および半分開発中であった飛行場は今や、自然の景観の中に帰りました。しかし現在そこには、自衛隊の近代的な滑走路があります。

　その滑走路に沿って、我々2国間の相互安全保障条約の象徴としてもう一つの滑走路があり、米軍第七艦隊の夜間航空母艦着陸が可能なように、着陸灯と拘束制動装置を備えています。

　何年にもわたるこの名誉ある親睦会を通じて、恨み重なる

敵であった我々は友人となりました。そして当時最も激しく憎しみ合っていた二つの国も、世界で最も重要な同盟の一つを構築しています。

日米合同の慰霊碑（手前側が日本、反対側がアメリカ）

アメリカ側

　ちょうど先月、米国国務長官は日本を訪問しました。そして、彼女は我々がアジアの平和と安定性を保証するのを援助して、ますます世界的な挑戦に集中する日本でさらにより強いパートナーシップを予想すると述べました。

　この64年にわたって変わらなかった正しい事の1つは、激しい戦争において国のために命を犠牲にした両国の人々全てに敬意を表するためにここへ集まった生存者による献辞です。

　我々は彼らの遺族とともに喪に服していて、彼らの感情的な苦痛が時間の経過によって少しでも和らぐように祈ります。

　年月が過ぎ、この島の自然も大きく変わり、我々生存者も年を取りました。今日、多くの人々がここを訪れたいと強く望んでいますが、身体的にそれが困難となっています。しかし、我々生存者の中で健康な者は2010年の「名誉の同窓会」に向けて、すでに計画を立てています。私は、長年にわたってこの親睦会を続けてきた国会議員、ならびに彼への惜しみない支援を続けてきた遠藤清氏に心から感謝の意を表します。

追記

　硫黄島の戦いで、日本側の戦死者は1万9900名、戦傷1万33名、計2万933名。これに対しアメリカ側は、戦死6821名、戦傷2万1865名で、計2万8686名と記録されている。

　約2万名の日本守備隊に対し、硫黄島攻略に割り当てられた米軍は、戦艦8隻、航空母艦12隻、巡洋艦18隻、輸送船43隻を含む485隻の大艦隊で、この作戦に参加した総兵力は25万名を上回ったといわれている。
　日本海軍も神風特攻隊や、回天第3特攻隊を搭載した潜水艦隊の攻撃を試みたが、米艦隊の撃退は不可能であった。

　多大な米軍の損害は、とりも直さずこの島がいかに戦略上、重要な島であったかの証明で、1945年3月4日に初めてB-29が不時着してから、延べ2400機、2007名のパイロットが硫黄島を利用した。

合掌

【参考文献】
『ドキュメント 世界に生きる日本の心 二十一世紀へのメッセージ』名越二荒之助、展転社
『世界に開かれた昭和の戦争記念館〈第3巻〉大東亜戦争の秘話』

名越二荒之助、展転社
『硫黄島の戦い　矢弾尽き果て散るぞ悲しき〈別冊歴史読本（53）〉』
新人物往来社
「甲飛だより」前田武

第 3 章

鎮魂

第42回静岡空襲犠牲者日米合同慰霊祭
米国より「ハナミズキ」の贈呈

（2014年10月記）

　継続は「力」なり、とか言われているが、「とにかく長く続けて来て良かった」。

　2014年の6月7日、静岡空襲の日米合同慰霊祭にて、テレビ局のインタビューでマイクを向けられた時に、咄嗟に出て来た言葉である。

　本当に早いもので、伊藤福松さんの意志をついでセレモニーを始めてから、40年以上の歳月が経ってしまったのである。

　そして今年は大変に有難い記念行事が出来た。2013年12月7日、ハワイ真珠湾の式典の際に、数千人の参列者に配られた公式プログラムが発端となったのである。この小冊子の中に、恐らく日本人としては最初で最後になると思われるが、「私とB-29搭乗員の黒焦げの水筒」の記事が記載されていた。これは今までに静岡の慰霊祭に参加された事のある元米国太平洋軍総司令官Ronald J. Hays（ロナルド・J・ヘイズ）提督（海軍大将）と元副官のGary G. Meyers（ギャリー・G・メーヤーズ）中佐（現真珠湾航空博物館Advisor）等のご尽力によるものであるが、Arizona Memorial Visitor Centerの入口で渡されたプログラムを見た時には、私としては「ドッキリカメラ」の映像を見せられたような驚きであった。

　これだけでも「長く続けて来て良かったな!!」と思ったが、帰国後さらに「続き」が始まった。Hays提督、Garyさんや、ハワイ日米協会会長のEdwin P. Hawkinsさん等の働きかけ

で、「米国政府に、静岡とハワイ真珠湾の日米合同慰霊祭の
実績が認められ、静岡にハナミズキを贈呈することになった
ので、市当局に話して欲しい」と、真珠湾航空博物館通訳の
小池さんから連絡があった。これは100年前、日本からワシ
ントンに寄贈された「桜」の返礼として米国から日本に贈ら
れるもので、既に長崎や下田、そして山本五十六元帥出身地
の長岡等には寄贈されているとの事であった。

　早速、田辺市長に報告し、「受け入れ方」を要請した。も
ちろん市長の承認を得て準備にとりかかったが、日本とアメ
リカの役所の対応の違い、国民感情の違い、そして言葉の壁
と、数か月は散々な苦労で、夜間キリキリと胃が痛み、後日、
胃カメラ検査をしなければならなかった。

　アメリカ側の意向では「100本のハナミズキ寄贈予定」と

されていたのだが、「市の予算がつかず、土地もないので、次年度に20本の植樹をしたい」との要請であった。

　ハワイの関係者は「6月の空襲の慰霊祭の際に、少数でも良いから植樹したい」と連絡して来た。これはあくまでも「静岡空襲の慰霊祭」、そして真珠湾の慰霊祭に、私が黒焦げのB-29搭乗員の水筒を持って参列した事に対する返礼なので、6月のセレモニーの際に植樹をしたいとの強い要望なのである。

日米戦没者弔い41年　米から静岡市へ　感謝の記念樹

ハワイでの慰霊祭に参加し、米関係者と追悼の献酒をする菅野寛也さん（左）。静岡市で見つかった米兵遺品の水筒から、海にバーボンを注いだ＝昨年12月7日、真珠湾のアリゾナ記念館（菅野さん提供）

菅野さんら活動結実　あす慰霊祭で植樹

　日米の戦没者を弔う「日米合同慰霊祭」を41年にわたって続け、両国の友好に貢献した市民の活動に感謝し、米国政府が静岡市に、友好の証しであるハナミズキの米を贈ることになった。葵区の賤機山霊園に私財で碑を建て慰霊祭を主催して来た故伊藤福雄さん、医師菅野寛也さん（80）らの長年の取り組みが、米政府を動かした。7日の本年度慰霊祭で、菅野さんら地元遺族、米国関係者が集まり、碑前に植樹する。

　1945年6月の静岡大空襲。市民約2千人が犠牲になった。当時の尾崎行雄東京都知事が送った「ワシントンの桜」の返礼として、米政府が1912年に贈った。米兵233人と同じく、空襲で亡くなった日本人と、空襲後に真珠湾での軍関係者に参加を呼び掛けるなど手伝ってきた。

　菅野さんは91年の日米開戦50年を迎え、ハワイ真珠湾の慰霊祭にも毎年出席するようになった。米国側の出席に反発も出たが、菅野さんが自身の活動を懸命に説明すると、歓迎ムードに変わったという。

　菅野さんは「日米とも戦争の犠牲者が多く、ハナミズキに込められた思いを大切にしたい」と語る。県内でも今年2月に甲府市で「日米平和を願って続けた活動がこういう形になり、うれしい。亡くなった伊藤福雄さんも、喜んでくれると思う」と話した。

　ところが、日本の役所は上役の「ハンコ」がなければ何も出来ない実情なので、最後には、どうせ慰霊祭は私が主催でやるのだから、植樹も一切合切私の責任でやると開き直って市長に直訴し強行した。そして賤機山山頂のB-29慰霊碑の横に1本、山に登れない人のために浅間神社の池の畔に1本植樹する事にした。

　6月7日の慰霊祭は例年の日米関係者ばかりでなく、この日のためにご尽力されたHays退役提督、Gary退役中佐をお迎えして挙行した。

　Adm. Haysはアメリカの太平洋軍の元総司令官で、一時は某国の大使候補にノミネートされた方だと聞いている。86歳の高齢にも拘らず「自分の足で登って行く」と言われ、用意した杖も使われなかった。さすがに貫録のある振る舞いが「オーラを感じた」と多くの参列者の評判であった。その一方、数年前の真珠湾のセレモニーの当日、ご自分で運転して私達を迎えに来て下さった。日米を問わず、総司令官自らの運転される車に乗れたのは私達だけだろう（日本と違って、退役されたとはいえ国を守った人達が尊敬されている国なのである）。

　数年前より横田の米空軍の儀典部から「慰霊祭の最初に（黙禱の後）儀杖隊による両国国旗の入場、両国国歌の演奏をさせて欲しい」と申し出があり、大がかりな儀仗はもとより、音楽隊は楽器を抱えての登山で大変だったと思うが、式典が一層厳粛な雰囲気となった。

　そして、寄贈されたハナミズキの植樹式となった。実際は

前日に植木屋さんに依頼して植樹しておいて、当日は傍らに
用意した「土」を盛ったセレモニーである。Adm. Hays、市
長、伊藤福松さんのご家族、そして私達で土盛りをしたが、
これを始まりに、その後有志、ボランティアが交代で毎週
「水やり」をしている。

　第1回の植樹式の後は毎年の慰霊祭と同様、静岡の仏教会
の方々による法要、米軍牧師の祈禱、B-29慰霊碑に焼け焦

ヘイズ退役提督（左）とギャリー退役中佐（右）

ヘイズ退役提督（右）と通訳の小池良児さん（左）

げた水筒によるバーボン献酒、そして日米鎮魂ラッパと厳かに進行したが、今年は麓の浅間神社での儀式が加わっている。神社の池の傍らで、さらに1本の植樹をする事にしたからである。これは山へ登れない高齢の方々、当初は「真珠湾攻撃の生き残りの予科練海原会名誉会長、前田武さん」と「Adm. Hays」がご一緒に植樹されるのが一番意義のある事だと企画したものだ。しかし直前に前田さんから「ミッドウェー海戦の足の傷が痛んで歩けない」と連絡があり、県内の海原会の方々と、Adm. Hays、Garyさんとの植樹となった。

　かくして、今年のセレモニーは成功したのだが、文章にしてみると、何か簡単なレポートのようになってしまった。しかし今年ほど、お国柄の違い、国民性の違い、はては歴史観の違いを感じさせてくれた体験はなかった。

　第一に、真珠湾、特に"Arizona"は戦跡がそのまま残されている聖地である。だから毎年数千人の参列者が訪れる。そこへ「たったひとりの日本人」が慰霊に訪れたのだから最初は米側も驚いたらしい。しかし「静岡でのセレモニー」が知られるようになり、国際親善が理解されるようになった訳である

　さらに100年前の「ワシントンの桜」の返礼として「ハナミズキ」を日本へ送る団体、日米交流財団（U.S.-Japan Bridging Foundation）へ、Adm. Hays等が働きかけて下さって、自治体である「静岡市」へ寄贈となったのである。

　しかしこれ等の事は、日本側静岡市の理解度とはひどい温

度差があり、型式、書式の違い、言葉の壁はいかんともし難く、式典前日まで気を揉む破目となった。

　国際親善とは大変な行事だと痛感した。

　ともあれ、伊藤福松さんの遺志を受け継いで、1972年より続けて来た日米合同慰霊祭に、一つの「型」が出来たのは大変嬉しい事である。あるいは故伊藤福松さんが一番喜んで下さっているのではないかと思う。

　アメリカ側のアクションに比べ、日本側が今後どう対処するかが、今後の国際親善の問題として残るが、私としては「長い間続けて来て良かった」と思うし、今まで協力して下さった人達に感謝しなければならない。

　そして、こんな事が出来たのは大変「幸せ」だと、神仏に感謝している。

　ところで、国際関係音痴なのは静岡市ばかりでなく、日本政府、政権党も全く外交音痴である。明治時代の政府と違い、昭和の歴史は、日本がいかに「外交下手」であったかを示しているが、最近も、せっかく「朝日新聞」が長年の非を認め、中途半端ではあるが「韓国の慰安婦」報道を訂正したのに、全く現政権の態度は煮え切らない。もう「河野談話」、そして国連の「クマラスワミ・リポート」、慰安婦像等国際的な酷評の根拠は崩れたのだから、改めて国内外に我が国が貶められた事実を公式に公表すべきである。

　政府は事を荒立てずに、韓国と外交をしたいようだが、これは国民から見れば、全くダブルスタンダードな態度である。日本人を益々自虐的な、無気力な、誇りを持てない国民とな

るように「ミスリード」している。これでは国内の国民はもとより、外国に進出している日本人の立場を見殺しにしている。河野洋平は、自分の談話を決して否定しないだろうが、歴史が誤って伝えられた以上、正式に訂正すべきである。

「誤ちを改むるに、憚（はば）かる事なかれ‼」。こうした事が出来なければ、益々政治不信の状況にならざるを得ない。

不肖、私自身が何もやらなかったら、アメリカから「ハナミズキ」を贈られる事もなかった。

Do nothing comes nothing‼

上よりヘイズ退役提督、ギャリー退役中佐、小池良児さんに贈られた海原会の特別会員認定証

真珠湾攻撃75周年　　　　　　　　　（2017年6月記）

　一念具象。零戦のエース、坂井三郎さんに度々揮毫して頂いた教訓で、何回か「教えを守っていて良かった」と実感した事があったが、今回はさらに「以心伝心」と信じたくなるような体験であった。

　昨年（2016年）12月、恒例となったパールハーバーのセレモニーに参列したが、此の年は「真珠湾攻撃75周年」なので、さすがにハワイは緊張感に包まれていた。静岡の日米

合同慰霊祭に何回も参列されたMr. Garyや通訳の小池良児さん達のご尽力、そして緊張感も例年とは異なっていたが、ハワイ総領事の三澤康さん達のご努力も大変なもので、「まさか？　まさか？」の連続であった。

　まず到着早々にハワイ領事館へご挨拶に伺ったが、三沢総

領事から、立派な表彰状を頂いた。「日米親善に寄与した」との事で頂いたものである。数名の日米関係者には11月30日に授与され、私だけが遅れて頂いた訳であるが、これが驚きの第一幕であった。

　75周年のセレモニーは12月7日（日本時間12月8日）であるが、この前日の12月6日に、Arizona Memorialで静岡空襲のB-29搭乗員の遺品の水筒による献酒式が開催された。これは数年前よりHays提督のご尽力で、独立した行事として、7日の前日に行われるようになっていたのだが、このセレモニーで、いきなり「まさか？」と驚いた。

　Arizona Visitor CenterからMemorialへ向かう直前に、参加者にパンフレットが配られた。それには「Blackened Canteen Ceremony」と明記され、日米両国旗と「水筒」の写真が表紙となっている。そして次の頁に私の写真と「静岡空襲から始まったこのセレモニーの由来」が書かれている。

そして、併せて主催者の Arizona の National Parkservice と、Pacific Aviation Museum Pearl Harbor が記されていた。

　この日まで協力して下さっていた両国の参列者の多くの人達から「今までの努力が実ったので、大変良かった」と労いの言葉をかけられ、「congratulations」と声をかけて下さった人もいて恐縮したが、皆、思いは同じであったと信じている。

　これが「まさか?」の最初である。

　その後、12月7日、8日とセレモニーは続いたのだが、これらの日にオバマ大統領が出席予定とされていたので、物凄く警備が厳重であり、報道管制も厳しかった。何と言っても、「テロ」に対する警戒だったのだ。それで6日も一般の報道関係者は参加できなかった。12月7日の式場、キロピア海軍基地（Kiropier）も警備厳重で、重々しい雰囲気の中で Remembrance Day Commemoration が始まったが、各 speaker も「Peace and Reconciliation」を強調されていた。「平和と和解」を切望されているのである。

Pacific Aviation Museum Peal Harbor
館長・Mr. Ken DeHoff に贈った感謝状

　8日のフォード島の式典（日本時間12月9日）も参加者には厳重なチェックがあり、マスコミも参加出来なかった。配布されたパンフレットには「Lives Remembered : A Tribute to the Fallen of Pearl Harbor」と書かれている。

　これは初めて米海軍と日本領事館の共催で、日米両国の犠牲者の供養が行われた式典である。

　この式場のフォード島の海辺の広場は、Arizona Memorialと至近の距離で米海軍の「聖地」とも言うべき場所である。

　ところが式典が始まり、両国の国旗が掲揚され両国国歌が吹奏されたが、最初に「君が代」のメロディーが流れた時は、身震いするような感動を覚えた。「こんなにArizona Memorialの近くで、君が代が吹奏されるとは？」と「まさか？ まさか？」の驚きであった。これで75年前の日本海軍戦死者の

産経新聞（2016年12月8日）

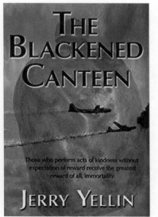

一緒に献酒したジェリー・イエリン氏の著書

御霊も成仏された、と信じたい。

　まさに古戦場のこの地で合同慰霊祭を共催されたアメリカ海軍と、日本の三沢総領事を始めとする両国関係者の並々ならぬご努力に深謝申し上げる。
　ただテロに対する警備のため、この式典が報道管制された事はやはり残念であった。

　今回のツアーは、海原会事務局次長・平野陽一郎氏、海原会々員・脇田四郎氏（甲種飛行予科練習生＝甲飛13期）、阿部さん（乙種飛行予科練習生＝乙飛22期）のご家族も参加されたが、ハードスケジュールと厳重な参加者のチェックでお疲れだったようだ。

　帰国後、まだ旅の整理もついていないうちに、さらに次の「まさか？」が始まった。ホノルル滞在中に「安倍総理が、クリスマス休暇明けに真珠湾の慰霊に訪れ、オバマ大統領と共に日米犠牲者の鎮魂式をされる」と報道され、関係者か

日米合同慰霊祭にて。平野陽一郎氏（左端）、脇田四郎氏（左から2番目）とともに。後方に Arizona Memorial

ら「ドクターも参列するのか？」と聞かれたが「私は招待されていないから……」と答えていた。だが、内心「もし可能ならばこの歴史的セレモニーに参加したい」と思っていた。「まあ、そんな事はないだろう？」と言っていた矢先に、外務省北米一課から電話を頂いた。 12月24日の事である。「ハワイの領事館から連絡があり、12月27日の日米両首脳の共同会見の式に出席して欲しい」との事である。「まさか？」と驚いたが、「とにかく参列させて頂きます」と返事した。それからが大変!!

　年末の事でエアチケットが容易には手配出来ない。やっとプレミアムチケットが手配出来たが、航空会社も「ホテルまでは手配出来ない」との事で、ハワイの小池さん（Pacific Aviation Museum Pearl Harbor）に、「何とかして欲しい」と電話し、慌ただしく出発した。 12月26日の早朝にホノルルへ着くまではホテルの確認も出来なかった。しかし、小池さんの手配されたWaikiki Park HotelはWaikikiの海岸近くで、翌日のHawaian Sunsetは見事であった。ようやく部屋で一休みしていたら、その日の夜、安倍首相主催の在留邦人のレセプションがあり、これにも関係者の推薦で列席させて頂き、首相にもご挨拶出来た。

　翌27日、小池さんの車で、天台宗の荒了寛さんと会場のキロピア海軍基地へ向かったが、やはり警備がもの凄く厳重で、随所に自動小銃を携えた兵士が立っている。2か所の検問所で、パスポート、登録氏名の確認、所持品検査、金属探知器による検査と幾重にもチェック体制が敷かれていた。

「ポケットの中のものも出して下さい」と、大変な事であったが、日米両国首脳の会見の場となればこれ位のチェックは必要であろう。

　基地内の会見場は、12月7日（ハワイ時間）のセレモニー会場のずっと奥の方で、列席者は日米双方で80名とか言われていたが、報道陣の数が凄かった。まるでオリンピックのプレス関係者位がいるのではないか？　と思われた。さらに「まさか？」と驚いたのが、私の席はほぼ中央の前から2列目の席、両首脳の「謦咳に接する」位の席である。

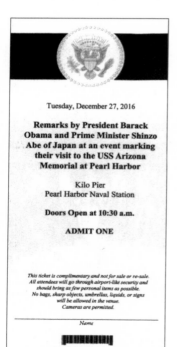

Tuesday, December 27, 2016

Remarks by President Barack Obama and Prime Minister Shinzo Abe of Japan at an event marking their visit to the USS Arizona Memorial at Pearl Harbor

Kilo Pier
Pearl Harbor Naval Station

Doors Open at 10:30 a.m.

ADMIT ONE

*This ticket is complimentary and not for sale or re-sale.
All attendees will go through airport-like security and
should bring as few personal items as possible.
No bags, sharp objects, umbrellas, liquids, or signs
will be allowed in the venue.
Cameras are permitted.*

Name

日米首脳共同会見場の入館パス

　Arizona Memorial での慰霊を終えた両首脳が到着され、共同会見が始まった。会場正面の真珠湾を隔てて対岸のフォード島近くに、右にArizona Memorial、左に戦艦Missouri が係留されている。そしてその先に日米両国の慰霊式が行われたフォード島の海岸が見える。

　Arizona は戦争の始まった記念艦、Missouri は戦争の終った記念艦、しかも「神風特攻隊」の突入した零戦パイロットの遺体が、キャラハン艦

長の命令で厳かに水葬された艦でもある。

　そして両首脳の真近に日米両国旗が翻っている。

　厳粛な雰囲気の中で、まず安倍総理のスピーチが始まった。

　「先刻、アリゾナ・メモリアルを訪れた時、そこは私に沈黙を促した場所でした」と沈痛な口調で語り始めた。この一言でアメリカ人にも首相の気持ちは充分伝わったと思う。

　それは先般の式典に参加した時に、多くのマスコミのインタビューを受け、「安倍総理のスピーチに何を望まれるか？謝罪の言葉は？」との質問があったが、私は「哀悼、鎮魂の気持ちが伝われば言葉は要らない。慰霊は人の心に伝えるものであり、鎮魂なくして友好、平和は望めない‼」と主張して来たが、まさかそれが聞こえた訳ではないだろうが、「言葉を失った‼」と言われた首相の気持ちは、充分アメリ

日系人の方々との夕食会。右から４人目が私。その左から順に稲田朋美防衛大臣、安倍晋三総理大臣、岸田文雄外務大臣（肩書はすべて当時）。於：コンベンションセンター（2016年12月26日）

カ人にも伝わった。さらに安倍総理は、「真珠湾攻撃で戦死した飯田房太中佐の碑を作られたカネオヘ基地のアメリカの方々や、戦後の困窮時に食糧を始め、日本に援助された『寛容な』アメリカの方々に深謝します。そして今や、日米親善が世界の平和をリードする」と格調高き演説をされた。

　またオバマ大統領も、ハワイの日系二世部隊が、アメリカのために貢献されたと讃え、平和と寛容の精神で日米親善を強調し、両首脳の握手で式を締め括った。

　この日の Hawaian Sunset はやはり美しかった。

静岡新聞（2016年12月26日）

　帰国後、さすがに疲れと念願の達成感で、年末の2、3日は、何年振りかでダウンしてしまった。その後年賀状や電話等で、多くの人々から「テレビを観たよ」とか、「新聞に出ていた」とかご挨拶を頂き、今更ながら

マスコミの影響に驚いたが、安倍総理大臣がハワイを訪れるような事がなければ、これだけのニュースにはならなかったと思う。

　一方、私の40年来の行動が無駄では無かったと確信した。それは多くの方々から、「永く続けた事が評価された」との言葉を頂いたからで、「わかってくれていた人達は、評価して下さったのだな‼」と感謝している。

　まさに「一念具象」である。

　また、安倍総理が「Arizona Memorialで言葉を失った」と表現された。まさか私が「慰霊、鎮魂に言葉は必要ない」と主張していた事が首相に聞こえたはずはないと思うが、「以心伝心」、然るべき所へ然るべき人が行けば、想う事は同じだと思う。

　昨年のセレモニーは終った。

　しかしこれからも、また続けなければならない。

　すでにアメリカから、日本の真珠湾攻撃隊戦没者の遺族についての問い合わせも来ているので、まだまだ止める訳にはいかない。

　【注】

　※1　真珠湾航空博物館のジャパニーズ・コーディネーター。

レジェンド零戦搭乗員・三上一禧さんの百寿を祝って
（2017年10月記）

　「矍鑠」とは、この人の事を言うのだろう。本当に久し振りに100歳のお祝いに参上した瞬間に、この言葉が脳裏をかすめた。

　「いやあ、懐かしいね!!　元気だね!!」と、とても100歳とは思えない力強い握手で三上一禧さんは迎えてくださった。それは1998年8月に、零戦隊初空戦（1940年9月13日）の搭乗員の一人であった三上さんが、対戦相手の中国空軍のパイロット、徐華江さんと劇的な58年振りの再会の時の感動的な場面を思い出させるような表情であった。

　話は1996年に遡る。海軍航空隊関連の団体である特空会の靖国神社慰霊祭での出会いである。毎年台湾から参加されている高雄航空隊出身の陳亮谷さんが、台湾空軍の副司令官、徐華江さんを紹介して下さった。通訳として陳さんにも加わっていただき、共通語の英語で会話を始めると「昭和15年9月13日の空中戦で、私は零戦に撃墜されたが、落とされてやっと残骸から這い出た私に、止めの機銃掃射をせずに見逃してくれた搭乗員を探して欲しい」と依頼された。凄い人にお目にかかったものだと驚いたが、当日の日本側の搭乗員で「初空戦」の人はおらず、誰かが「坂井三郎さんなら知っているかも知れないよ」とアドバイスをしてくれた。帰宅後、坂井さんに報告したら「それは陸前高田（岩手県）の三上さ

んだよ」と即座に教えて下さった。それからが大変で、坂井さんと陳さんの助けをお借りして、ようやく1998年8月、霞ヶ関ビルで三上さんと徐さんの「58年振りの邂逅」にこぎつけた。この時の三上さんの表情を思い出したのである。

　お祝いの席では三上さんの熱弁が続いた。もちろん零戦ストーリーである。

　「昭和15年、私（三上さん）が横須賀航空隊のテスト・パイロットだった時に零戦が出来たのだが、まだ未完成でテスト飛行をしては各部を改良していた。ところが当時、支那大陸では、九六式陸上攻撃機（陸攻）は航続距離が短くて爆撃機の援護ができなかった。九六陸攻が1機落とされると7〜8名が戦死してしまう。一刻も早く援護戦闘機を出撃させろ、との命令で横空（横須賀海軍航空隊）の搭乗員が試作機と共に最前線へ渡り、テスト飛行を繰り返し、改良を重ねながら

三上さん（前列中央）と私（前列左）

9月13日の初空戦の日に出撃した」と、まったく昨日の出来事のように話された。徐さんについては、「腕の良いパイロットだった」と称えていた。機銃掃射の件については、「武士の情けだったかな？」と笑っていた。劇的な再会については、やはり坂井三郎さんのお蔭だと感謝していた。

　2011年3月11日、東日本大震災の当日、高台にあった三上さんの家は玄関先まで津波が来たそうだが、「奇跡的に、九死に一生を得た」と話された。「奇跡」を信ずるかどうかは個人の問題だが、私は、三上さんが撃墜した徐さんを機銃掃射せず見逃した行為により、神仏のご加護があったのではないかと思っている。大津波の傷跡を見て来たから、なおさらそう思いたくなる。

　さらに三上さんからは、戦時中、横須賀から北海道へ飛行

1941年6月、漢口基地・12航空隊に所属の三上さん（前列右から2番目。前列左から2番目が坂井三郎さん）。写真／光人社刊『坂井三郎　写真大空のサムライ』より

する際、陸前高田の松原の海岸が不時着場に指定されていたので、戦後この地に住む事にした、と「初耳」の話を聞かせていただいた。

坂井さんも、ソロモン慰霊の際、ボーゲンビル島のキエタからブインまでジャングル上空を飛行中、「途中に不時着可能な広場があり、住民もいた」と観察されていたし、ジャワで民間機に「逃げろ」と指示したとの秘話もある。それ故にガダルカナル上空で負傷しながら、奇跡の生還をされたのは、神仏のご加護があったと信ずる。歴戦の搭乗員ならではのエピソードには、共通したものがあるのではないだろうか。

まだまだ話は尽きないが、「百歳のお祝い」に何が良いかと考えたあげく、やはり「零戦」と決めて持参した。今まで、タミヤの零戦52型サウンドアクションを10機ほど作り上げ、数名の零戦搭乗員に送ったところ予想以上に喜ばれ、「爆音が本物だ」と興奮して電話して来られた方もいた。三上さんにも何年か前にお贈りしたが、津波で流されてしまったらしいし、「思い入れ」は21型の方が強いのではないかと考え、これが良いと決めた。欲を言えば、自分で作った零戦を差し上げたかったが、タミヤのキットはマニアックで、「こんな細かいパーツまであるのか？」といつも驚きながら作っているので、時間に追われてしまう。ところが真珠湾のセレモニーから静岡空襲の慰霊祭とずっと行事が続いていて、とても「自作」する時間がない。そこで、タミヤのスタッフに相談したところ、「マスターワークコレクション（完成品）の零

戦21型があります」との事。「渡りに船」と手配を頼み、思い切って持参して手渡した。マスターワークの21型は、坂井さんの乗機であるV-128。世間では、一部の評論家（？）がこの「ナンバー」に異論を唱えているが、私は1980年、坂井さんやソロモン群島で闘った海軍航空隊の方々とラバール方面へ慰霊ツアーに行った時に、ラバール飛行場の滑走路で坂井さんに色々お聞きしたところ「零戦では21型が一番。機体番号は負傷した時のV-128」と明快に語られたので、誰が何と言おうとV-128を信ずる。

　操練（操縦練習生）37期出身で、坂井さんの1期先輩であった三上さんも、予想通りご満悦で模型をじっと見つめていた。あれだけ精巧に出来ていれば、搭乗員としては、我々が想像もつかない感情が出てくるのだろう。また時間をかけて、サウンドアクションの零戦をお届けしたいと思っている。

タミヤ1/32マスターワークコレクション　三菱　海軍零式艦上戦闘機ニー型V-128号

「歴史が繋がった。慰霊、鎮魂なくして、和解、平和はあり得ない」 （2018年6月記）

　マスコミ、特にNHKはさすがに全国区だな、と思ったことが以前にもあったが、やはり影響力は大きかった。

　最初は、NHK静岡放送局の早坂さんが、「静岡と真珠湾の慰霊祭」について取材に訪れ、2017年8月にラジオの深夜番組の「戦争と平和」シリーズで私の事が放送されたのがきっかけであった。折角の放送だが、早朝4時からなので、余り聞いてくれる人はいないのではないか？　と思っていたが、意外と聴かれた人達が手紙や電話等で激励して下さり恐縮した。

　しばらく経って、宝塚在住の松崎洋祐さんから連絡を頂いた。「父が真珠湾攻撃隊のパイロットだった」との事。手元にあった「攻撃隊隊員名簿」を見たら、「イの一番」に松崎三男と名前があった。何と驚いた事に攻撃隊総指揮官、淵田中佐機の操縦員の松崎三男大尉その人であった。早速、連絡をとり合って、大阪でお逢いした。

　大阪城真近のグランドホテルだが、城を鑑賞している余裕がない。久し振りで歴史的人物の遺族に逢うという事で興奮していた。

　松崎さんは恰幅の良い落ち着いた方で、「自分が生まれる2か月前に父は戦死していたので、母や戦友の方々から聞いた事しか知らないが、先日のNHKの放送を聞いて、出来ればハワイを訪れたい。敵、味方の供養をすれば、自分自身の気持ちの区切りをつけられるのではないか？」と話してくれた。

　今まで逢った人々とは違った立場での話であったが、歴史の変動の中で、「戦時中の英雄が戦後に白眼視された、日本の歪められていた時代の影響を受けた人」の話であった。それで12月のハワイのセレモニーへご一緒に、と計画をすすめた。

　2017年12月3日、我々は成田からホノルルへ、松崎さんはトランジットで、成田→ホノルルへと出発。到着した3日は、領事館へ挨拶の後、夕方からフォード島のPacific Aviation Museumのレセプションに参列。ここは復元された零戦等の機体が陳列されているが、今年から日本の「九七式艦上攻撃機」のスクラップが復元計画されており、これは松崎大尉や、前田武海原会名誉会長の搭乗機と同種の機体であり、金属関係の専門家であった松崎さんが色々とアドバイス

Arizonaの献酒式。写真中央左から松崎さん、私、Mr. Martinez

されていた。大変な作業だが、何年か後には復元された勇姿を見たいと望んでいる。

この年もBlackened Canteen Ceremonyは、Arizona Memorialと、Pacific Aviation Musium（PAM）の共催で行われる事になっており、その前に松崎さんを戦跡地へご案内しようと、

飯田房太大尉の碑の前にて

Mr. Gary、小池さん等のご尽力で数か所を訪れた。

　飯田房太大尉自爆のカネオヘ基地は、入場チェックが以前より厳しく時間がかかったが、これも9.11のテロ以後の事だと言われた。大尉のモニュメントには花束や、そして零戦の模型が供えられていた。キャノピーも開閉出来る機体だ。

　飯田大尉の遺体は、米軍によって軍葬の礼式で、丁寧に埋葬された。真珠湾攻撃直後にも拘らず、外国の報道によってこの事を知らされた時は、アメリカにも「騎士道」があり、敵として容易ならざる国だなと思った。

　そして今回の「ハイライト」として計画したのが、松崎さんの「日本機の攻撃ルート」の体験飛行である。

　ホノルル空港の民間飛行場（Washin Air inc）から北上し、海上へ出て、オアフ島の西海岸沿いに南下して真珠湾へ突入する第一次攻撃隊の侵攻ルートである。松崎機より「トラ・トラ・トラ」（水木徳信一飛曹）を発信した附近では、「ここで発信された」との機長の説明に松崎さんも頷いていた。

　パールハーバーを空から見られた体験は、我々にとっても貴重な体験であったが、「あの位の高度（2000m？）で飛んでいたら、奇襲攻撃でなければ、米軍の対空砲火で日本機の損害はもっと多かったであろう？」と妙な事を感じた。

　12月6日のArizona Memorialでのセレモニーには、早朝にも拘らず、多数の関係者と報道陣が参加された。そして、12月9日（日本時間）、まだ我々がホノルル滞在中に、NHKの朝の番組で放映された。

　そして、松崎さんの参加はアメリカ側にとっても、今まで

の方々と立場の違った歴史の証人としての印象を与えていた。

　これで歴史が、繋がった!!

　12月7日（日本時間8日）米軍の公式セレモニーも例年通り厳粛に行われた。さらに午後、PAMで長岡（新潟）や仙台からの日本人留学生と、米軍（真珠湾生存者協会等）の方々とのsymposiumも行われ、翌9日（日本時間10日）のフォード島での日米合同慰霊祭も、予期せぬArizona SuperintendantのMs. Ashwellの感涙の場面で幕を閉じた。

　帰国後、放映されたNHKのDVDを拝見したが、限られた時間にも拘らず、さすがに良く纏められていた。

　特に「お互いの犠牲者の慰霊をしなければ、平和や和解はあり得ない」と私が主張していた事がきっちりと報道されていたのは、「良く解ってくれた」とNHKに感謝している。今まで熱心な方々に支えられて来たが、今後も出来る限り努力したいと思っている。

「たったひとりの慰霊祭」から
「Blackened Canteen Ceremony」へ
（2019年5月記）

　真珠湾の「たったひとりの慰霊祭」（1991年）から30年近い歳月が経ってしまった。

　1933年生まれの天皇陛下も今年退位されるが、同年生まれの私も、全く同世代の激動の時代を生きて来たので、歴史の重みはそれなりに感じて来た。そしてハワイに何か残したいと思っていたが、やっと望みが叶った。

　以前、ハワイの関係者から「B-29搭乗員の遺品の黒焦げの水筒を、真珠湾に残してくれないか？」と非公式に言われていた。それは「Dr. が来られなくなった時の事だが……」と前置きがあっての話だったが、「それでは静岡のセレモニーが出来なくなる」と考えていた。

　そうこうしているうちに、ホノルルの大学生から「黒焦げの水筒」の3D模型を作製したいと申し入れがあり、実習見学したが、1年後に細かい積木細工のような製品を拝見した。これが出来るなら、何とかレプリカが出来ないかと思いたった。幸い静岡は「世界の模型都市」であり、以前から親交のあったR.C.ベルグの澁谷祐明会長に相談したところ「何とかなりますよ」と引受けてくれた。

　そして2018年の6月の静岡の慰霊祭に、数個のレプリカを間に合わせてくれた。形といい焼け焦げの塗装といい、さすがに見事なレプリカだった。おまけに蓋も開閉可能で、さらにくり抜いてあるので、中に水が注げる。当然「バーボン

も注げます」との事で、「それなら献酒の後で、皆で乾杯も出来るかね？」と聞いたところ、「もちろん。だが、削り屑が残っているので気をつけて飲んで下さい」と言われた。

とにかく、これでセレモニーの型が残せる、と思うと、時間をかけてもB-29搭乗員の遺族、関係者に贈呈したいと思っている。

そして、まず6月の慰霊祭に横田基地の司令官と、パールハーバーからのMr. Garyにお渡しした。注文した小箱に入れ、さらに神聖なる浅間神社の風呂敷で包んで贈呈した。

その後、12月に真珠湾のceremonyに参列したが、12月6日（現地時間）、12月7日の前日の早朝、Blackened Canteen CeremonyがArizonaで挙行された。Adm. Haysのご指示で、数年前からあえて独立した行事として開催されるようになったので大変有難い。早朝からなのが大変だが、スケジュールを「日本海軍の攻撃開始時刻」に合わせているので、まさに「暁の出撃」である。今年はArizonaが工事中のためMemorialへは乗艦（入館）出来ず、Visitor Center の式場で儀式を行い、7時からシャトルボートで出発し、Memorialの間近で洋上慰霊祭を行う事になり、式開始時間は午前6時30分となった。

午前6時にすでに200名位の参列者が集合し、Mr. Garyと
Mr. Martinez[※1]が一生懸命準備をしている。私も原稿を確認しつつ待機していたが、かなり綿密な打ち合わせをしていたのにも拘らず、次第に熱が入ったのか、司会のMr. Martinezが順序を飛ばして突然、私にスピーチの指名が来た。「自分の

書いた原稿」だからと何とか読み上げたが、いささか慌てた
せいか、マイクの調節もせずにいたので頭をぶつけてしまい、
とたんに原稿の字が2、3行ちらついてしまった。ある先輩
からの「英文の原稿を1行飛ばしてしまった事がある」との
体験談を思い出して、ちょっと間を置いてスピーチを続けた。
式後、日本の友人から「ちょっと間を空けたのが慎重なスピ
ーチになって良かった」との評価や、「今年は例年になく、
あがっていたのかな？」との同情論（？）もあったが、とに
かく、最後に水筒のレプリカをArizonaへ贈呈した。これは
思った以上に反応があり、実物とレプリカを並べて写真を撮
られたり、やっと一つの型が出来たかな、と急に安堵と疲れ
を覚えた。

Mr. Martinezと「黒焦げの水筒」のレプリカを手に

　前述のようにArizona Memorialは工事中のため、参列者はシャトルボートに乗りMemorialの間近で「献酒」となったが、今回はこれで終了ではなかった。

　参列者の米海軍指揮官と海上自衛隊の司令官との間で、ボートの艦上でShake Handsの儀式が行われた。

　これはボートの艦上であればこそのシーンであった。

　歴史に「if」は禁物であるが、77年前には想像も出来なかった事であり、これがあの当時出来ていれば、太平洋戦争はなかったのになと思ったのは私だけではなかった、と信ずる。

　この2日後に、Missouriの日本人スタッフの長谷部正寿君[※2]のご尽力で、Missouriでもレプリカの贈呈を行い、英文の資料やDVD等をお渡ししたが、後日の連絡で「Memorial Ship

（左右とも）米海軍指揮官と海上自衛隊司令官のShake Handsの儀式

の一隅に陳列し、DVD等も教育用の資料にしたい」と報告を頂いた。どのような規模になるかわからないが、これがさらに国際親善の一歩前進となる事を切望している。

　思えば、1991年の「たったひとりの慰霊祭」が多くの人々の御協力で「ここまで来たか」と感無量である。

　帰国後、まだ荷物の整理もついていないうちに、小池さん（祖母が静岡出身）が、「お墓参りに来ました！」とひょっこり訪れて来た。彼もトンボ帰りなので、余り長くお話しする時間もなかったが、先日持参した「DVDの反響があり、あちこちで教育用に使いたい、と言っていましたよ」と、これはまた嬉しくChristmas Presentを頂いたような気分だ!!

　この原稿を書き上げた時にハワイの小池さんから、「荒了寛さんが亡くなった」と知らせがあった。

荒了寛さんと私、妻・雍子（2018年12月9日）

　まさに1991年、開戦50周年の時に「たったひとりの真珠湾での慰霊祭」をエスコートして下さった方で、今まで随分大勢の方々にお世話になったが、特に熱心にご尽力頂いた方で、日本の二世部隊の戦跡慰霊や、オーストラリアの「カウラ出撃（捕虜収容所の集団脱走による死亡）」の慰霊等、抜きん出た行動力には敬服していた。

　慎んで、ご冥福をお祈りする。

　【注】
　※1　Daniel A. Martinez、Chief Historian of Arizona Memorial。
　※2　記念艦ミズーリのコーディネーター。

追録

立場の違い　　　　　　　　　　　（1999年10月記）

「遂に来たか」と覚悟はしていたが、やはり落胆は隠せなかった。

8月31日深夜、入院加療中の弟が、I.C.U.に移されたとの知らせがあった時の事である。

駆けつけて面会を求めたところ、「処置中ですので少しお待ち下さい」と言われ待機していたが、私は移植準備の為の「カニューレーション」をしているのだと思った。これは、腎移植に関係して来た医師としての理解で推察したのである。ところが暫くして、移植コーディネーターが、弟の妻と私の所へ説明に訪れた。以前は我々医師がやっていた事を説明に来るのだなと思ったが、意外な事に「カニューレーション」の説明を始めたのである。

「心停止後の移植」には家族は同意していたので再確認かと思ったら、「カニューレーション」についてはさらに承諾が必要になったのだと言う。弟の妻に、移植を前提としての処置だからと了解を求める話になったのだが、私も説明しているうちに「ハッ」と気が付いた。私は最初、自然に医師側の立場で話していたのだが、弟の家族から「それは直接治療に関係ある処置なのですか？」との質問が出て来たからである。I.C.U.に移ってからも「最後まで、望みは捨てない」と言っていた家族の気持ちが表現された質問なのである。

とたんに私は、弟の身内としての感情で考えるようになった。

　確かにそれは「死後の処置」なのだ。弟の家族は「一つの流れとして処置されると理解出来るのなら、あるいは知らなければ、それで良いのかも知れないが、改めて相談されると、直接治療に関係なければ待って頂きたい」と申し出た。まさに、身内としては、その通りである。

　結局、心衰弱の兆候を認めてから処置をされたのだが、こんな時に、こんなに具体的に立場の違いを考えさせられるとは思ってもみなかった。

　また、人の命について考えさせられたのは大震災、特に阪神淡路大震災のときで、火災を大変口惜しい思いをしてテレビで見ていた。

　というのも、カナダの森林大火災で活躍している消防飛行艇「CL-415」を三菱重工が売り出したことや、日本の航空自衛隊のPS-1を改造して消火実験を行った等の報告も聞いていたので、これらが実用化されていればもっと多くの人命を救助できたのではないかと残念でならなかった。

消防飛行艇　実用化していれば

省庁の"壁"で見送り

ヘリ10機分の散水能力
20年前、ばく大開発費

消防飛行艇への改造が計画された対潜哨戒機「PS-1」

阪神大震災（兵庫県南部地震）で「がれきの病人」が話題となったが、約二十年前、防衛庁・自衛隊が広域火災を想定した消防用飛行艇を十数機規模にかけて開発しながら、省庁間の権益などをめぐって、実用化が見送られていた。消防用ヘリ十数機の散水能力を持ち、海水をくむなどが可能で、専門家からは「実用化されていれば《今回の》被害を半減にとどめる可能性があった」という指摘が出ている。

導入検討すべき

専門家・都立大教授

研究教授・都立大教授の話　ヘリコプターや消防車が入れないような大地震火災で効果はして導入を検討すべきだ。

消防飛行艇は、開発用の研究により、実用化の研究が、一九七大年から三年間かけて防衛庁と民間で行われ、海上自衛隊の産対潜飛行艇「PS-1」を改造して貯水タンクを装備し、有害では過去に数回もした。

防衛庁によると、実用化リコプターが一・五トンの水を散水用のして農薬十大散水分の水を一度に散水できることで、農薬十大・飛行艇みに戻った。海外では山火事などに威力を発揮している。

ツアー中止
被災地見学

阪神大震災の被災地見学ツアーを企画した神奈川県の旅行業者は八日、旅行の中止を決めた。被災地の住民感情に配慮したという。

毎日新聞（1995年2月8日）

阪神大震災後、神戸の海事関係者は「海の日」（7月20日）の祝日制定を歓迎し、国会に足を運んだ。ミナト神戸再生のためには、国会全体で海やミナトのことを考えてもらう機会が必要だとの思いからだった。震災から一年四カ月余り。神戸港では、最新のコンテナ埠頭が復興し、新潟のコンテナ船の入港も相次いでいる。だが、神戸はアジア諸国の港湾に比べ「元通りにするだけでは復興は難しい」との声も聞かれている。便利さという、ミナト神戸の未来を考えるヒントは日本から向き学び、どう生かすか。21世紀に向けた真の復興は、ミナトから始まる――。

7月20日 祝日「海の日」

海の有効利用策を

ポンプ、消防飛行艇…

危機管理

兵庫県明石市は今年4月、週100km近くの高速で迎える「海上走時」をPRするテクノスーパーライナー（TSL）の実験を行う「フロートジェット・ポンプ」を掲げる。ライナー（TSL）の実験を行う「フロートジェット・ポンプ」を...シア客船内で初めて導入。大出力付きポンプ車入り...

阪神大震災は、救援ルートしての陸路を寸断された。自衛隊はフェリー横付けし神戸から上陸、消防用水に窮した被災地で、延々とホースを延入した。

TSLは遭物が過船薬界の音頭を取って進めたプロジェクト。高速貨物船と利システムをスタートさせた。

民間では、三菱重工業は、海からの水を確保する機能を上げた消防飛行艇「CL-415」を売り出し、各地でデモフ

艇内にくみ上げた海水を放水する消防飛行艇「CL-415」＝神戸港で3月6日

ライトを実測。飛行艇は水面を12秒滑走する間に、週1たる6トン余りの水を含むことができ、水は消火剤と混合、敷きらかい智水剤となるため、散水による延焼を抑えられるのが特徴。讃岐では高所からの水が生存者にダメージを与える恐れがあるとして見送られただけに、各地のデモフライトは注目を集めた。

今夏、海から水を確保する被災地を管轄する第5管区海上保安本部にも、放水航を専門に倍強した新型船が配属された。

毎日新聞（1996年5月28日）

　もう一つ、命について、さらに考えさせられた写真（上の
2点）を紹介させて頂きたい。

　それは、1997年の海原会の慰霊祭の当日、土浦の雄翔園
の上空を慰霊飛行しながら、日本航空連盟のパイロットが写
した写真である。

　式典に参列していた私達は全く気がつかなかったが、式場
の周囲の林の中に何本もの「水柱」のようなものが写ってい
る（次頁）。

　これをどのように解釈されるかは、全く一人ひとりの自由
意思であるが、式典に参列した者としては、英霊の御霊が昇

天された、と思いたい。

　　"Pearl Harbor Never Again" が、さらに意義ある言葉に感じられた。

There are more things in heaven and earth,
　　than are dreamt of in your philosophy.

from Hamlet.

Peace and Reconciliation

【英文サマリー】
平和と和解

RISING ABOVE THE HATE OF WAR

RISING ABOVE THE HATE OF WAR

If it had not been for the attack on Pearl Harbor, Shizuoka city would not have been bombed.

The blackened canteen of a dead B-29 crewman

By

Horoya Sugano

(ZERO FIGHTER ADMIRERS" CLUB)

Translated by Jiro Yoshida

(ZERO FIGHTER PILOT ASSOCIATION)

The blackened canteen shows the impression of the B-29 Pilot's hand.

A BLACKENED CANTEEN

This canteen was recovered from one of the crash sites of the B-29s on June 20th, 1945. Shizuoka city was bombed by 123 B-29 SUPER FORTRESS heavy bombers the day before. The entire city was virtually destroyed and almost 2,000 persons were killed. During this mission, two of the B-29s had a mid-air collision. Twenty-three crewmen perished.

Mr. Fukumatsu Ito, the person who started the Joint US-Japan Memorial Service, obtained this blackened canteen from wreckage.

Mr. Ito was a very generous person and erected two monuments atop Sengen hill: Kannonzo, Goddess of Mercy, one for the victims of Shizuoka, and another stone monument as the memorial to the B-29 crews. Mr. Ito and Dr. Hiroya Sugano worked together to continue the Joint US-Japan Memorial Service. After Mr. Ito's death, Dr. Sugano, an artificial kidney specialist, was entrusted with this canteen.

Once a year this canteen is filled with American bourbon whiskey. Each year an American pours whiskey on the headstone of the monument.

This scene is one of the highlights of the ceremony.

黒焦げの水筒

　この水筒は1945年の6月20日にB-29爆撃機の墜落現場（静岡市）で発見されました。

　静岡市はその前日、123機のB-29重爆撃機による、大空襲を被りました。市街の中心は壊滅的な損害を受け、約2,000人が焼死しました。

　静岡市の上空を旋回中の2機のB-29が空中衝突をし墜落して、搭乗員は全員死亡しました。

　伊藤福松氏は、この黒焦げの水筒を入手しました。彼は最初に日米合同慰霊祭をスタートさせた方です。

　彼は大変に心の広い人であり、二つの慰霊塔を賤機山（浅間神社）の山頂に建立しました。一つは静岡空襲の犠牲者の慰霊ための観音像、もう一つは墜落死したB-29搭乗員のための慰霊塔です。

　その後、伊藤氏と菅野寛也医師が出会って、毎年定期的に日米合同慰霊祭が行われることになりました。伊藤氏は死亡しましたが、その直前にこの水筒を菅野医師に託しました。

　一年に一度、この水筒は米国産のバーボンウィスキーによって満たされます。毎年一人のアメリカ人代表が慰霊塔に献酒（ウィスキーポアリング）をします。

　これは、慰霊祭のハイライトの一シーンです。

Mr. John Colli, brother of dead B-29 crewman, pouring Bourbon whiskey on the B-29 memorial monument.

Dr. Sugano holds the blackened canteen in his right hand.

National flags of two countries are raised on the top of Sengen hills.

Survivors from both countries shaking hands.

Mr. Maeda, Mr. Fiske, and Dr. Sugano on the Arizona Memorial.

THE BURNED CANTEEN OF A DEAD B-29 CREWMAN

THE BURNED CANTEEN OF A DEAD B-29 CREWMAN

By Junnosuke Shinozaki:

The Lion (Japanese Version) December '95

Translated by JIRO YOSHIDA

War has no mercy; it spares no one. A little past midnight on June 19-20, 1945, Shizuoka City was heavily bombed by 123 Superfortress bombers of the 314th Bomb Wing of the 20th Air Force.

The B-29s carried the devastating M47 and M69 incendiary cluster bombs, These bombs were filled with thickened gasoline and metallic fillings. Upon impact, the thickened gasoline splatters and sticks to everything. Thermite is the metallic filling mixed with the thickened fuel. Thermite is a mixture of powdered aluminium and powdered iron oxide. When ignited, it burns at a temperature of about 4,000°F.

The incendiary cluster bombs carried smaller bomblets. For example, the M69 carried 48 bomblets and were fused to burst at 300 meters above the ground, scattering each device over a very wide area. One M69 would start 48 separate fires.

On the Shizuoka fire raid, the B-29s dropped 51 high

efficiency bombs, 10,711 M47s, and 2,494 M69 incendiary clusters. This night hell rained down from the heavens. The indiscriminate air raid burned out 2.25 square miles of the city which was equivalent to 66% of the city. The entire industrial center of Shizuoka city was destroyed. Over 2,000 citizens were killed and more than 12,000 were injured. The unclaimed bodies of the dead laid for three days until they were cremated along the Abe River (Abekawa).

On the night of the Shizuoka fire raid, Dr. Hiroya Sugano, who was then a boy, hid himself in the air raid shelter. The shelter was crudely built; it was basically a hole in the ground with a wooden roof covered with soil and clay. The water level of the area was so high that underground bomb shelters were quite shallow and did not afford much protection. In case of a near hit, the occupants of the shelter died an agonizing death, roasted alive like in an underground oven.

Young Hiroya heard a terrible sound and shock waves shook the shelter where he hid. Two B-29 bombers had collided and hurtled to the ground. These two B-29s were reported as shot down and the entire crews of 23 men were killed.

The next day, Hiroya ran the several miles to the crash site on the western side of Shizuoka City. The Army had cordoned off the area to keep the public away, but the young boy could see the bodies of the dead Americans laid out in the distance. These enemy soldiers were cremated at the public cemetery along with the Japanese victims of the bombing raid.

THE CANTEEN

In July 1944, General Curtis LeMay took command of the US 20th Air Force. LeMay became a specialist in bombing tactics over Europe and brought his expertise to the Pacific Theater. His carpet bombing raids over Hamburg, Germany convinced him that his tactics would be effective over Japan. He believed that the best way to defeat Japan was to destroy everything regardless of civilian casualties. In explaining his strategy, he stated in a press release that the devastating fire raids had a profound influence on the Japanese Government and its citizens. The people were thrown into mass confusion and everyone, including the military, lost morale and fighting spirit. LeMay also claimed to have reduced the economic production by about 70%. The staggering destruction of lives and property eventually forced Japan to sue for peace. General LeMay's scorched earth policy was barbaric but no one could argue about its result. In the Shizuoka raid, 23 Americans sacrificed their lives, including a 19 year old boy named Kenneth Colli.

When the B-29s came down to earth, parts of the wreckage were scattered widely. Some parts were found in a mulberry field which was located in the northwest area of Shizuoka.

The plantation belonged to the elder brother of Mr. Fukumatsu Ito. Mr. Ito at that time owned a distillery and was also a member of the Municipal Assembly. He ran down to the crash site and recovered a scorched American canteen. This canteen had accompanied its owner to earth. While the owner ceased to exist, the canteen survived. Perhaps the owner's spirit merged with the metal canteen at the moment of impact, causing a noticeable dent.

Mr. Ito mourned for the dead Americans not as enemies, but simply as fellow human beings caught up in the tragedy of war. He erected a wooden cross for their souls. It was a courageous act on his part during those difficult days when hatred for the Americans filled the hearts of the grieving. We Japanese used to call America and Britain "the beasts of mankind." Although we were living in a modern 20th century, the war years returned us to the "Dark Ages."

War created divisions amongst the peoples of the world. Suddenly, people were grouped as Allies and Enemies. They were either with us or against us. Mr. Ito did not see the world in this way. He treated everyone the same. He believed that, basically, people were full of goodwill and were God's children.

In 1970, the original B-29 memorial monument was relocated to a mountain peak in Shizuoka. Mt. Shizuhata is situated in the northern part of the city. Shizuoka derives its name from this mountain. The mountain rises 200 meters and has a commanding view of the great city. It is a peaceful and majestic location where the souls of both American and Japanese victims of the bombing sleep in peace.

In Memory of Shizuoka's Victims

The Shizuoka Monthly

"A CALL TO YOU ALL"

1st NOVEMBER '84 (No.15)

¥100

123 B-29s left Saipan the morning of June 19th, 1945. Their target: Shizuoka. They arrived at four in the afternoon and dropped over 12,000 firebombs weighing over 1,000 tons. Their aim was to burn Shizuoka because their commander, General Curtis Lemay, felt that every Japanese house was a small factory for the war. During the bombing two planes crashed in mid-air and left to the ground near Ansai Bridge. These two planes were the only ones lost that night. Shizuoka lost 2,000 people and most of its homes.

Dr. Hiroya Sugano recalls, "The bombers would usually come from the Omaezaki side, go around Mount Fuji on the north side and then swing down and bomb Tokyo and Yokohama. This night, a few bombers came from Izu Peninsula and starting firebombing the city. Soon a huge squadron of B-29s came. My family and thousands of other people used the sight to the Abe riverbed."

After these two planes crashed a young Buddhist priest, Fukumatsu Itoh, found these planes and the 23 dead crewmen. He felt that he should hold a memorial service for these dead men because it did not matter if they were "enemies" or not. They were people and should be properly buried. He then started the procedure for their burial and in the process course hated by the Japanese for helping the "enemy."

Buddhist burial

Part of the Buddhist burial procedure requires the person's name. Since Mr. Itoh didn't know the dead crewmen's names, he could not complete the memorial services. This troubled him and he spent over twenty years searching. During this time he had built a memorial for the Japanese who died in this air raid, but he wanted to build one for the Americans, also. Finally, through the Zero Fighters Pilots Association (to which Dr. Hiroya Sugano belongs), he was able to obtain a list of the crew and built the memorial on Shizuhatayama. Unfortunately the families of the dead crewmen haven't been located yet. For anybody who could help, here's the list with references:

B-29, 42-65372, 62 Bomb Sq., 39 Bomb Grp (MACE 14800)
1 Lt Donald Q Hopkins (Acft Comm.)

F/O William C Joyce (Pilot)
F/O Kenneth E Durham (Navigator)
F/O Maurice J Powaner (Bombardier)
MSgt Gerhard J Rueker
SSgt Edward J Mose (Radio) 36643308
SSgt Thomas C Ulrich (CPO) 36833445
SSgt Kenneth Colli (RGB) 15104535
SSgt Justin J Parsley (LBC) 4209408
Sgt Raymond E Baczak (TG) 23004638

B-29, 44-69681, 52 Bomb Sq., 29 Bomb Grp (MACE 14800)
1Lt Waldo Carl Everdon (Acft Comm.) 0742989
F/O Tim Arkutick (Pilot) T155490
1Lt Edwin Allen Rodeheffer (Navigator) 02019106
1Lt John Joseph O'Connor (Bombardier) 0789508
F/O Monroe Melvin Cohen (Radar) T137450
Cpl William B Stockbarger Jr. 34825807
Cpl Herbert A Kallog 13178245
Sgt Ernest D Bergeron 14132004
Cpl John W Cameron 35928513
Sgt John Puciloski 33613965
1Lt Newton Earle Towle Jr. 0836602

For further reference check with:
Branch HCWB,
Washington National Record Ctr.,
Washington D.C. 20409

This list was provided by the Zero Fighter Pilots Association who obtained it from the Daedalians, an association of American pilots. When Mr. Itoh held the first memorial service in 1972, the Daedalians and the Zero Fighter Pilots Association attended and the Daedalians have come every year for this service.

Memorial

This year's service was held on September 29 and forty members of the Daedalians led by Colonels Gordon Wahlfeil and Frank Basiey as well as over eighty Japanese, mostly elderly who survived the attack, made the long climb to the top of the hill. Everybody wore civilian clothes only.

A Buddhist burial service was performed and whiskey was poured over the crewmen's cremation that Mr. Itoh had found in the wreckage. The keep of this contains as well as other relics have been entrusted to Dr. Hiroya Sugano since the death of Mr. Itoh in 1974. There were
(cont. on last page)

Shizuoka's Victims
Cont. from front page

many speeches and the following message from Ambassador Mike Mansfield was read:

Sept. 13, 1984
Dear Dr. Sugano,
It was always a pleasure to hear from you and to note that you are keeping busy as usual. I am privileged to comply with your request for a message to the Japan-U.S. co-memorial service on Sept. 29th. I commend you for your dedication to the brave men of both our countries. They were called, they served their countries well and they are remembered as patriots. Though not present, I would like to join all of you in homage and respect to brave men.
Sincerely,
Mike Mansfield

This is the only memorial of its kind in Japan, commemorating both the American and Japanese dead. This was mainly the work of one man, Fukumatsu Itoh and this one man's kindness and love of humankind overcame the petty nationalism that exists today. This act expresses a triumph of love over hate. Even in war we need not forget we are all humans and must live together. Politics should be used only in the aim of bringing solace to a world already burdened by the blind selfishness of some of its inhabitants.
JERRY COLLETTE
ROBERT MARTINEAU

My Reasons for Visiting Hawaii

Today, many Japanese come to Hawaii for sightseeing, shopping, swimming, surfriding and so on. My purpose for visiting Hawaii is a bit different from that of the average Japanese. Mine is to inform Americans of "The Joint Japanese and American Memorial Service" at Shizuoka City.

The Pacific War broke out when I was eight years old, and a second-year elementary schoolboy. Almost all Japanese were told that Pearl Harbor was attacked after "Declaration of War" at that time. The Japanese Government in those days made the nation believe that "This war was the right war."

On June 19th, 1945, Shizuoka City was attacked by 123 B-29s, which were heavy bombers and known as the superfortress.

The central part of the city was bombed and nearly 2000 citizens were burnt to death. During this bombing mission, two B-29s had a mid-air collision and crashed down around the riverbed. All the crew pilots, navigators, radiomen, gunners, and bombardiers died.

Mr. Fukumatsu Ito, the owner of a soy sauce company at that time, felt sorry for the dead Americans. His belief was that the dead should be treated equally, even if they were once enemies. He erected a wooden cross for the dead B-29 crews. However, some citizens were against this action because many, many citizens had been killed by the deceased crews.

He later became a Buddhist priest and built two monuments, one for the air-raid victims and another for the dead Americans.

I myself became a doctor, and a specialist in the field of artificial kidneys. I have many Japanese friends including Mr. Ito, and Mr. Saburo Sakai, who is a living Japanese top ace of Zero Fighter.

We have held "The Joint U.S.A.-Japan Memorial Service" at Shizuoka for many years. When Mr. Ito died several years ago, I then became a host of this ceremony, which has a history of 20 years. Just before his death, Mr. Ito entrusted me with "The Blackened Canteen" which was recovered from the crash site of the B-29s.

My first visit to The Arizona Memorial was in May, 1990. I was very moved by the fact that the dead warriors were very respected by all American citizens. I had an opportunity to talk to an officer at the information center there, and when I told him about "The Joint USA-JAPAN Memorial Service" at Shizuoka, he said "Thank you very, very much, Dr. Sugano!"

My second visit was in August 1991. The atmosphere there was quite different. It was rather cold. Almost all the Americans around there were telling us that "This is a grave, not a sightseeing spot."

I understood that perhaps some or even many Japanese didn't realize that the Arizona Memorial was a hallowed place. I thought to myself that I should come to Hawaii during Pearl Harbor Week. As the Pacific War broke out at Pearl Harbor, I think this is the suitable place for me to hold a kind of memorial service like we have had in Shizuoka City. Some American friends, including former Ambassador Armacost, and another former Ambassador, Mansfield, and Rear Admiral Hernandez all supported for me and encouraged me to go. But a few American and Japanese friends were against the idea and advised me not to go. They thought that silent Japanese were preferable to talkative Japanese during such a solemn week. The more advice I received, the stronger I felt that a Hawaii visit was my solemn obligation following the will of the late Mr. Ito.

To make a long story short, during my stay in Hawaii, I fortunately became aquainted with some famous Japanese Buddhist priests. These were Mr. Ogawa, Mr. Hohashi, and Mr. Ara. I managed to hold a small Japanese style Memorial Service at the beach near the Arizona Memorial. The

Blackened Canteen I brought from Japan is now a kind of treasure in order to promote much friendship and mutual understanding between the U.S.A. and Japan.

I had long wanted to bring this canteen to Hawaii on this day during Pearl Harbor Week, which I thought might help to console the souls of the war dead of the both countries. I think "If it had not been for the attack on Pearl Harbor, Shizuoka City would not have been bombed." I have visited Hawaii seven times. Each visit has been may be yet another success and serves to promote good relations between the two countries.

I am looking forward to seeing many Americans, Japanese Americans and Japanese of good will in Hawaii.

1993 December 6th
HIROYA SUGANO
Translated by YASUO D. SUGANO

B-29 MEMORIAL SERVICE HAS NO BOUNDARIES

B-29 MEMORIAL SERVICE HAS NO BOUNDARIES

After Mr. Ito relocated the original memorial statue and tower to Mt. Shizuhata, he saw some citizens clean up the new site on holidays. At that time, a cable (gondola) line led to the summit where hikers could start their journeys. While citizens had seen the monument, very few understood its significance. Dr. Sugano was one such citizen. By 1972, he had graduated from the Medical Department of Nihon University, had worked at the Nihon University Hospital in Tokyo for over 10 years, then at the municipal hospital in Numazu City, and finally returned to his hometown in 1972. He established the Sugano Internal Medicine Department at Sena in Shizuoka City.

As Dr. Sugano and his family were climbing Mt. Shizuhata one day, the statue on its base suddenly caught his attention. He had heard the story about Mr. Ito establishing the Kannon statue for the war dead. The statue was right in front of his eyes. The B-29 memorial monument was also there. Suddenly, the good doctor was overwhelmed with deep emotion.

Dr. Sugano asked for the address of Mr. Ito from the people who cleaned the site, and shortly he was in contact with the gentleman. They both found in each other the same appreciation for the goodness of man regardless of nationality, race, and other segregating factors.

Dr. Sugano is an airplane enthusiast. He so loves the Zero fighter that he is acting president of the Zero Fighter Admirers' Club. He has many friends in the US Air Force.

Dr. Sugano appealed to Mr. Ito: "There should be no boundaries between Japan and America. Let us have a joint ceremony." Mr. Ito strongly agreed. The good doctor began visiting dignitaries, paid a visit to the US Embassy, and asked his friends to participate. Officials showed great interest in the joint memorial project.

In 1972, the first Joint US-Japan Memorial Service was held at Mt. Shizuhata. American military personnel came from Yokota Air Base in two buses and participated in the solemn service. Not only was Dr. Sugano impressed, but also the local citizens including many aging victims of that terrible night in June 1945.

If Americans realize some Japanese buried American war dead with great honor, they will understand that goodwill has no boundaries. Goodwill is so strong and basic in many people that even during war, it cannot be repressed. It is the universal language that everyone understands. We have made tremendous progress during the last 50 years. Let us work and pray together for peace.

TEARS OF MR. FISKE

TEARS OF MR. FISKE

By Hiroya Sugano, MD

Time flies like an arrow. Two years have passed since we attended the Joint US-Japan Memorial Service in Hawaii in connection with the 50th Anniversary of the end of World War II. Thanks to the efforts and kindness of the people concerned, the 1997 Memorial Service was held in Japan together with the American party visiting Japan.

A series of joint war's end anniversary events culminated in a gathering of veterans from Japan, England and the United States in Hiroshima. The honored guests and participants visited the Atomic Bomb Memorial Museum without showing the strain of their long journeys. Before entering, the Japanese participants looked very solemn and stiff while the Americans appeared solemn and ill at ease. It reminded me of the feeling we experienced when we first visited the USS Arizona Memorial Museum at Pearl Harbor.

Many men, each with different thoughts, went into the Memorial Museum and later emerged with shocked expressions on their faces. Going up to the 2nd floor where I saw the diorama, Mr. Fiske approached me, murmured something, and put his hands on my shoulder. I saw that he was choked with tears. He could not move for awhile.

Seeing this, one of the press reporters asked "Could I interview him?" So I gave the reporter a brief background about Mr. Fiske. I could imagine the mixed feelings in his mind that he must have felt. The next morning, the detailed interview was widely reported on both television and newspapers.

Needless to say, many victims and their bereaved families had opposite reactions which is understandable. However, I have always thought that the real admirable spirit of human beings should be mercy.

A young Japanese, who belonged to the victim country of the atomic bombing, made a sympathetic comment to Mr. Fiske though the atomic bomb had been dropped by the Americans. I never imagined this could be possible.

About two decades ago when I participated in a memorial service at Rabaul and Bougainville, the native people who also attended exhibited these admirable traits. They told me that Japanese were good people. I compiled all of the series of the Memorial Services and events into the Tears of Mr. Fiske.

A Nisei in Hawaii said, "If all Americans were like Mr. Fiske, the war would not have happened". But considering after the Sino-Japanese War of 1894-95, we Japanese were obliged to return Liaotung peninsula under the threats by Russia, France, and Germany. Our state men of the Meiji Era were distinguished leaders who made the right decisions in the interest of Japan while facing great difficulties.

Compared with these leaders, the politicians of the Showa Era (1926-1989) failed to learn the lessons from their elders and past history. The minds of our present politicians are much concerned with election polls and voters, and pay little attention to the past.

During the 1995 commemoration, President Clinton, Japanese and American veterans, and other officials remembered the sacrifices of World War II in the peaceful setting of the U.S. National Cemetery of the Pacific at Punchbowl in Hawaii. A plea was made for unity to maintain the freedom that had cost so many lives. For Japan and America, World War II was the pivotal point of both our countries. "Pearl Harbor Never Again!" said Mr. Maeda, President of Unabarakai. Everyone was very impressed. I think we arthe heirs of their legacy. We must be guardians of their wishes.

Since we have met many times at various events, it was as though we were among old friends. Everyone felt satisfied and fullfilled. Because we had all survived life and death we are alive today. Race, hatred and politics were ignored. Only the veterans who had dedicated their lives and souls could fully appreciate and understand each other.

Richard I. Fiske

Sergeant, United States Marine Corps
Master Sergeant, United States Air Force (Ret)

Richard Fiske came from a military family. His father was a 37-year U.S.Navy veteran of World War I and World War II. During his career he sank two ships. Richard's brother, Frank, was a corporal in the U.S.Army Medical Corps and participated in five campaigns in the South Pacific. Richard, his father and brother were all at Pearl Harbor when the Japanese attacked on December 7, 1941.

Sergeant Fiske was born on March 26, 1922 in Boston, Massachusetts. He had lived all over the world when his father transferred to San Diego, CA. After graduation from Sweetwater High School, Mr. Fiske enlisted in the Marine Corps in February, 1941 and went to boot camp at MCRD San Diego. Following graduation, in July 1941, he was transferred to the USS West Virginia (BB-48) as a bugler.

On December 7, 1941, Sergeant Fiske was on the quarterdeck when the attack began at 0755. He witnessed the Japanese planes coming across the channel to drop their torpedoes at the mighty USS West Virginia. This magnificient

ship settled to the sea bottom in twelve minutes. Nine
torpedoes and two bombs would eventually strike the USS
West Virginia. After the first torpedo hits, Sergeant Fiske
rushed to his battle station which was the navigational
bridge. A few minutes later, he witnessed the Captain's death
after being mortally wounded. At about 0930 the order was
given to abandon ship. Sergeant Fiske then swam to Ford
Island.

Sergeant Fiske remained assigned to the USS West
Virginia until January 1944. He was promoted to Field Music
Sergeant and was transferred to the 5th Marine Division. His
bugle was taken away and he was made the Assistant
Platoon Leader. He participated in the landing and bloody
battle of the Japanese stronghold of Iwo Jima in 1945. He
remained on Iwo Jima for 33 days.

After the war, Sergeant Fiske enlisted in rhe newly-
established US Air Force in 1948. After completing aircraft
and engine school, he also earned his private pilot's
certificate. He served during the Korean and Vietnam
conflicts as a crew chief on the KC-97 and KC-135 aircraft.
Fiske retired from the US Air Force in 1969 with the rank of
Master Sergeant.

His personal decorations include the Presidential Unit
Citation for the Iwo Jima campaign, the Iwo Jima

Commemorative Medal, the Pearl Harbor Survivors Medal, the US Air Force Commendation Medal, the Marine Corps and Air Force Good Conduct Medals and South Pacific Campaign and Victory Medals; a total of 13 in all.

Today, as a Pearl Harbor survivor, Richard Fiske has been a volunteer at the USS Arizona Memorial since 1982. He is often referred to as one of the park's goodwill ambassadors. He has a special duty that he performs. Master Sergeant Fiske was given the honor to put roses once a month at the USS Arizona Memorial. Master Sergent Fiske will continue to do this special tribute for as long as he can.

Upon retirement, Master Sergeant Fiske received the prestigious Order of the Rising Sun with Silver Rays from Emperor Akihito of Japan. This award was presented to him by the Japanese consul general in Hawaii, Mr. Kishichiro Amae, in May 1996.

Official workship in
Yasukuni Shrine

TAPS by Mr. Fiske (Hiroshima Atomic Bomb Memorial Museum)

RISING ABOVE THE HATE OF WAR

Two years after this event (1974), Dr. Sugano was entrusted with the canteen and has been continuing the efforts of Mr. Ito, who has since passed away. As he continues the ceremony, he notices that there is no discrimination exhibited between former adversaries.

In August 1991, Dr. Sugano visited Pearl Harbor but this time as a tourist; he went to the USS Arizona Memorial again to pay his respects. An unfortunate incident occurred when an employee suddenly screamed at him: "This is a GRAVE !" Was this American offended by the presence of a Japanese on the sacred site? It has been more than 50 years since the end of the Pacific War and it seemed that the slogan "Remember Pearl Harbor" was making a comeback. Anti-Japanese sentiments seemed strong. Dr. Sugano was bewildered. "This can't be right !" he thought. Since then, he has made a visit every December 8 (Hawaiian date December 7) to the USS Arizona Memorial and tried to join the ceremonies to pay respect for the dead.

Dr. Sugano has tried his best to get official involvement through the offices of the past and current US ambassadors to Japan, for Japanese participation at the USS Arizona

Memorial. Requests to the US Embassy, the Pearl Harbor Museum, and the US Navy proved negative. The good doctor was cautioned that he might be inviting high risks for his good intentions, but "retreat" has never been in his vocabulary. Since 1972, he has moved forward.

Dr. Sugano sincerely believed that it was now time to send a message to the citizens of the United States. On December 6, he went alone to Pearl Harbor. If he could not hold his services on the Memorial, he would hold it in his hotel room. Several newsmen from the Hawaii Hochi News, alerted by the Shizuoka News, waited for him. He was informed that it was absolutely impossible for him to join the ceremonies. On the same day, someone notified him that religious services would be held at Nichiren-Shu Hawaii Annex. At this ceremony, the names of the dead Japanese Naval aviators and special midget submarine crews were read, as well as those of the B-29 crews who had died over Shizuoka. The blackened canteen was brought by Dr. Sugano once again to participate in the   solemn services.

On December 9, Dr. Sugano visited the USS Arizona Memorial. He stood at the bridge of the Memorial and poured water into the sea from the canteen. He held a one-person memorial service and prayed.

Hate begets hate and nothing ever positive comes from it.

On the day he was to return to Japan, a priest in Hawaii told him that his visit was a significant one. The priest suggested that he look for the next-of-kin of the B-29 crews who perished over Shizuoka and show them the blackened canteen. "This is your task, your duty" said the priest. The good doctor accepted the duty and has worked diligently to fulfill his goal.

In March 1992, the Hawaiian Annex of Nichiren and the Tendai denomination came to Shizuoka and visited Dr. Hiroya Sugano. The priests who were guided to Mt. Shizuhata came to understand the good doctor's selfless efforts to promote goodwill via the joint memorial services between Japan and the United States. As a consequence, the priests asked Dr. Sugano to come to Hawaii on August 15 to participate in the sending off ceremony (obon) for the spirits of the dead B-29 crews and the Shizuoka air raid victims.

Mr. Magee, chief of USS Arizona Memorial at Pearl Harbor, was invited to the ceremony of the Hiroshima atomic bomb victims in August. It was often that he heard voices say "No more Hiroshima!!" And just as often since December 7, 1941, he has heard the slogan "Remember Pearl Harbor!" Somehow, he no longer believes this war-time slogan is appropriate. Mr. Magee believes that hate cannot be overcome with hate.

Fate brought Mr. Magee together with Dr. Sugano in

Hawaii. On the way to the museum, he asked Dr. Sugano if he had brought the dented American canteen which was found in the wreckage of a B-29 which had crashed during the bombing raid over Shizuoka. The canteen was filled with American bourbon and poured over the B-29 memorial monument atop Mt. Shizuhata as an offering to the dead. "I understand that alcoholic beverages are forbidden at the museum, so I brought it empty," said Dr. Sugano. Replied Mr.Magee, "It is no good that way!" He poured clean water into the canteen and the contents were emptied over the USS Arizona at the memorial site. A former Marine blew a requiem on the bugle for the souls of the Sailors and Marines entombed below. Visitors who were aware of this ceremony came together and shook hands with Dr. Sugano.

That night, there was a ceremony for the sending off of the spirits of the dead; lighted lanterns floated down the Ara Wai canal in Waikiki. The story of the horrific bombing and casualties suffered by both sides was introduced to the people and the canteen was symbolically offered to the altar. As the lighted lanterns floated downstream, one could not help but think of the human tragedy that occurred between our two great nations more than half a century ago.

In October of the same year, a former soldier named Richard I. Fiske, who blew the bugle of requiem at the USS

Arizona Memorial, was invited to the 26th Yokaren Memorial Service. The ceremony was highlighted by pouring American bourbon from the blackened canteen before the wreaths in front of the Memorial.

TRIUMPH OVER HATE

Yokaren Unabarakai President Takeshi Maeda, who is the sponsor of the memorial service, participated in the Pearl Harbor raid as a torpedo airplane pilot and attacked the American warship, USS West Virginia. A former Marine named Richard I. Fiske, who was once a signal operator on that warship, played the requiem, and then shook hands with Mr. Maeda when the two met at the battle site.

The desire for peace is inherent in all human beings; war is an aberration. War begins with misunderstanding and mistrust and ends violently. There are no winners in war, only losers. Everybody loses something.

Dr. Hiroya Sugano's daughter Noriko was married to an American military officer, Todd C. Mooney, a graduate of the Military Academy at West Point. She had studied in America and participated in the joint memorial service for the war dead of both sides at Mt. Shizuhata. She had also attended the memorial service at Pearl Harbor with her father. It was her father's great desire that she become a "suspension bridge" of goodwill between Japan and the United States. Noriko has cleary exceeded her father's expectations!

Dr. Sugano retains in his possession a blackened American canteen which was recovered from the crash site of a downed B-29 bomber. This bomber had participated in the destruction of Shizuoka in 1945. The canteen is filled with American bourbon and poured over the B-29 crewmen's memorial at the annual services. This canteen has become the symbol of goodwill between Japan and the United States. On his annual pilgrimage to Pearl Harbor, he brings this canteen and pours "holy water" over the sunken hulk of the USS Arizona from the Memorial above. He prays for the souls of the dead Sailors and Marines. Visitors watch with fascination, then wait to hear his story, and take photographs of the good doctor and the canteen.

Noriko and Todd C. Mooney, and their son

While visiting Hawaii, Dr. Sugano was given a special task by a priest to find the next-of-kin of the B-29 crews who died that night, and to show them the blackened canteen. It was a difficult and challenging task, but he pressed forward. The task became more pressing as the 50th Anniversary of War's End neared.

According to a report from a civil organization in Tokyo, an American participant in the Shizuoka bombing was located. His name is Harry Mitchell and he is alive and well in the USA. What great news! Then the 74 year old brother of a crewman named Colli was discovered in Connecticut (John Colli) and also Mrs. Margaret Delago 75, of New Jersey; her husband perished in the crash of their B-29.

On June 17, 1995, the two American families (next-of kin) of the B-29 crews killed over Shizuoka, attended the memorial services, all at Dr. Sugano's expense. Standing next to the memorial, closure for the families were finally attained. Dr. Sugano commented: "I'm certain the late Mr. Fukumatsu Ito, who sculptured the Kannon (Goddess of Mercy) monument, will feel quite satisfied."

The American Ambassador in Japan, Mr. Walter Mondale, explained the meaning of the joint memorial service. He believes that grief is shared by all combatants with the same intensity and that the memorial ceremony celebrates the virtues of our humanity and the strength of the bond of friendship and goodwill between our two countries.

Ambassador Mondale, Noriko and Todd C, Mooney, and their sons, added: "I am deeply impressed with all of you, holding a memorial service each year, for brothers who were killed in the fall from the sky over Shizuoka."

John Colli, whose 19 year old brother was killed in the crash, was also impressed with this event. "I didn't expect to see such a delightful plan come true and I am much obliged to the Japanese people. I feel goodwill toward most Japanese people." He poured American bourbon from the canteen over the monument and a representative of the Japanese bereaved families offered to shake hands. Mr. Colli age 74, whose hand is stiff with age, trembled as he took the gentleman's hand. It was a momentous occasion.

On September 3, 1995, Japanese and American veterans had a friendship and peace meeting at a hotel in Waikiki, Hawaii. Veterans and their families gathered to remember and pray. There were more than 800 people in the hotel. Naturally, Dr. Sugano was also there. Many old vets, meeting for the first time since the war, slapped each other on the back and traded old war stories. There were hearty laughter and friendship all around. All agreed that they were lucky to have survived to such a ripe age. Then they thought back to their old buddies who didn't make it.

There was a poem on a large sheet of paper in the hotel

and everyone added their names to it.

THE EARTH PLEDGE

I, citizen of Earth,
pledge to myself and to all others
that I will,
without reservation,
and in all ways now known to me and yet to be known,
do all that I can, both individually and collectively,
to create and maintain a world
in which all people can live in dignity and freedom,
earning their own food and shelter,
always and ever remembering the cost
paid by individuals, nations and the Earth
when these basic needs are denied.
I pledge in my own heart and mind
to love all people without restraint,
to rejoice in their diversity,
knowing that it is our greatest strength,
and to strive unceasingly toward one world,
united in harmony, peace and prosperity

By Judy Tsukano
Honolulu, Hawaii
April 1991

Dr. Hiroya Sugano took over the duties of the late Mr. Ito
and continues to act as Master of Ceremonies for the annual

B-29 memorial service at Mt. Shizuhata. He has continued to spread the words and deeds of Mr. Ito.

Mr. Kaoru Murakami, late Lions International President, lectured on the topic "People at Peace." He believes "We cannot spread the carpet all over the world; however, each person can wear a pair of shoes!"

Let each one wear a pair of those shoes (peace) in their mind. Dr. Sugano spreads the theme from Shizuoka to the world. Burnt and dented, the blackened American canteen is an eloquent symbol of the hardship of Kannon, the Goddess of Mercy.

U.S. - JAPAN JOINT MEMORIAL SERVICE

日米合同慰霊祭

World War II American and Japanese Veterans Friendship and Peace Program

World War II American and Japanese Veterans Friendship and Peace Program

September 3-4, 1995
Honolulu, Hawaii

THE FINAL ACTS OF COURAGE BY TWO PACIFIC VETERANS

Two men,one Japanese and one American,have become icons of friendship for the veterans of the Pacific War. Takeshi Maeda and Richard Fiske will forever symbolize the world's greatest story of war and peace. Their fates brought them face-to-face, not once but twice, during the Pacific War. They fought for their countries December 7 at Pearl Harbor and again at Iwo Jima. Their bodies and minds were tempered by the flames of war.

Neither could fully understand all the horrors that war imprinted upon their characters and memories. Both men saw their comrades die on the battlefields. The scars of war were deep, and often filled their nights with nightmares of the past. The past, however, was the past, and both imagined that one day in the future, fate would ignite a spark of human kindness in their hearts toward each other. This was a rare type of kindness that few have ever witnessed and fewer have ever experienced. This unique kindness was a deeply-felt belief that friendships were the true treasures of the human race.

Only with their personal courage, Mr. Takeshi Maeda and Mr. Fiske extended their hands toward each other in friendship at their first meeting in 1991. These two men, once adversaries, were now facing each other in friendship. All the people who witnessed this supreme act of friendship between these two men felt a deep and sweet sense of goodness in their chests. It was an experience never felt before by the many onlookers. This was the historic first handshake between the two men in Hawaii.

These two veterans have continued their friendship. Their historic first event has since given birth to other friendship events between American and Japanese veterans of World War II. The much-praised Hawaii events during the 1995 "End of the War Anniversary" and again in the Japan 1997 reunion were successful, largely because of the courageous acts of Mr. Maeda and Mr. Fiske. Many veterans have found the meaning of peace by shaking hands of old adversaries. In the end, the acts of reconciliation and friendship became the ultimate accomplishments for all the veterans who had the courage and the will to participate.

Declaration of Friendship and Peace
友情と平和の宣言

On September 3, 1995, World War II veterans came together in
１９９５年９月３日、第二次世界大戦における日米退役軍人諸氏が、

friendship, healing, and reconciliation on the island of Oahu, Hawaii.
友情、癒し、そして　和解のために、ここハワイのオアフ島に集いました。

As a sign of the spirit of peace and fellowship that has drawn us together
today,
平和の精神と親睦への願いが、今日、私たちを、ここに集めさせました。

we solemnly affix hereunder our signatures.
私たちは、厳かに、そのための署名を行います。

We have done this not only as testimony to our own reconciliation
私たちは、それを、単に私たちの和解のあかしとしてだけではなく、

but also an example to future generations.
次代を担う人びとのための模範として行いました。

For having suffered the scourge of war ourselves, we wish peace
私たち自身が戦争の災厄を経験したがゆえに、私たちは、

and reconciliation for our children, grandchildren,
自分たちの子供や孫、それに全世界の人びとの平和と和解を、

and the peoples of the world.
心より念願します。

Plaque Design

This is the design of two plaques to be dedicated at the National Memorial Cemetery of the Pacific at Punchbowl. One will remain at Punchbowl and one will be installed in Tsuchiura City in Ibaraki Prefecture, Japan.

PROGRAM

Declaration of Friendship and Peace Reception

DATE: Sunday, SEPTEMBER 3, 1995
PLACE: HAWAII ARMY MUSEUM at Fort DeRussy/
HALE KOA HOTEL, Waikiki
TIME: 5:30 P.M.

Registration/Reception

Musical Prelude	Le Jardin Academy Ukulele Choir
Introduction	Paul Wilcox Master of Ceremonies
Welcome Remarks	Lou Ann Guanson, Director Matsunaga Institute for Peace Takeshi Maeda, President Unabara-kai Veterans Association
Keynote Speaker	A.A. (Bud) Smyser, U.S. Veteran
Keynote Speaker	Zenji Abe, Japan Veteran
Reconciliation Friendship Handshake	Richard Fiske, U.S. Veteran Takeshi Maeda, Japan Veteran
Formal Toast	William Paty, U.S. Veteran Kiyoshi Aikawa, Japan Veteran
Friendship Declaration Signing	Denver Gray, U.S. Veteran Akira Okinaka, Japan Veteran
Closing Remarks	Paul Wilcox

Open microphone (please limit speeches up to 1 minute)

Sponsored by the Matsunaga Institute for Peace, University of Hawaii

PROGRAM

Friendship Plaque Ceremony

DATE: Monday, SEPTEMBER 4, 1995
PLACE: NATIONAL MEMORIAL CEMETERY OF THE PACIFIC at Punchbowl
TIME: 4:00 P.M.

Musical Prelude	U.S. Marine Corps Band
Entrance of the Colors *(Please Stand)*	Joint Military Color Guard
Introduction	Dr. Joyce Tsunoda Mistress of Ceremonies
Welcome Remarks	Gene Castagnetti, Director National Memorial Cemetery of the Pacific
Invocation	Reverend Joseph Morgan WWII Chaplain
Presentation of National Flags *(Please Stand)*	Joint Military Color Guard
Japanese National Anthem	U.S. Marine Corps Band
U.S. National Anthem	U.S. Marine Corps Band
Keynote Address	Takeshi Maeda, President of Unabara-kai Japan Veteran
Keynote Address	Captain James Daniels, U.S. Navy (Retired) U.S. Veteran
Tenting on the Old Camp Ground	Punahou Chorale Dee Romines, Director
Presentation of Wreaths	Mistress of Ceremonies
Sakura, Sakura	U.S. Marine Corps Band
Eternal Father	U.S. Marine Corps Band
Three Gun Volley	U.S. Marine Corps Firing Detail
Taps	Richard Fiske U.S. Veteran
Let There Be Peace on Earth	Punahou Chorale
Plaque Dedication	Fusaichi Sakurai, Japan Veteran Robert Kinzler, U.S. Veteran
Inscription of Hope	Punahou Chorale
Processional and Floral Presentation	Japanese Children, Japanese Hawaii School Led by Zenji Abe
	U.S. Children, Aikahi Elementary School Led by Richard Fiske
Benediction	Reverend Yoshiaki Fujitani
Floral Tribute *(All attendees may make a floral offering)*	
Informal Retirement of the Colors	Joint Military Color Guard

Sponsored by The East-West Center

Address at the Flower Lei & American/Japanese Friendship Plaque Ceremony at the National Memorial Cemetary of the Pacific at Punchbowl. September 4, 1995.

It is beyond my imagination to be standing here today on the 50th anniversry of the end of the Pacific War.

As one of the aviators of the air raid forces on the day of the Pearl Harbor attack, I am filled with deep emotions.

54 years ago, I could not imagine the possibility of this meeting, and be able to shake hands, forsaking all events in the past.

I would like to express my deepest gratitude for allowing the Friendship Plaque donated by the Unabara-kai, Japanese Naval Veterans' Association, to be installed on this sacred ground of the National Memorial Cemetary of the Pacific at Punchbowl.

We shall commit ourselves to continuously express the importance of friendship & peace to our young generations, with the mutual motto of "Pearl Harbor never again".

May God bless the veterans of both country and all the people of the world.

Thank you.

Takeshi Maeda

Takeshi Maeda, president
Unabara-Kai, Japanese Naval Veterans' Association

Let There Be Peace on Earth
心に平和の火をともそう

Let there be peace on earth and let it begin with me
心に平和の火をともそう、

Let there be peace on earth, the peace that meant to be,
地球に平和が戻るように

With God as our father, brothers all are we
民みな神の子、民みな同じ

Let us walk with my brother in perfect harmony
手をつなぎ合い、祈りを込めて

Let peace begin with me, let this be the moment now.
心に平和の火をともそう

With every step I take, let be my solemn vow,
平和の誓いを常に刻め、

To take each moment and live each moment in peace eternally,
いつもいつも愛の笑顔を分かち合い、

Let there be peace on earth and let it begin with me.
心に平和の火をともそう

Let it begin with me.
火をともそう。

Afterword of an account of trip

"Time waits for no man" is quite true. Already two years have passed since we participated in the 15th anniversary observance of the end of World War II in the Pacific in Hawaii. It was really inspiring to see Japanese and American veterans, once adversaries in that tragic conflict, now shaking hands in overtures of peace and friendship. Now dreams almost came true.

Believe it or not, if it were not for America, the citizens of the world would indeed be living in far greater adverse conditions. Since the end of hostilities of World War Il, America has reached out to all the people of the world. It has provided unlimited financial aid, technical support, and moral support. America has strived to resolve international problems through the wisdom and patience of mutual dialogue.

Now the world is becoming more and more peaceful. However, the differences of religion, politics, race, customs and other trifles may cause an incident or war. I believe, by promoting mutural understanding, friendship and good relations, we can rid ourselves of most of the troubles. I hope our ceremony becomes one step to realizing world peace,

My mission is to record the numerous memories and recollections of old Americans and Japanese servicemen involved in the many battles of the Pacific during World War II.

前田会長とMr. Fiske

昨日の敵は今日の友

r e m e m b r a n c e

WINTER 2013

72ND ANNIVERSARY
Pearl Harbor Day Commemoration
December 7, 1941 - December 7, 2013

A PACIFIC HISTORIC PARKS PUBLICATION

PACIFIC
HISTORIC
PARKS

BLACKENED CANTEEN BECOMES SYMBOL OF PEACE AND RECONCILIATION

Gary Meyers, Lieutenant Colonel, United States Marine Corps, Ret.

On the night of June 20th, 1945, while on a bombing raid over Shizuoka, Japan, two U.S. Army Air Force B-29s from the 314th Bomb Wing collided and crashed killing 23 crewmen. In the same raid, more than 2,000 Shizuoka citizens died.

Mr. Fukumatsu Itoh arrived at the scene and pulled two of the American airmen from the wreckage, but they died shortly thereafter. Mr. Itoh also retrieved a blackened canteen which appeared to bear the handprint of its former owner.

Being a devout Buddhist, Mr. Itoh gave the American crewmen a proper burial alongside the local residents who had also died. For his selfless act of compassion, Mr. Itoh was roundly condemned by the local citizens; he bore the hatred silently.

Shortly thereafter, Mr. Itoh began conducting a modest annual ceremony to honor those who had paid the ultimate price that war often exacts. A silent prayer was offered and bourbon whiskey was poured from the blackened canteen onto the crash site memorial as an offering to the spirits of the fallen, both Japanese and American. Eventually, he erected two monuments in their memory; the annual ceremonies continued.

Dr. Hiroya Sugano, a child at the time, and his family lived through the 1945 raid. He visited the crash site the next morning but found no crewmen alive. He has never forgotten the death and destruction that surrounded him. Dr. Sugano witnessed Mr. Itoh's display of courage and benevolence and it greatly impacted him.

Before his death, Mr. Itoh passed the blackened canteen to Dr. Sugano who promised to carry on the tradition. Since 1972, he has personally funded and hosted the annual ceremonies, which are attended by many dignitaries, both civilian and military, Japanese and American. He has conducted similar ceremonies at other locations both in Japan and the U.S.

This year marks the 13th year that Dr. Sugano has attended the December 7th commemoration at Pearl Harbor. When the occasion has permitted, he has sometimes con-

Top: The blackened canteen recovered by Mr. Fukumatsu Itoh after the 1945 bombing raid over Shizuoka, Japan.
Bottom: Dr. Sugano on the USS *Arizona* Memorial.
Photos: Ryoji Koike

ducted an unobtrusive, semi-private ceremony at the Memorial in the company of close friends.

For the past three years, with the official recognition, support, and generous hospitality of the National Park Service (NPS), Dr. Sugano has been able to share the poignant story of the blackened canteen with visitors from around the world. He is deeply appreciative for this opportunity.

The battered canteen which rose from the ashes of a wartime tragedy has since become the inspiration for peace. Its blackness and heat-distorted shape represent the inevitability of conflict. Yet its presence represents eternal hope for a future of peaceful understanding and reconciliation between former enemies. It is a symbol of the good that can arise from tragedy. It is also a symbol of the courage and determination of one man. Dr. Sugano likes to think that Mr. Fukumatsu Itoh's spirit remains always beside him and the blackened canteen.

Greeting

I am very honored to be here.

By the protection of heaven, I have been holding U.S-Japan joint memorial services in Shizuoka, Japan, since 1972.

During W.W. II .my home town, Shizuoka city, was attacked severely by 123 B-29s on Jun 20th, 1945.

The central part of the city was bombed badly and nearly 2000 citizens lost their lives.

During this bombing, 2 B-29s had a midair collision and crashed down near the Abe Riverbed.

I was only 12 years old at that time. The next morning I ran to the B-29 crash site, but could not find any survivors; both crews had died.

Mr. Fukumatsu Ito, the original founder of this joint memorial service, obtained a blackened canteen from the crash site.

He believed that the dead should be treated equally even though they were once enemies.

Mr. Ito later built 2 monuments on top of Mt. Shizuhata, one for the Japanese victims and the other for the American pilots and crews.

Many years later, I returned to Shizuoka city after I finished medical school and became a doctor. When I climbed up Mt. Shizuhata, I found those 2 monuments, (on the top of Mt. Shizuhata)

I was very moved.

After meeting Mr. Ito, we decided to hold a joint memorial ceremony between the U.S and Japan.

Ever after Mr. Ito passed away, this ritual has been held every year since 1972.

This blackened canteen is the only article that was left from the American crews.

At the memorial service, the canteen is filled with American bourbon whiskey, and the whiskey is poured on the headstone of the B-29 monument.

This is one of the highlights of the ceremony.

I thought to myself that I should visit Hawaii during Pearl Harbor week to share my story.

As the Pacific war broke out here, I thought this is the proper place for it.

If it had not been for the attack on Pearl Harbor, Shizuoka city would not have been bombed.

I hope my wish and the annual memorial ceremony can contribute one step to World Peace.

May God bless all of you attending here.

2013.12.7

Hiroya Sugano M.D

1995 U.S.-Japan Joint Memorial Service in Shizuoka

日米合同慰霊祭

日時 ：６月１７日（土）
　　　１２：００－－１２：４５
場所 ： 賤機山 　（浅間山）

式次第
　主催者挨拶　菅野寛也
　挨拶　キング大佐　米空軍 374部隊副司令官
　　　　（横田基地）
　米大使のメッセージ　代読リター大佐

　挨拶　コリー氏（米国側遺族）
　遺族会会長挨拶　　小山守一会長

　静岡市長のメッセージ
　献花

　献酒

　読経
　焼香
　閉式の辞　菅野　寛也

　終了

1995 Joint USA-JAPAN MEMORIAL SERVICE

Date: Saturday 17 June 1995
Time: 12:00-12:45
Place: Top of Shizuhatayama (Sengen Shrine) Shizuoka City

PROGRAM
Welcome by Dr. Sugano, host
Remarks from Col. Micharel G. King Vice Commander 374th
Airlift Wing YOKOTA Air Base, Japan
Remarks from the U.S. Ambassador, presented by Col. Ritter,
Air Attache
Remarks by Mr. Colli, a brother of the dead B-29 crew
Remarks by Mr. Koyama, Chairman of the Survivors of the
Shizuoka air raid committee
Message from the Mayor
Presentation of floral wreath

The ritural of pouring American Bourbon on the B-29 monument
during Buddhist prayer

Respects to each monument by attending guests
Closing Remarks by host Dr. Sugano

Ceremony will be over about 12:45

ご挨拶

梅雨時にもかかわらず、山上の慰霊祭にご参加下さった日米両国の皆様に厚く御礼申し上げます。
今年は静岡空襲五十周年に当りますので、アメリカの遺族代表の方をお招き致しました。
Mr. John B. Colli
Mrs. Margaret Delago
そしてこの方々を探して下さった
Mr. & Mrs. Harry F Mitchell です。
この方々に参列して頂いて、観音像や石碑を作られた故伊藤福松さんも御安堵されることと思います。
私は１０日ほど前に、B-29の搭乗員の遺品の水筒を持参して、真珠湾のアリゾナ・メモリアルで慰霊祭を行ってまいりました。　今年の９月には終戦５０周年のセレモニーに参加する予定です。
この静岡の小さな慰霊祭が国際親善、世界平和への第一歩になっている事を確信し、更に成果を挙げる事を念じまして、御挨拶と致します。

主催者　菅野　寛也

Welcoming Remarks

Both American and Japanese citizens, may I thank you very much for coming up here in the height of the rainy season. This year is the 50th anniversary of the Shizuoka Air Raid and Shizuoka bombing.
So I have invited some Americans from the United States to participate in this year's events.

May I introduce Mr. John B. Colli, a brother of the dead B-29 crew, Mrs. Margaret Delago, who lost her husband and also Mr. F. Mitchell, an ex B-29 crew member, and his wife Mrs. Mitchell who helped find Mr. Colli and Mrs. Delago.

I am sure that the late Mr. Fukumatsu Ito, who built the KANNON goddess and the monument for the dead B-29 crew, can lie in peace with his good work.

About 10 days ago, I went to the ARIZONA MEMORIAL in Pearl Harbor and had a small memorial service with this B-29 crew water canteen that I am holding. I also plan to attend the 50th V-J memorial ceremony in Hawaii this September too.

I hope that our small memorial service held in Shizuoka will promote international good will and make a step towards world peace. May our fruitful endeavors with the U.S.-Japan memorial service continue for many years into the future.
Thank you everyone.

Hiroya Sugano
Host, HIROYA SUGANO MD.

351

AMBASSADOR OF
THE UNITED STATES OF AMERICA
TOKYO
June 9, 1995

MESSAGE FOR SHIZUOKA CEREMONY

To all the participants in the 1995 US-Japan Joint
Memorial service in Shizuoka, please accept my deepest
appreciation for coming together in this important ceremony
of friendship and reconciliation. Events such as the
Shizuoka ceremony help to cement the already strong feelings
of respect and friendship between the people of Japan and the
United States.

This years ceremony is even more significant as it marks
the 50th Anniversary of the bombing attack on Shizuoka. In
many other places throughout Japan, other ceremonies will
soon be marking the 50th Anniversary of the conflict in which
our two nations so violently struggled. It is very important
that we use events such as today's ceremony to reflect on the
past, and particularly to reflect on the events which
ultimately led to the devastating June 1945 bombing attack on
Shizuoka. Even more important is that we use events such as
the Shizuoka commemoration to look to the future, and to
strengthen the ties of friendship and respect between the
people of the United States and Japan.

One of the unique aspects of the Shizuoka ceremony is
that it is not just a memorial for the fallen, but a unique
commemoration of humanity and the human spirit. I am
personally touched that every year for so many years you have
honored the memories of our fellow countrymen that perished
in Shizuoka that day. I therefore thank the organizers of
this ceremony and also sincerely thank the many participants
for taking the time and effort to make today's ceremony
possible.

WALTER F. MONDALE

ご挨拶

　本年1995年も静岡において日米合同慰霊祭が行なわれることを伺い、この友情と慰めの式典にお集まり下さった皆様に、心からの感謝のご挨拶を申し上げます。こうした慰霊の催しを通じて日米両国の人々に培われてきた友情と尊敬の絆がますます強く、揺るぎないものとなっていきますよう、願っています。
　今年は特に静岡空襲から50年目という特別な年にあたり、日本中の様々な場所でかつて日米が戦った歴史を振り返る催しが行なわれることでしょう。今日の慰霊祭にあたっても歴史の過去を振り返り、いかにして50年前の6月に静岡空襲が行なわれるような事態に至ったのかを考えてみることは非常に重要であると思われます。そして二度と同じ間違いを繰り返さず、将来に向けて日米の人々が友情と尊敬を新たにし、手を携えて前進していく決意を新たにすることこそ、もっとも重要な意義であると申せましょう。
　静岡の合同慰霊祭の独自の意義は、日米両国の犠牲者を悼むだけでなく、人間性の尊さと精神的な絆の強さを長く記憶にとどめるための行事であるという点です。私個人といたしましても、静岡の空に散ったアメリカの同胞のためにこのように毎年慰霊祭を行なって頂いていることに深い感銘を受けております。この慰霊祭を主催して下さった方々、支援された方々、そしてご出席の方々のご努力と熱意に対して心より感謝し、平和への祈りを共にしたいと思います。

駐日アメリカ合衆国大使
ウォルター・F・モンデール

JUNE 17th, 1995
Shizuoka City, Japan

Good Afternoon Ladies and Gentlemen:

It is a honor to be present at the Joint Japanese American
Memorial Service, remembering the Japaanese Civilians and
American Servicemen lost during the Bombing of Shizuoka City
during June 19th, 1945.

Both Margaret Puciloski, DeLago, wife of Sgt. John Puciloski
from 314th Wing, Guam, 29th Bomb Group, 52nd Sqd, 20th Air Force,
and myself John Colli, brother of Sgt. Kenneth Colli from 314th
Wing, Guam, 39th Bomb Group, 62nd Sqd, 20th Air Force, two of the
23 airmen who perished during this mission on June 1945 at Shizuoka
City, are the guests of Doctor Sugano.

After several months of communication between Dr. Sugano
and Harry Mitchell from the 29th Bomb Group Association, after
an elapse of fifty years, managed track down both Margaret DeLago
and myself, and extended an invitation from Dr. Sugano to attend
today's Memorial Service.

This Service was first started by Fukumatsu Itoh, many years
ago. He was a Buddist Priest, and at his passsing, Dr. Sugano
has continued this Annual Ceremony along with it's good will.
Mrs. DeLago and myself are the first relatives of the fallen
American Airman to be extended an invitation to attend.
We will both be ever gratefull to Dr. Sugano and Harry for their
efforts made to accomplish this mission.

It is my hope and prayers that such Joint Cooperation that
is taking place will help to prevent similar events from ever happen-
ing again, may we always live in Peace.

Thank you,

John R. Colli, Jr.

2015 U.S.-Japan Joint Memorial Service

June 20, 2015

Part I

1. Silent Prayer

2. Presentation of the Colors by the U.S. Air Force Honor Guard

3. National Anthems by the U.S. Air Force Band of the Pacific

4. Remarks by the event organizer, Dr. Hiroya Sugano

5. Watering Dogwood Tree by US & Japanese Representatives

   US Rep: (ret) LT Col Gary Meyers, U.S. Marine Corps

   Japanese Rep: Relative of Mr. Fukumatsu Ito (et al)

6. Remarks by Distinguished Guests

   a. Mr. N. Tanabe (Mayor)

   b. Col Robert Dotson; Commander, 374th Operations Group

   c. Mr. Seiji Takai, Shizuoka City War-Bereaved Association

   d. Col Ichiro Sato, Director of JSDF Shizuoka Region Support Association

   e. (ret) LT Col Gary Meyers (speaking on behalf of

Adm. Ron Hays, USN ret)

7. Remarks by the president of Buddhist Association

   Recitation of Buddhist Sutra

   Offering of Incense by US & Japanese Guests

8. Invocation by Chaplain (Maj) Oscar Fonseca

9. Putting Flowers on B-29 & Japanese Monuments

   Japanese rep to put flowers on B-29 Monument

   US rep to put flowers on the Statue of Bodhisattva Kannon

10. Pouring Bourbon on B-29 Monument/Offering Sake to the Statue of Bodhisattva Kannon

    Japanese rep to offer Sake to the Statue of Bodhisattva Kannon

    US guests to pour bourbon on B-29 Monument

11. Taps

12. Closing Remarks

Part II

Watering Dogwood Tree at Sengen Shrine

第43回　静岡空襲日米合同慰霊祭

2015年6月20日　正午開始（浅間神社登山開始10時）

第1部

1. 黙禱
2. 米空軍儀杖隊による日米両国国旗入場
3. 米軍音楽隊による日米両国国歌演奏
4. 主催者挨拶　　菅野寛也
5. 米国からのハナミズキに献水

　　　　米国側　　ギャリー　G.メーヤーズ大佐

　　　　　　　　横田基地司令　主催者

　　　　日本側　　伊藤福松さん遺族

　　　　　　　　静岡市長　主催者

6. 来賓挨拶

　　　①静岡市長　田辺信宏

　　　②横田米空軍司令　第374運用群司令官

　　　③日本側遺族（戦争犠牲者）代表

　　　④自衛隊静岡地方協力本部長

　　　　　一等空佐　佐藤一郎

　　　⑤ヘイズ提督のメッセージ

　　　　（ギャリー　G.メーヤーズ大佐）代読

7. 仏教会会長挨拶

　　　　読経

　　　　御焼香

　　　　両国の関係者（日、米　並列で）

　　　　主催者指導、大使館又は、ギャリー大佐

8.　従軍牧師の祈禱

9.　献花　　　日本側　市長関係者（遺族）→ B-29

　　　　　　　米国側　関係者　　　（横田）→観音像

10. 献酒

　　　　日本側　市長関係者→観音像

　　　　米国側　関係者（横田）→ B-29

11. 鎮魂ラッパ

12. 閉会の辞

第2部

　浅間神社、池畔にて、ハナミズキに献水

Opening Remarks

Thank you very much for joining us in spite of the rainy season. I am truly honored to host the 2015 US-Japan Joint Memorial Ceremony in commemoration of the Shizuoka Air Raids.

By the protection of heaven, I have succeeded late Mr. Fukumatsu Ito's will, who built the two monuments here, and have been organizing this ceremony since 1972.

My wife and I have also been attending the USS Arizona Memorial at Pearl Harbor every year on December 7 to hold the Blackened Canteen Ceremony.

As a result of many years of hosting the Blackened Canteen Ceremonies both here and at the USS ARIZONA Memorial in Pearl Harbor, and the friendship bond that has been established as a result, we were honored last year by the United States. They selected Shizuoka to receive a gift of dogwood trees. This was a centennial anniversary of the gift of cherry trees that Japan had given to America in the spirit of friendship in 1912.

I would like to take this opportunity to express my thanks to all the people, especially Retired Admiral Hays, who made efforts to make it happen.

One of these trees was planted on this site beside the memorials last June (2014) with great ceremony. As the tree continues to grow and flourish, our hope is that our international friendship will continue to grow and flourish long after we are gone.

We hope that future generations will come here perhaps 100 years from today and look upon this HANAMIZUKI as the living symbol of KIZUNA.

I believe that promoting mutual understanding, friendship and goodwill can help avoid international disputes or even avoid a war. I believe that this ceremony has brought us one step closer to world peace.

We must not forget that behind peace we enjoy today there are sacrifices made yesterday by the peoples of our two nations.

Lastly, I would like to express my appreciation for retired Admiral Ron J Hays, LT Colonel Gary G. Meyers, Mr. Edwin P. Hawkins, Col Robert Dotson and last but not least late Buddhist Fukumatsu Ito.

May God bless all of us here today.

June 20, 2015

Hiroya Sugano, M.D.

主催者挨拶

　梅雨時にも拘わらずこの山頂に御参列下さいまして有難う御座います。

　神仏の御加護により、私はこの山頂に、日米両国の犠牲者の慰霊碑を建立された故伊藤福松さんの遺志を引継いで、昭和47年より日米合同慰霊祭を主催して参りましたが、大変光栄な事だと思います。

　思う所あって、家内と私は、毎年12月7日（ハワイ時間）、真珠湾の「アリゾナの慰霊祭」に参列してB-29の焼け焦げた水筒による献酒式を行ってきましたが、ふと、伊藤さんに背中を押されている様な気がする時があります。

　昨年は米国から「ハナミズキ」が贈呈され、植樹式を行いました。これは100年前、日米友好の為に日本からアメリカ・ワシントンへ送られた桜の返礼として送られたものでありますが、「静岡と真珠湾の慰霊祭」が絆となり、そして、ヘイズ提督（元アメリカ太平洋軍総司令官）、キャリー大佐（提督の副官）、ホーキンスさん（日米協会々長）等の御尽力で、贈呈先の候補の一つとして、静岡が選ばれたものであります。

　この「ハナミズキ」が永く咲き誇り、B-29搭乗員の遺品の水筒と共に、先の戦争での悲劇の場となった「静岡と真珠湾」の二つのceremonyが結びつき、両国が悲劇より立ち直

る様にとの願いが込められて居ます。

　私は国家間の相互理解、友情、そして善意があれば、国際的な紛争ひいては戦争さえも避ける事が出来ると確信しています。

　私は、この慰霊祭が、今や、世界平和の第一歩となって来たと思います。我々は、今日の平和の陰に、両国の犠牲者が居られる事を忘れてはいけません。

　改めて、Adm. Ron J. Hays, Col. Gary G Meyers, Mr. Edwin P Hawkins、そして故伊藤福松さんに厚く御礼申し上げます。

　御参列の皆様に神仏の御加護がある様にお祈り致します。

　有難う御座いました。

　　　平成27年6月20日

　　　　　　　　　　　　　　　　　　　　　　　　菅野寛也

Adm. Hays Speech

The story of the blackened canteen would have remained a local one had it not been for the tireless efforts of Dr. Sugano. Before Mr. Ito's passing, Dr. Sugano promised to continue his annual ceremonies. And for the past 43 years, he has kept that promise each June using his own resources and with the continuing strong support of the US military forces in Japan and the Japanese Self Defense Forces. The event has grown as the message of peace and reconciliation has spread.

Dr. and Mrs. Sugano have also carried the story of the blackened canteen abroad, to Rabaul, and Iwo-JIMA, and 203. HIGTS (Port Arthur).

For the past several years, with the official recognition, support, and generous hospitality of the National Park Service (NPS) at the USS Arizona Memorial, Dr. Sugano has been able to share the poignant story of the Blackened Canteen with visitors from around the world during the annual Pearl Harbor commemorations.

The battered wartime canteen Dr. Sugano carries, a canteen which rose from the ashes of a wartime tragedy, has since become the inspiration for peace. Its blackness and heat-distorted shape represent the inevitability of conflict. Yet its presence represents eternal hope for a future of peaceful understanding and reconciliation between former enemies. It is a symbol of the good that can arise from tragedy. It is also a symbol of the courage of one man and the determination of another man. Dr. Sugano likes to think that Mr. Fukumatsu Ito's spirit guides him and remains always beside him and the Blackened Canteen.

Ronald J. Hays
U.S. NAVY
RETIRED ADMIRAL

Gary G. Meyers
U.S. MARINE CORPS
RETIRED LIEUTENANT COLONEL,

Adm. ロナルド J. ヘイズの御挨拶

　田辺市長はじめ菅野先生ご夫妻そしてご参列の皆様、私は本日この式典に参加できる事をとても光栄に思います。

　それは去る 1945 年 6 月 20 日の未明にかけて、この地に起きた悲惨な爆撃によって亡くなられた米両国の犠牲者の方々の追悼の為に参加できた事です。

　戦争は時として軍人もしくは民間人を問わず多くの人に被害を与えます。私達はいかなる時も犠牲者の事を忘れてはなりません。

　そして私達は、本日行われる日米合同による慰霊祭を通じて日本とアメリカの絆が世界平和に貢献していることを、ここに参列された方々と共に若い世代の方に伝えていかなければならないと考えるからです。

　そしてこの場をお借りして、1945 年 6 月 20 日に供養を始めて下さった伊藤福松さんと現在まで式典として続けていらっしゃる菅野先生に関して少しお話しさせて頂きたいと思います。

　菅野先生は、伊藤さんに生前この式典を続けていく事を約束し受け継ぎ、43 年に渡り今日に至るまでたゆみない努力をされた事で、日本の自衛隊そしてアメリカ軍の協力を受け国際的な式典になり、世界平和へのメッセージとして世界中に伝わっていると確信致します。

　ここ数年に渡り菅野先生が、アメリカ合衆国によって運営されているUSSアリゾナ記念館と共同にて12月7日に行っている、水筒による軍艦アリゾナへの（12月7日太平洋戦争開戦時に日本の攻撃によって撃沈された軍艦への）献酒式典においても世界中から訪れる人達に感動を与えています。

　これも伊藤福松さんの教えが菅野先生に受け継がれ、そして世界へと伝えられている事です。”戦争において亡くなられた人達は敵味方を問わず全て仏となる”、この言葉と共に空襲当日にこの静岡の地で回収されたB-29の搭乗員の遺品の水筒が世界平和へのメッセージとして、勇気と決意をもって世界へ発信されている菅野寛也先生に心より敬意を表し、次の世代へと受け継がれていく事を確信致します。

　アドミラル　ロナルド J. ヘイズ
　アメリカ合衆国太平洋軍総司令官（退役）

　代読
　ギャリー G. メーヤーズ
　アメリカ合衆国海兵隊中佐（退役）

AMBASSADOR OF
THE UNITED STATES OF AMERICA
TOKYO

June 20, 2015

Message to the
2015 U.S.-Japan Joint Memorial Service
Shizuoka, Japan

I applaud the efforts of Dr. Sugano and the members of his team who have
made this event possible. Thank you for the very kind invitation to be a part
of the U.S.-Japan Joint Memorial Service to remember both the people of
Shizuoka and the service members lost in the Shizuoka Air Raid during the
closing days of the war.

It is through commendable efforts like yours that reconciliation grows in our
hearts and the families of the lost have an opportunity to heal and move
forward, not to forget, but to celebrate the lives of their loved ones and to live
together in peace and security.

As we commemorate the 70th anniversary of the raid on Shizuoka with its loss
of life and the loss of the two B-29s, we recognize that former enemies can
put aside their differences and animosities and become the closest of friends.
This effort begins with each one of us as we reach out to one another, and
show the world as Dr. Sugano has done, that reconciliation is not only
possible, but is the only way to move forward as friends

The United States is dedicated to maintaining peace and security, not only in
the Pacific, but across the globe. The U.S.-Japan Alliance is stronger than it
has ever been and is the cornerstone from which we build the security for this
region. Thank you for your participation and commitment to peace.

Caroline Kennedy

2019 U.S.-Japan Joint Memorial Service in Shizuoka

第47回静岡空襲犠牲者日米合同慰霊祭
（2019年パンフレットより抜粋）

12：00—13：00　慰霊祭

第1部
  1. 黙禱
  2. 米空軍儀仗隊による日米両国国旗入場
  3. 米空軍音楽隊による日米両国国歌演奏と独唱
  4. 主催者挨拶
  5. 米国からのハナミズキに献水
  6. 来賓挨拶
  7. 祈禱・読経・焼香（仏式）
  8. 従軍牧師の祈禱
  9. 献花
 10. 献酒
 11. 両国関係者の握手
 12. 鎮魂ラッパ
 13. 閉会の辞

第2部　浅間神社湖畔にて、ハナミズキに献水

14：30—15：45　リセプション

2019 US-JAPAN JOINT MEMORIAL SERVICE
2019 Shizuoka Black Canteen Ceremony
June 22 Ceremony begins at Noon

(All begin moving up to the ceremony site at 10:00-10:30 am from Sengen Shrine)

Part1.

1. Opening of the Ceremony with a moment of silence (eyes closed)
2. US Color Guard posts the colors (US and Japan) (Yokota)
3. US Band plays the national anthems(US and Japan)Zama
4. Opening greeting speech by Dr. Sugano, the host of this event
5. Ritual Water pouring to Dogwoods
   - Col. Gary G. Meyers · U.S. Commander
   - Mr. Ito's grandson
6. Greetings from Distinguished Visitors
   - Yokota Air Base Commander
   - Committee of the Survivors of Shizuoka
   - Prefectural governor
   - Mayor
   - J.S.D.F. Regional Office
7. Buddhist Ceremonial Greeting
   - Incantation
   - Incense
   - Distinguished Visitors US-Japan Dr. Sugano –U.S. commander
   - All participants then line up and participate in the incense(two pinches each)
   - (This will be conducted in Two locations)
8. Blessing by USAF Chaplain
9. Presenting of ceremonial Flowers
   - Japan – Mayor and Japan representatives to the B-29 memorial
   - US-, Yokota representatives to the Japan memorial
10. Pouring of the ceremonial bourbon
    - Japan-Mayor and Japan representatives to Japan memorial
    - US-Col. Gary, Yokota representatives to the B-29 memorial
11. Shake Hand.
12. Closing Trumpet/Taps
13. End of ceremony (Move down the mountain)

Part2

Sengen Shrine, Near the reflecting pool, water powring to Dogwood Tree

Part3

Reception Light refreshments, US-Japan friendship seated reception

御挨拶

　足場の悪いこの時期に、この山頂の慰霊祭に御参列下さいまして、有難う御座居ます。

昨年の12月7日にも、家内と私は、又、眞珠湾の慰霊祭に参列しましたが、年毎に「友情

の輪が拡がって来ている」と実感しました。

國際的な、和解とか友情は、言葉のみで築けるものでは無く、行動が必要です。

Pearl Harbor の Ceremony に参加する度に、「慰霊」「鎮魂」と言う行為が、

和解・平和への第一歩であると確信して来ました。

私達は、この地に両國の Monument を建てられた　伊藤福松さん、　沖縄の戦いで、

突入して戦死して特攻隊員の遺体を「水葬」された、戦艦ミズーリのキャラハン艦長、そして、

ARIZONA MEMORIAL で "Blackened Canteen Ceremony" を始めて下さった、第13代

米國太平洋軍総司令官　Ron J. Hays 大将の功績を忘れてはいけません。

私はこの Ceremony が、世界平和の第一歩になりつつある事を確信しています。

御参列の皆様に神仏の御加護があります様に　お祈り致します。

ありがとう御座居ました。

2019.6.22

菅野　寛也

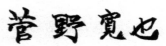

Greetings

Thank you very much for coming up here to attend the US-Japan joint memorial service.

On December 7th last year, my wife and I attended the Pearl Harbor ceremony again, and I feel that circle of friendship formed through this ceremony keeps expanding year by year.

Just talking about reconciliation and peace will not get us anywhere. If we truly wish to reconcile and bring peace, we need to act on our words. Each time I attend the Pearl Harbor ceremony, I become more convinced that conducting memorial rituals is the first step to realizing them.

My wife and I will never forget Mr. Ito, who built the two monuments here; Captain Callaghan of Missouri, who buried dead Kamikaze pilots at sea; and Admiral Ron J. Hays, who started the "Blackened Canteen Ceremony on the ARIZONA Memorial".

I hope our ceremony can bring us one step closer to world peace.

May God bless all of the attendants here today.

Thank you again.

2019.6.22   Hiroya Sugano

B-29 Comments: 2019

Col Jason Mills, Vice Commander, 374th Airlift Wing

- Good Afternoon. I am honored to be here today to represent the men and women of the 374th Airlift Wing and the United States of America. On behalf of the wing, I want to thank you for inviting us to attend this ceremony. It is a very distinct privilege to be welcomed here to pay our respects to the Japanese and American men and women who lost their lives in the tragic event that took place on June 19th, 1945.

- 皆様、こんにちは。本日は、第374空輸航空団およびアメリカ合衆国の代表として、この慰霊祭に参加させていただき、光栄です。空輸航空団に代わり、ご招待に感謝申し上げます。昭和20年6月19日に命を落とされた日米両国の戦没者に敬意を払う機会をいただいた事は、私にとって大変な名誉です。

- I am grateful for Mr. Fukumatsu Itoh – a man who exhibited remarkable compassion after the collision of the B-29s over Shizuoka by caring for two American Airmen he discovered in the rubble before they succumbed to their wounds. He also honored the 24 U.S. American Airmen who died by burying them alongside the 2,000 Japanese civilians who had perished in the event.

- B-29の墜落現場で、瀕死の状態であった二名のアメリカ人兵士を見つけ、深い慈しみの心で手当てした伊藤福松氏に、心から感謝いたします。加えて、氏は、後に亡くなったこの2名と、既に死亡していた24名のアメリカ人兵士の亡骸を、空襲の犠牲となった2000人以上の日本人の同胞の横に、敬意をもって埋葬しました。

- Today, it is because of Mr. Itoh's compassion and his utmost care for human life that we have the opportunity to stand here as allies and reflect on the message conveyed through his actions.

- 伊藤氏の慈悲と生命を尊ぶ精神があったからこそ、今、私たちはここで友好を結ぶ者同士として、氏が自らの行動を通して私たちに伝えてくれたメッセージを共に振りかえる事が出来ます。

- As Americans and Japanese, I believe we now reap the benefit of an immensely close bond forged in the wake of our struggle. It is our duty and privilege today to remember the sacrifices made and work continuously to protect the peace that has ensued.

- 日米両国が争った歴史を経て、今、私たちは、同じ両国の間に築かれた強い絆の恩恵を受けています。その私たちには、払われた犠牲を忘れることなく、争いの後に訪れた平和を守り抜く義務と権利があります。

- With that said, I would like to thank Dr. Hiroya Sugano for maintaining the tradition of this ceremony. I am proud to serve alongside such close allies in a supportive Japanese community and honored to be charged with the responsibility of upholding a legacy of peace in remembrance of those fallen. Thank you.

- 結びに、この慰霊祭の伝統を守り続けてこられた菅野先生に、心より感謝申し上げます。我々を支援してくださる日本の皆さんのと協力しながら任務を遂行し、亡き犠牲者を偲びながら、平和という尊い遺産を守る使命を与えられたことを誇りに思います。

日米友好親善の樹

静岡と真珠湾の慰霊祭が絆となりRonald J. Hays 提督
Gary G. Meyers 中佐, Edwin P. Hawkins さんの
御尽力により日米親善の証として、本日、米國からの
「ハナミズキ」の記念植樹が行われる事になり、感謝致し
ます。

平成26年6月7日

公益法人　予科練・海原会

名誉会長　　前田　　武

理　　事　　菅野　寛也

May all who linger in the shadow of this dogwood tree remember well
the brave souls who sacrificed their lives here for their countries.
It is for us, the living to join together to promote eternal peace and
strengthen the bonds of friendship that this tree represents, a gift from
the American people to the people of Japan.

Ronald J. Hays, Admiral, U.S. Navy, Retired

ハナミズキの説明プレート

終章

希望を未来へ（2020年7月記）

　今まで半世紀にわたる体験を綴ってきたが、まとめとして「歴史を将来につなげる」との願いを込めて、重複するが2～3のエピソードを記しておきたい。

　まず、戦後の敗戦国の少年だった我々に「信念」「生き方」を教示された「坂井三郎」さんにまつわるエピソードだが、ソロモン方面の慰霊の際にオーエン・スタンレー山脈上空で熱心に戦死者のためにお念仏を唱えていたシーンが、私の8mmフィルムに映っていた。そして「俺は戦死した戦友の顔は覚えているが、彼らは歳を取った俺の顔は判らないだろうから、俺は『坂井三郎』の名前であの世へ行くのだ」と語っていた。「撃墜した敵の飛行士の冥福を祈った」との話もあり、ソロモン群島のツアーで感じたのは、まさに「大空のサムライ」の実像であった。

　空の戦死のエピソードは、もちろんたくさんあるのだが、小川大尉の手紙のことも書いておきたい。

日蓮宗ハワイ別院に保管されている小川大尉の手紙のコピー

1993年12月の真珠湾慰霊
祭の際に日蓮宗ハワイ別院を
訪れたとき、「小川正一大尉
が戦死した部下の今井福満一
飛曹の祖父に送られた手紙 」
のコピーをご住職の小川如洋
師に見せていただいた。その
ときに「コピーをいただきた
い」とお願いしたのだが、小
川師も私も多忙でなかなか実
現しなかった。

その手紙のコピーを小川師

松葉ヶ谷霊跡
安国論寺住職

平井智親

郵便番号 二四八―〇〇〇七
鎌倉市大町四丁目四番十八号
電話(〇四六七)二二―四八二五

平井さんの名刺

平井さんと私。私の医院の屋上にて

の後任の平井智親（現在、鎌倉の安国論寺のご住職）さんが、昨年（2019年）12月に静岡へ送ってくださった。

　小川大尉は支那事変時の1938年7月18日「南詔飛行場攻撃の際、強行着陸して中国軍機を焼き払った勇士」と報道された人で、この手紙も歴史的に意義あるものとして大切にしたい。

　なお、この日の戦闘機隊の隊長で日本海軍戦闘機隊の至宝といわれた南郷茂章少佐が撃墜した敵機（グロスター・グラジエイター）と衝突し戦死した日である（防衛省防衛研究所戦史室）。

　また、市立静岡病院に私が勤務した時の院長である長谷川豊男先生が先日永眠されて、戦友の眠っている駆逐艦「文月」へ納骨された。

長谷川軍医長

ソロモン群島の海戦で嚮導艦が被弾し「フミヅキノグンヰチヨウ、キタレ」との救援要請で、純白の二種軍服に着替えて出向いたところ、「あの時の軍医長は神様に見えた」と言われたのが自慢で、一杯機嫌のときによく聞かされたものだったが、今はこんな話をする人も少なくなった。

　そしてハワイを訪れる日本

人にあまり知られていない戦艦Missouriのキャラハン艦長のことも記しておきたい。

「Missouri」は降伏調印の戦艦として日本人には近寄りがたい艦であるが、体当たりで特攻戦死した零戦搭乗員の遺体を「敵の勇士を水葬せよ！」との艦長命令で、丁寧に水葬した艦である。もっともっと日本人が理解すべき歴史の艦である。

三笠、Victory、Constitutionが世界の三大記念艦とされているが、Missouriは太平洋戦争の歴史を語るうえでは最重要な艦である。

Arizonaは戦争の始まったモニュメントであったが、前田武さん、Mr. Fiske両者のご協力で和解・平和を祈る艦となった。これに先立って、Missouriは、キャラハン艦長によって平和を祈る艦になったと信じる。

静岡新聞（2020年6月22日）

　「平和への祈り」についてのエピソードを更に紹介したい。戦艦ペンシルベニアの乗組員だったエベレット・ハイランドさんは開戦50周年の日本兵士たちとの交流会に参加し、ペンシルベニアを攻撃した人とも仲良くなった。その際に「我々は同じ仕事の反対の側にいただけ。敵と呼ぶのはそぐわない」と語っている。また、先にも登場した戦史研究家のジョン・ディヴァージリオさんは「元兵士たちはかつての敵と友情を結ぶ事で、ようやくあの戦争の最終章を閉じられるのです」と語っている。

　慰霊、鎮魂なくして、和解、平和はありえない。

　今年（2020年）、早々からコロナウイルスが荒れ狂い、ほとんどの集会・行事を中止せざるを得ない状態となった。

　それで今年の静岡空襲の日米合同慰霊祭も、原点に帰って「自分一人でやる」つもりでいたところ、多くの方々から問い合わせがあり「コロナに負けるな！」「こんなときだからこそ慰霊祭をやるべきだ！」と激励され6月20日に挙行した。

　仏教界、遺族会、自衛隊等、思わぬ方々も参列され、また多くの報道関係の方々も集まってくださって驚いた。

　今年初めての参加の孫（元希、美咲希）も取材されてびっくりしていたが、これが将来につながるようになって欲しい。

　本当に歴史が将来に伝えられるようにと願っている。

あとがき

　最後に、皆様に聴いて欲しいアメリカの慰霊祭での「鎮魂ラッパ（TAPS）」をご紹介したい。「TAPS」はアメリカの南北戦争時、北軍の「消灯ラッパ」が起源だと聞かされたが、いつも参列者に感動を与えている。

　それで「QRコード」の利用を思いついたのだが、TAPSだけではあまりにも短いので、昨年（2019年）の静岡のセレモニーの抜粋を記録した。是非ご視聴願いたい。

　しかし英語スピーチの途中で私の失敗があったので、録り直しをしようとしたが「この方が臨場感がある」と言われ、「変な褒め言葉もあるもんだな」と訂正を諦めた。

　改めてご覧ください。

　2020年5月27日
　日本海海戦記念日
　そして54回目の結婚記念日

　　　　　　　　　　　　　　　　　　　　　　菅野寛也

　改めて半世紀に亘り、私の言動を理解し支えてくれた妻・雍子に感謝したい。ちょっと格好つけすぎたかな？

菅野寛也（すがの・ひろや）

生年月日	1933（昭和8）年	7月 1日		
学　歴	1952（昭和27）年	3月	静岡県立静岡高等学校卒業	
	1952（昭和27）年	4月	日本大学医学部入学	
	1958（昭和33）年	3月	日本大学医学部卒業	
		4月	日本大学付属板橋病院インターン	
	1959（昭和34）年	4月	第26回医師国家試験合格	
	1964（昭和39）年	6月	医学博士授与	
職　歴	1959（昭和34）年	4月	日本大学付属板橋病院第二内科入局	
			（大島研三教授）	
	1966（昭和41）年	4月	沼津市立病院内科医長	
			日本大学医学部兼任講師	
	1971（昭和46）年	4月	静岡市立静岡病院内科医長	
			日本大学医学部兼任講師	
	1976（昭和51）年	4月	菅野医院分院人工腎臓センター開設	
	1982（昭和57）年	4月	静岡県立静岡高等学校学校医	
	2017（平成29）年	6月	公益財団法人海原会理事長	
賞　罰	1981（昭和56）年	12月	紺綬褒章受章	

たったひとりの慰霊祭

令和2年8月15日　第1刷発行

著　　者　菅野寛也
発 行 者　皆川豪志
発行・発売　株式会社産経新聞出版
　　　　　　〒100-8077 東京都千代田区大手町1-7-2 産経新聞社8階
　　　　　　電話 03-3242-9930　FAX 03-3243-0573
印刷・製本　株式会社シナノ
　　　　　　電話 03-5911-3355

ⓒ Hiroya Sugano 2020, Printed in Japan
ISBN978-4-86306-151-4　C0095